高职高专人文素质教育规划教材

普通话口语教程

杜 静 主编

清华大学出版社
北 京

内 容 简 介

语言是人类最重要的交际工具，可以说，人类社会的所有活动都离不开语言。21世纪的中国日益强大，经济的崛起与强盛必然带动文化的交流与渗透。随着改革开放的不断扩大，汉语越来越受到世界各国的重视和青睐。

本书由普通话概述、普通话语音训练、普通话口语表达训练、体态语运用、普通话水平测试五大章节构成。内容全面，结构清晰，理论知识与口语训练相搭配，易于学习、理解。读者通过学习本书可使自己的普通话口语表达更加自然。

本书可作为学习普通话的公共课教材，适用于大、中专院校学生，还可供中小学和幼儿园教师及成人学习普通话之用。

本书封面贴有清华大学出版社防伪标签，无标签者不得销售。
版权所有，侵权必究。侵权举报电话：010-62782989 13701121933

图书在版编目(CIP)数据

普通话口语教程/杜静主编. --北京：清华大学出版社，2012(2018.10 重印)
(高职高专人文素质教育规划教材)
ISBN 978-7-302-28684-4

Ⅰ. ①普… Ⅱ. ①杜… Ⅲ. ①普通话—口语—高等职业教育—教材 Ⅳ. ①H193.2

中国版本图书馆 CIP 数据核字(2012)第 084419 号

责任编辑：李春明
封面设计：杨玉兰
责任校对：周剑云
责任印制：沈　露

出版发行：清华大学出版社
　　　　网　　址：http://www.tup.com.cn, http://www.wqbook.com
　　　　地　　址：北京清华大学学研大厦 A 座　　　邮　编：100084
　　　　社 总 机：010-62770175　　　　　　　　　邮　购：010-62786544
　　　　投稿与读者服务：010-62776969, c-service@tup.tsinghua.edu.cn
　　　　质量反馈：010-62772015, zhiliang@tup.tsinghua.edu.cn
　　　　课件下载：http://www.tup.com.cn, 010-62791865

印 刷 者：清华大学印刷厂
装 订 者：三河市铭诚印务有限公司
经　　销：全国新华书店
开　　本：185mm×230mm　　印　张：16.5　　字　数：358 千字
版　　次：2012 年 7 月第 1 版　　　　　　印　次：2018 年 10 月第 3 次印刷
定　　价：46.00 元

产品编号：044477-02

前　言

　　我国是多民族、多语言、多方言的人口大国。人口众多，地域辽阔，各地都有自己的方言。有的地方，方言已经成为人们与外界交流的一道屏障。特别是在市场经济大发展、国家全面建设小康社会的今天，无论社会发展还是个人交往，推广普及普通话有利于增进各民族各地区的交流，有利于维护国家统一，有利于增强中华民族凝聚力。

　　随着改革开放和社会主义市场经济的发展，社会对普及普通话的需求日益迫切。推广普及普通话，营造良好的语言环境，有利于促进人员交流，有利于商品流通和培育统一的大市场。

　　语言文字能力是文化素质的基本内容，推广普及普通话是素质教育的重要内容。推广普及普通话有利于贯彻教育要面向现代化、面向世界、面向未来的战略方针，有利于弘扬祖国优秀传统文化和爱国主义精神，有利于提高全民族的科学文化素质。

　　信息技术水平是衡量国家科技水平的标志之一。语言文字规范化标准化是提高中文信息处理水平的先决条件。推广普及普通话和推行《汉语拼音方案》有利于推动中文信息处理技术的发展和应用。

　　总之，推广普及普通话有利于我国先进生产力和先进文化发展的需要，符合全国各族人民的根本利益，是贯彻"三个代表"重要思想，坚持以人为本，落实全面、协调、可持续的科学发展观，构建和谐社会和全面建设小康社会的具体行动。

　　对于我们每个人来说，普通话看似很平凡，可其作用却是很大的，它可称为人与人之间的信息桥梁。如果我们大家都学习普通话，用普通话进行交流，彼此间建立了深厚的友谊，那么普通话就是我们友谊的桥梁。学习好普通话涉及我们民族和国家的进步，关系到每个人未来的发展。

　　本书由普通话概述、普通话语音训练、普通话口语表达训练、体态语运用、普通话水平测试五大章节构成。普通话概述章节，从什么是普通话到学习普通话的意义，做了深入透彻的解释和分析；普通话语音训练章节，对声母、韵母、声调、音节、音变、音调、变调以及儿化音进行了全面讲解和辨正训练；普通话口语表达训练章节，针对不同题材和不同场合的普通话口语表达进行专门讲解和训练；在随后的体态语运用章节里，教会你在社会人际交往中基本的口头语言的表达，同时加入体态语的运用，让你的普通话口语表达更加自然。

　　本书在编写过程中，参考借鉴了专家和同行的研究成果、教材、著作和教学案例，以及许多中外媒体报道和评论，本人在此特向这些作者表示诚挚的敬意和衷心的感谢。

本书由杜静主编，参与编写工作的还有杜辉、柴卫坤、陈凯、林国鑫、宛磊、萧峰、范昕等。我们力求把本书写得完美，但由于水平有限，书中难免存在不当之处，恳请广大读者批评指正。

编　者

目 录

第一章　普通话概述 1

第一节　普通话的概念 1
一、什么是普通话 1
二、普通话和方言 2
三、学习普通话的意义 3
四、如何学习好普通话 4

第二节　普通话语音概述 7
一、语音的基本概念 7
二、语音的性质 8
三、《汉语拼音方案》 10

【综合练习】 12

第二章　普通话语音训练 14

第一节　声母训练 14
一、声母的分类 14
二、声母的发音 17
三、声母辨正训练 24

第二节　韵母训练 31
一、韵母的构成和分类 31
二、韵母的发音分析 40
三、韵母的发音训练 49
四、韵母辨正训练 50

第三节　声调训练 57
一、声调的性质及作用 57
二、普通话的调类及调值 58
三、声调辨正训练 59

第四节　音节训练 67
一、音节的结构 67
二、普通话声母和韵母的配合规律 68
三、声韵配合关系辨正 69
四、音节的拼读和拼写 72

第五节　音变训练 84
一、轻声 84
二、变调 89
三、儿化 93

第六节　语调训练 110
一、停顿 110
二、重音 112
三、升降 114

【综合练习一】 115
【综合练习二】 117
【综合练习三】 124

第三章　普通话口语表达训练 127

第一节　口语交际概述 127
一、口语交际的性质和特点 127
二、口语交际的功能 131
三、口语交际的意义 133

第二节　朗读训练 134
一、朗读及其特点 134
二、朗读的正确方式 135
三、朗读的技巧 137
四、不同文体的朗读 144

第三节　演讲训练 153
一、演讲的基本概述 153
二、命题演讲训练 161
三、即兴演讲训练 163

第四节　辩论训练 166
一、辩论的含义与分类 166

二、构成辩论的三要素 166
三、辩论的特点与原则 167
四、辩论的技巧 168
五、诡辩 179
【综合练习】 183

第四章 体态语运用 184

第一节 体态语的特征与功能 184
一、体态语的概念 184
二、体态语的内容及分类 185
三、体态语言在教学中的功能与作用 186

第二节 体态语的运用技巧 188
一、目光语 188
二、面部表情 189
三、手势语 190
四、体态语训练 191

第五章 普通话水平测试 193

第一节 普通话水平测试应试须知 193

一、普通话等级标准 193
二、考试内容及评分标准 194
三、试卷类型 197
四、考试方法 198

第二节 普通话水平测试中朗读项目的要求 198
一、用普通话语音朗读 198
二、把握作品的基调 199

第三节 普通话水平测试中的说话 200
一、说话的基本要求 200
二、话题的准备 201
三、话题的归类 203

第四节 8篇作品的朗读提示 204

试题库 210

普通话水平测试笔试试题库 210
普通话水平测试模拟试题 229

参考答案 231

参考文献 256

第一章 普通话概述

本章导读：

普通话的定义是"以北京语音为标准音，以北方话为基础方言，以典范的现代白话文著作为语法规范的现代汉民族共同语"。普通话"以北方话为基础方言"，指的是以广大北方话地区普遍通行的说法为准，同时也要从其他方言吸取所需要的词语。

我国人口众多，地域辽阔，山高水长，交通阻隔。虽然汉民族在古代就已经形成了自己的共同语，但是许多方言的存在是不争的事实。与此同时，我国还是一个多民族国家，民族众多造成了我国多种语言并存的局面。

语言是交际的工具，语言不通必定会妨碍人们的正常交往，也就必然会限制经济、政治、科技、文化事业的发展。

当今时代，说一口标准的普通话不仅是事业和工作的需要，更是一个人素质与时尚的体现。语言面貌的好坏直接是影响到一个人的气质和对外形象。说好普通话不仅是个人文化素质和文明素质的综合反映，也是促进交流、扩大交往和寻求自我发展的重要条件之一。

普通话和我们祖国一样，在国际上越来越占有显著的地位。它成为联合国六种语言之一，成为香港、澳门和台湾同胞以及外国人争相学习的热门语言。在这个时候，普通话的意义不仅仅是沟通的需要，还代表着中华民族的繁荣昌盛！

学习目标：

通过对本章的学习，重点掌握普通话的基本概念；普通话与方言的区别；如何学习普通话以及学习普通话的意义；普通话语音。

关键概念：

普通话 方言 语音

第一节 普通话的概念

一、什么是普通话

普通话的定义是"以北京语音为标准音，以北方话为基础方言，以典范的现代白话文著作为语法规范的现代汉民族共同语"，这是在 1955 年的全国文字改革会议和现代汉语规范问题学术会议上确定的。这个定义实质上从语音、词汇、语法三个方面提出了普通话的标准，那么这些标准应如何理解呢？

"以北京语音为标准音"，指的是以北京话的语音系统为标准，并不是把北京话一切读法全部照搬，普通话并不等于北京话。北京话有许多土音，比如：老北京人把连词"和(hé)"说成"hàn"，把"蝴蝶(húdié)"说成"húdiěr"，把"告诉(gàosu)"说成"gàosong"，这些土音，使其他方言区的人难以接受。另外，北京话里还有异读音现象，例如"侵略"一词，有人念"qīn lüè"，也有人念成"qīn luè"；"附近"一词，有人念"fùjìn"，也有人念成"fǔjìn"，这也给普通话的推广带来许多麻烦。从1956年开始，国家对北京土话的字音进行了多次审订，制定了普通话的标准读音。因此，普通话的语音标准，当前应该以1985年公布的《普通话异读词审音表》以及2005年及以后修订再版的《现代汉语词典》为规范。

就词汇标准来看，普通话"以北方话为基础方言"，指的是以广大北方话地区普遍通行的说法为准，同时也要从其他方言吸取所需要的词语。北方话词语中也有许多北方各地的土语，例如北京人把"傍晚"说成"晚半晌"，把"斥责"说成"呲儿"，把"吝啬"说成"抠门儿"；北方不少地区将"玉米"称为"棒子"，将"肥皂"称为"胰子"，将"馒头"称为"馍馍"。所以，不能把所有北方话的词汇都作为普通话的词汇，要有一个选择。有的非北方话地区的方言词有着特殊的意义和表达力，北方话里没有相应的同义词，这样的词语可以吸收到普通话词汇中来。例如"搞"、"垃圾"、"尴尬"、"噱头"等词已经在书面语中经常出现，早已加入了普通话词汇行列。普通话所选择的词汇，一般都是流行较广而且早就用于书面上的词语。近年来，国家语委组织人力编写的《现代汉语规范词典》(第1版和第2版)，对普通话词汇进一步作出了规范。

普通话的语法标准是"以典范的现代白话文著作为语法规范"，这个标准包括四个方面意思："典范"就是排除不典范的现代白话文著作作为语法规范；"白话文"就是排除文言文；"现代白话文"就是排除五四运动以前的早期白话文；"著作"就是指普通话的书面形式，它建立在口语基础上，但又不等于一般的口语，而是经过加工、提炼的语言。

二、普通话和方言

语言是人类最重要的交际工具。但是，汉语还存在着比较严重的方言分歧，这给人民交往带来了不便，因此需要一种通行全国的共同语言，这就是普通话。

普通话是以"北京语音为标准音，以北方话为基础方言，以典范的现代白话文著作为语法规范的现代汉民族共同语"。

虽然汉民族在古代就已经形成了自己的共同语，但是许多方言的存在是不争的事实。我国人口众多，地域辽阔，山高水长，交通阻隔，方言比较复杂。语言学家根据方言的不同特征，划分了七大方言区。

(1) 北方方言：北方方言是现代汉民族共同语的基础方言，以北京话为代表，内部一致性较强。在各方言中，北方方言分布地域最广，使用人口最多，占全国人口总和的73%。

(2) 吴方言：分布在长江以南沪、苏、浙，以苏州话为代表，使用人口占总人口的7.2%。

(3) 湘方言：以长沙话为代表，使用人口占总人口的3.2%。

(4) 赣方言：分布在江西大部，以南昌话为代表，使用人口占总人口的3.3%。

(5) 客家方言：分布在两广、闽、台湾、江西、湖南、四川等地区，以梅州话为代表，使用人口占总人口的3.6%。

(6) 粤方言：分布在两广、港、澳，以广州话为代表，使用人口占总人口的4%。

(7) 闽方言：分布区域跨越六省，包括闽、琼、广东潮汕、雷州半岛、浙江温州部分地区、广西部分地区、台湾，使用人口占总人口的5.7%。

三、学习普通话的意义

我国是个多民族国家，民族众多，造成了我国多种语言并存的局面。据有关部门调查，我国共56个民族，存在有80多种语言。众所周知，语言是交际的工具，语言不通必定会妨碍人们的正常交往，也就必然会限制经济、科技、文化事业的发展。特别是改革开放以来，我国各条战线都获得了巨大发展，从而为人们扩大交往、寻求自我发展创造了条件。但是，各地的方言障碍，影响了人们的正常交往。人们要消除方言障碍，就必须学习普通话这一法定语言。

同时，伴随着信息处理、传输手段的不断发展，我们即将进入人机对话、口语机译的时代，掌握标准的普通话成为适应办公现代化、高效率工作的必备条件。尤其在高校，云集了全国乃至世界各地的学子，如果教师用自己家乡方言授课，那么就会影响教师家乡以外的众多学生的听课质量。

除此之外，普及普通话还具有政治、经济、文化等多方面的意义。为此，国家将每年的9月的第三周定为普通话宣传周，从而让更多的人自觉认识到作为中国人应当说普通话。当今时代，说一口标准的普通话不仅是事业和工作的需要，更是一个人素质与时尚的体现。语言面貌的好坏直接是影响到一个人的气质和对外形象。说好普通话不仅是个人文化素质和文明素质的综合反映，也是促进交流、扩大交往和寻求自我发展的重要条件之一。

1982年制定的《中华人民共和国宪法》第十九条中明文规定："国家推广全国通用的普通话。"在全国范围内推广普通话意义重大，主要表现在：

(1) 大力推广普通话有利于人民的团结和国家统一。

(2) 大力推广普通话是普及文化教育，发展科学技术，提高工作效率的一项基础工程。随着改革开放的不断深入、社会主义市场经济的迅速发展以及语言文字信息处理技术的不断革新，推广普通话的迫切性日益突出。从大处讲，推广普通话、说好普通话是我们祖国屹立于世界民族之林的需要；从小处说，它是不同地域、不同文化背景的人们沟通交流的需要。

到了我们这个时代，普通话和我们祖国一样，在国际上越来越占有显著的地位。它成为联合国六种语言之一,成为香港、澳门和台湾同胞以及外国人争相学习的热门语言。普通话,在这个时候它的意义不仅仅是沟通需要,还代表着中华民族的繁荣昌盛!

总之,学好普通话,是构建和谐社会、提高全民素质的具体行动。行动起来,说好普通话,从我做起。

四、如何学习好普通话

(一)要了解普通话特性,激发学习兴趣

普通话是一门语言艺术,是一种靠声音来表现文本的艺术形式,是区别于其他艺术的有声语言。它既有物理的组合,又有主观的意象。既然普通话是艺术的一种,想要掌握它的确是一件很不容易的事情,没有一番苦功是不行的。

要想又快又好地学习普通话,首先自己必须要有信心和对普通话重要性的认识,这样才能激发我们学习的积极性,使我们对普通话产生浓厚的兴趣,有了兴趣就会有无穷的动力。

那么怎样激发我们学习的积极性呢?大家都知道普通话的普及历经了很多年,然而真正能讲一口纯正普通话的人却是不多,包括很多从事教育事业的人都是"土洋结合"的所谓普通话,这让行家听了不笑掉大牙那才怪呢!此时如果你讲一口纯正动听的普通话走上了三尺讲台,那将是怎样的一种壮观的场面呢?可以想象一下听者的感受,那么多的粉丝,雷鸣般的掌声,不绝于口的称赞……这样的场景相信每一个在场的人都会动心的。经此一事,是不是会激发大家学习普通话的积极性呢?

有了学习普通话的积极性,还要解决兴趣问题。如果只是一时的冲动好奇和热情,那么其最终结果是一清二楚的,是不会有所收获的,大不了又多一个会讲"土洋结合"的普通话的人。其实培养学习的兴趣并不难,要认识到普通话在生活中的重要性,很少有人知道普通话就像一个人的容貌、服饰、才华……一样能为主人增光添彩,吸引听者的眼球,可以说讲一口纯正的普通话和写一笔龙飞凤舞的字同样让人敬仰,说不定就因为你会讲普通话受到了领导的重用,得到了升迁,前程无限呢!这些也可以是动力。

(二)学会普通话正确发音

学习普通话必须兼顾语音、语法、词汇三个方面。汉语方面的分歧突出表现在语音方面,不但各大方言区之间的语音系统差别大,就是一个地区、一种方言内部也常在语音方面有明显的差异,而在词汇和语法方面方言与普通话的差异是有限的。可以说,语音差异是造成交际困难的主要原因。所以,学习普通话的关键是学习以北京语音为准的标准音,学习语音必须专注地通过口、耳的训练才能学好。

学习普通话过程当中很重要的一点是要学会普通话语音。普通话语音包括发音和正音两个部分。发音准确是语音学习最基本的要求。发音是否准确与听音、辨音的能力有关，所以首先要提高语音的分辨力。在掌握了正确发音的基础上，还要通过反复练习，达到完全熟练的程度。正音是指掌握汉字的普通话标准读音，纠正受方言影响产生的偏离普通话的语音习惯，这属于一种记忆训练。方言同普通话语音的差异不是毫无规律的，了解了方言和普通话语音的对应规律，就不必一个字音一个字音地死记，而可以一批一批地去记。在正音的基础上，还要通过朗读、会话练习，逐步运用到实际口头语言中。

(三)掌握普通话的发音技巧

1. 普通话的吐字归音

汉字的音节结构分为声、韵、调几个部分。声，又叫字头；韵，分为韵头、韵尾、韵腹三个部分；调，字神，体现在韵腹上。汉字的发音应该遵循汉字的音节结构特点。要求得"珠圆玉润"，应该尽量将每个汉字的发音过程处理成为"枣核形"，以声母或者韵头为一端，以韵尾为另一端，韵腹为核心。达到枣核形是让自己的普通话更纯正的关键，但是，不可能也不要片面强调字字如核，一味这样必然会违背语言交流的本质，去追求技巧和方法，削弱声音的感情色彩，破坏语言的节奏。一个汉字的音程很短，大多在三分之一秒就会结束。要在短短的时间内兼顾声韵调和吐字归音，必须从日常训练开始严格要求。

(1) 出字——要求声母的发音部位准确、弹发有力。

(2) 立字——要求韵腹拉开立起，做到"开口音稍闭，闭口音稍开"。

(3) 归音——干净利落，不可拖泥带水。尤其是i、u、n、ng等做韵尾时，要注意口型的变化。

2. 使声音更饱满、洪亮

感觉说话费劲，声音传不远，大致有两个原因：其一是没有充分利用共鸣器官；其二是气息不稳。我们所发出的声响都是依靠两片声带振动而成，本质上没有多大的差别，但是振动经过了咽、喉、口腔、鼻腔、胸腔等人体自然的空间后被逐渐修饰、放大，形成自己的风格，最终传达到听众的耳朵里。在我们说悄悄话(用气声)的时候，声带并没有振动，仅仅依靠气息的摩擦，再怎样用力，也不会有任何声响，因为没有振动，也就没有共鸣！

反之，要追求声音洪亮，一味依靠声带的强烈振动，只能造成声带充血，声音嘶哑。唯一的解决办法就是充分利用共鸣腔，让振动在口腔、鼻腔甚至胸腔内得到共鸣、放大，自己的声音才会饱满、圆润、高扬。教你几个小技巧：

(1) 体会胸腔共鸣：微微张开嘴巴，放松喉头，闭合声门(声带)，像金鱼吐泡一样轻轻地发声。或者低低的哼唱，体会胸腔的振动。

(2) 降低喉头的位置(同上)：喉部放松、放松、再放松。

(3). 打牙关：所谓打牙关，就是打开上下大牙齿(槽牙)，给口腔共鸣留出空间，用手去摸摸耳根前大牙的位置,看看是否打开了。然后发出一些元音,如"a",感觉自己声音的变化。

(4) 提颧肌:微笑着说话,嘴角微微向上翘,同时感觉鼻翼张开了,试试看,声音是不是更清亮了。

(5) 挺软腭:打一个哈欠,顺便长啸一声。

以上技巧其实就是打开口腔的几大要点,以后在大声说话的时候,注意保持以上几种状态就会改善自己的声音。

但是,切记,一定要"放松自己",不要矫枉过正,更不要只去注意发音的形式,而把你说话的内容给忘了,这就本末倒置了。

3. 要有饱满的气息

发音靠振动,振动靠气息,所以要使声音洪亮,中气十足,就要有饱满的气息。呼吸要深入、持久,要随时保持一定的呼吸压力。平时可以多做一些深吸缓呼的练习,最好在练习说话的时候先站起来,容易寻找到呼吸状态,要坐的话,也要坐直,上身微微前倾。运用气息的时候,千万不要"泄气",要在上述的呼吸压力中缓缓的释放,并且要善于运用嘴唇把气拢住,这样来保持胸腹和嘴唇的压力平衡。

4. 声音的线路

我们的发音,有一个不易察觉的线路,比如打呼哨,声音很响亮,道理就在于气息畅通,声音集中,通行无阻。说话也是这样,要尽量让自己的气息贯通,让声音尽量沿着口腔内部的中纵线穿透而出。这样才能使声音集中而洪亮。

5. 区分好平舌音和翘舌音

普通话中舌尖前音(又叫平舌音)z、c、s 和舌尖后音(又叫翘舌音)zh、ch、sh 这两类声母的发音部位一前一后,完全对立,很多人会把舌尖后音读成舌尖前音。若想改变这种情况,首先要熟练掌握这两类声母的发音特点及规律,其次要能准确区分含有两类声母的不同的字词。具体的区分方法是:

首先,利用普通话声韵配合关系来区分。普通话声韵配合规律显示:①以 ua、uai、uang 作韵母的字,声母是 zh、ch、sh,如"抓、耍、拽、庄、床、双"等。②以 en 作韵母的字,除了"怎、参(差)、岑、森"几个字外,以 eng 作韵母的字,除了"层、曾"和以"曾"做声旁的少数字外,其余字的声母都是舌尖后音。③以 ou 作韵母的字,除了"凑"等少数字外,其余的声母是 ch。④以 uen 作韵母的字中,只有"顺、吮、舜、瞬"四个字的声母是 sh,其余字声母是 s。⑤以 ong 作韵母的字中,声母只有 s,没有 sh。

其次,根据形声字声旁的表音功能,利用已知的声旁推断出同声旁的一批字的读音。这种方法虽有例外,但不妨一试,只是用时须谨慎,以免有出入。

【思考】

(1) 什么是普通话？
(2) 普通话发音有哪些要求？
(3) 方言大致有哪几类？与普通话的关系如何？
(4) 学习好普通话有何意义？
(5) 学习普通话要注意哪几点？

第二节　普通话语音概述

一、语音的基本概念

语音的基本概念中，我们必须提到的有两组，一组是音节、音素、元音、辅音，另一组是声母、韵母、声调。

音节、音素和元音、辅音是普通语音学的概念。音节是语音结构的基本单位，是在自然状态下能感到的最小语音片段。音素是最小的语音单位，是从音节中分析出来的。音素分元音、辅音两大类型。元音是气流振动声带、在口腔中不受阻碍而形成的一类音素。不同的元音是由不同的口形和舌位(发音时舌头较高的部位)造成的，具体来说，可以从舌位的高低、舌位的前后、唇形圆与不圆三个方面来分析。辅音是气流在口腔受到阻碍而形成的一类音素。气流受到阻碍的位置叫发音部位。发音时，喉头、口腔、鼻腔节制气流的方式和状况叫发音方法。辅音的不同是由发音部位和发音方法两个方面决定的，可以从这两个方面来分析。

声母、韵母、声调是我国传统的音韵学分析汉语音节结构的概念。声母是指处在音节开头的辅音，音节开头若没有辅音，就是零声母音节。韵母是音节中声母后面的部分，韵母可以是一个元音，也可以是两三个元音的组合或元音和辅音的组合。声调指贯穿整个音节的具有区别意义作用的音高变化。

声母、韵母和辅音、元音是从不同的角度来分析的。前二者是从汉语音节结构的特点来分析的，后二者是就音素本身的性质来分析的。所以，声母不等于辅音，韵母也不等于元音。声母除零声母外是由辅音充当，而辅音不光充当声母，还可以作韵尾。元音可以作韵母，而韵母除由元音充当外，还可以由元音加辅音构成。

(一)音节、音素、元音、辅音

音节是听觉上最容易分辨出来的语音单位，如"建设"是两个音节，"图书馆"是三个音节，"社会主义"是四个音节。汉语音节和汉字基本上是一对一，一个汉字也就是一个音节。只有少数例外，如"花儿、盆儿"都写成两个汉字，可是读成一个音节 huār、pénr。

音节是由音素构成的。普通话里一个音节可以只有一个音素，例如"啊"(ā)、"鹅"(é)，也可以有两个或三个音素，例如"搭"(dā)、"地"(dì)、"人"(rén)、"民"(mín)，最多可以有四个音素，例如"交"(jiāo)、"先"(xiān)。

音素是最小的语音单位，它是从音色的角度划分出来的。例如，汉语里的 a、i、u 都是音素。一种语言的语音系统大都是由几十个不同的音素组成的。

音素分为元音和辅音两大类，元音如 a、o、e、i、u；辅音如 b、p、d、t、g、k、s、r。元音和辅音的区别主要体现在以下几个方面。

(1) 元音发音时，气流不受阻碍；辅音发音时，气流通过口腔、鼻腔时要受到阻碍。

(2) 元音发音时，发音器官各部位保持均衡的紧张状态；辅音发音时，构成阻碍的部位比较紧张，其他部位比较松弛。

(3) 元音发音时，气流较弱；辅音发音时，气流较强。

(4) 元音发音时，声带要颤动，发出的声音比较响亮；辅音发音时，有的声带颤动，声音响亮，如 m、n、l、r，有的不颤动，声音不响亮，如 b、t、z、c。

(二)声母、韵母、声调

汉语音韵学的传统办法是把一个音节分为声母、韵母和声调三个部分。

声母指音节开头的辅音，韵母指音节里声母后面的部分。例如 dā(搭)的声母是 d，韵母是 ā；jiǎ(甲)的声母是 j，韵母是 iǎ；rǎng(嚷)的声母是 r，韵母是 ǎng。

元音、辅音和声母、韵母是从不同的角度分析语音得出来的概念。元音、辅音是音素的分类，适用于一切语言；声母、韵母是对汉语的音节进行分析得出的概念，只适用于汉语和与汉语有相同的音节结构的语言。在普通话中，声母都是由辅音充当的，韵母主要由元音来充当，有的韵母中也有辅音，但只限于 n 和 ng。换一个角度说，元音只用在韵母中，辅音主要用在声母中(只有 ng 不作声母)。辅音 n 既用在声母中，也用在韵母中，例如，音节 niān(蔫)里的前一个 n 是声母，后一个 n 是韵尾。辅音 ng 不用在声母中，只用在韵母中，如 gāng(钢)里的 ng。

声调指整个音节的高低升降的变化。普通话里 dū(督)、dú(毒)、dǔ(赌)、dù(度)这四个音节的声母和韵母都相同，只是声调不同，表示的意思也就不同。

二、语音的性质

语音就是语言的声音，它是由人的发音器官发出的具有社会交际作用的声音。

语音具有一切声音所共有的物理属性，我们可以从音高、音强、音长和音色四个方面去分析。

(1) 音高指声音的高低，它取决于发音体振动频率的高低。频率高，声音就高；频率低，声音就低。语音的高低，跟发音颤动体声带的长短、厚薄、松紧有关。

(2) 音强指声音的强弱，它取决于发音体振动幅度的大小。振幅大，声音就强；振幅小，声音就弱。语音的强弱与说话时用力的大小有关。

(3) 音长指声音的长短，它取决于发音体振动时间的久暂。振动时间持续久，声音就长；反之则短。语音的长短是由声带颤动持续时间的长短决定的。

(4) 音色指声音的本质和特色，也称作音质。音色的差异是由发音体振动形式的不同决定的。语音的音色同发音器官的状况有直接的关系。例如 a 和 i，前一个音嘴巴张得大一些，后一个音嘴巴张得小一些，这就形成了这两个元音的不同音色；g 和 h，前一个用爆发方法发音，后一个用摩擦方法发音，这就形成了这两个辅音的不同音色。

语音所具备的这四种物理特征在不同语言或方言中被利用的情况不完全相同。在任何语言或方言中，音色都是用来区别意义的最重要的因素。在汉语中，除音色外，音高的作用十分重要。因为汉语中声调有重要的辨义作用，而音高是声调构成的主要因素。音强和音长在轻声和语调中也起重要的作用。

语音是人的发音器官发出来的，语音又具有生理属性。发音器官的活动部位或活动方式的不同决定了语音的区别。从生理角度分析语音，就需要了解发音器官的构造和活动情况。人的发音器官可以从功能上分为肺脏、声带及声腔三大部分。

声音由发音体的振动引起，产生振动需要有动力。语音发生的动力是呼吸的气流，肺正是产生语音的动力站。语音是由从肺中呼出的气流激励声带和声道，最后从嘴唇或鼻孔辐射出来而产生的。

声带是语音的发音体，声带处在由多种软骨构成的喉头里面。喉头下通与肺部相连的气管，上接声腔中的咽腔。声带是两片富有弹性的薄膜，两片声带之间的空隙叫声门。声门依声带的张缩而开闭。控制声带的松紧变化就可以发出不同的声音。

声腔是语音的调节器和共鸣器。声腔包括咽腔、鼻腔和口腔。肺部呼出的气流经过声门首先到达咽腔，咽腔形状和大小的改变可以影响语音的音色。气流通过咽腔后有两个出口：口腔和鼻腔。气流从口腔透出，形成口音；气流从鼻腔透出，形成鼻音；气流从口腔、鼻腔同时透出，就形成口鼻音(或叫鼻化音、半鼻音)。由软腭和小舌的升降控制鼻腔通道的开合。口腔是声腔中最重要的部分，它的结构比较复杂。口腔上部可分出上唇、上齿、齿龈、硬腭、软腭和小舌几个部位。口腔下部有下唇、下齿和舌头，舌头又可分为舌尖、舌面、舌根三个部分。舌头是口腔中最灵活的部分。

语音表达一定的意义，而音义的结合没有客观必然性，是由使用这种语言或方言的社会约定的，因而语音又具有社会属性。例如 n 和 l，在普通话中分属两个不同的语音单位，而在兰州话中属于同一个语音单位。这是因为在普通话语音系统中，n、l 发音上的差别具有区别意义的作用，但在兰州话语音系统中，n 和 l 做声母时可以互相替换而不影响意义。这些不同语言或方言间语音差异的形成，没有什么生理上的必然，只能从社会历史的条件中去寻求答案。社会属性是语音的本质属性。

三、《汉语拼音方案》

汉语拼音是中华人民共和国的汉字"拉丁化"方案，在 1955—1957 年文字改革时由中国文字改革委员会汉语拼音方案委员会研究制定。

该拼音方案主要用于汉语普通话读音的标注，作为汉字的一种普通话音标。1958 年 2 月 11 日，第一届全国人民代表大会第五次会议批准公布了该方案。1982 年，成为国际标准 ISO 7098(中文罗马字母拼写法)。

目前大部分海外华人地区如新加坡等在汉语教学中采用汉语拼音。

汉语拼音方案最早可以追溯到 1906 年朱文熊的《江苏新字母》和 1908 年刘孟扬的《中国音标字书》，还有 1926 年的国语罗马字和 1931 年的拉丁化中国字。所有这些汉字拉丁化方案都为汉语拼音的制定奠定了基础。它的内容由以下五个部分组成。

(一)字母表(见表 1-1)

表 1-1

字 母	名 称	字 母	名 称
A a	ㄚ	N n	ㄋㄝ
B b	ㄅㄝ	O o	ㄛ
C c	ㄘㄝ	P p	ㄆㄝ
D d	ㄉㄝ	Q q	ㄑㄧㄡ
E e	ㄜ	R r	ㄚㄦ
F f	ㄝㄈ	S s	ㄝㄙ
G g	ㄍㄝ	T t	ㄊㄝ
H h	ㄏㄚ	U u	ㄨ
I i	ㄧ	V v	ㄞㄝ
J j	ㄐㄧㄝ	W w	ㄨㄚ
K k	ㄎㄝ	X x	ㄒㄧ
L l	ㄝㄌ	Y y	ㄧㄚ
M m	ㄝㄇ	Z z	ㄗㄝ

注：v 只用来拼写外来语、少数民族语言和方言。字母的手写体依照拉丁字母的一般书写习惯。

(二)声母表(见表 1-2)

表 1-2

字　母	名　　称	字　母	名　　称
b	ㄅ玻	j	ㄐ基
p	ㄆ坡	q	ㄑ欺
m	ㄇ摸	x	ㄒ希
f	ㄈ佛	z	ㄗ资
d	ㄉ得	c	ㄘ雌
t	ㄊ特	s	ㄙ思
n	ㄋ讷	zh	ㄓ知
l	ㄌ勒	ch	ㄔ蚩
g	ㄍ哥	sh	ㄕ诗
k	ㄎ科	r	ㄖ日
h	ㄏ喝		

注：在给汉字注音的时候，为了使拼式简短，zh、ch、sh 可以省作 ẑ、ĉ、ŝ。

(三)韵母表(见表 1-3)

表 1-3

	i ㄧ 衣	u ㄨ 乌	ü ㄩ 迂
a ㄚ 啊	ia ㄧㄚ 呀	ua ㄨㄚ 蛙	
o ㄛ 喔		uo ㄨㄛ 窝	
e ㄜ 鹅	ie ㄧㄝ 耶		üe ㄩㄝ 约
ai ㄞ 哀		uai ㄨㄞ 歪	
ei ㄟ 诶		uei ㄨㄟ 威	
ao ㄠ 熬	iao ㄧㄠ 腰		
ou ㄡ 欧	iou ㄡ 忧		
an ㄢ 安	ian ㄧㄢ 烟	uan ㄨㄢ 弯	üan ㄩㄢ 冤

续表

en ㄣ 恩	in ㄧㄣ 因	uen ㄨㄣ 温	ün ㄩㄣ 晕
ang ㄤ 昂	iang ㄧㄤ 央	uang ㄨㄤ 汪	
eng ㄥ 亨的韵母	ing ㄧㄥ 英	ueng ㄨㄥ 翁	
ong ㄨㄥ 轰的韵母	iong ㄩㄥ 雍		

(四)声调符号(见表1-4)

表1-4

阴平	阳平	上声	去声
ˉ	´	ˇ	`

声调符号标在音节的主要母音上,轻声不标,举例如表1-5所示。

表1-5

妈 mā	麻 má	马 mǎ	骂 mà	吗 ma
阴平	阳平	上声	去声	轻声

(五)隔音符号

a、o、e开头的音节连接在其他音节后面的时候,如果音节的界限发生混淆,用隔音符号(')隔开,例如pi'ao(皮袄)。

【思考】

(1) 什么是语音?普通话语音有哪些性质和特点?
(2) 什么是音节、音素、元音、辅音?
(3) 什么是声母、韵母、声调?它们之间又是什么关系?
(4)《汉语拼音方案》包括哪些内容?背诵并默写字母表、声母表、韵母表。

【综合练习】

一、填空题

1.《汉语拼音方案》包括五部分内容:A._____、B._____、C._____、D._____、E._____。

2．《汉语拼音方案》的主要用途是：A._____、B._____。

3．语音具有_____性、_____性和_____性，其中_____是语音的本质属性。

4．语音同其他声音一样，具有_____、_____、_____、_____四个要素。

二、名词解释

1．共同语　　2．方言　　3．普通话　　4．语言

三、简答题

1．普通话语音为什么要以北京语音为标准音？

2．人类语言同"动物语言"相比有什么不同？

3．简述汉语的发展概况。

4．汉语有哪些方言区？各方言区的代表方言是什么？

第二章　普通话语音训练

本章导读：

在普通话中，基本上一个汉字对应一个音节的读音。普通话的音节是由声母和韵母相拼而成的。普通话语音系统主要包括声母、韵母、声调、音节，以及变调、轻声、儿化等。

声母是使用在韵母前面的辅音，跟韵母一起构成一个完整的音节。汉语字音中声母、字调以外的部分，旧称为韵。韵母又可以分成韵头(介音)、韵腹(主要元音)、韵尾三部分。

普通话语音的特点是：声母除舌尖后擦音r、鼻音n、m、边音l外，没有浊音；韵母多复元音，鼻韵母有前后之分。较之汉语的其他方言(特别是南方方言)，普通话的语音系统性强；声调较少，变调也比较简明；加之自元朝以来，北京一直是中国的政治、经济、文化和交通的中心，因此，以北京语音作为汉语的标准音是很有道理的。

音节是由一个或几个音素按一定规律组合而成的语音单位。汉语中一个汉字就是一个音节，每个音节由声母、韵母和声调三个部分组成。

在说话时，一连串的语流中常常会产生音节之间的读音变化，这种变化有音素的变化，也有声调的变化，这种语音的变化叫做"音变"。普通话语音中常见的音变现象有轻声、"一、不"的变调、形容词重叠后的变调、儿化韵、语气词"啊"的变读等。

学习目标：

通过对本章的学习，重点掌握声母、韵母的准确发音，以及音变与语调等发音技巧。

关键概念：

声母　韵母　声调　音节　语调

第一节　声母训练

一、声母的分类

普通话声母是汉语音节开头的辅音。普通话有21个辅音声母，不同的声母是由不同的发音部位和发音方法决定的。发音部位是指气流受到阻碍的位置。发音方法涉及阻碍气流和解除阻碍的方式、气流的强弱及声带是否颤动等。按发音部位分类，声母可分为七类：双唇音、唇齿音、舌尖中音、舌根音、舌面音、舌尖后音、舌尖前音。按发音方法分类，声母可分为五类：塞音、擦音、塞擦音、鼻音、边音。

(一)发音的部位

发音部位是指发音时气流受到阻碍的地方。根据发音部位的不同,可将声母分为以下七类。

1. 双唇音

b 发音时,双唇闭合,软腭上升,堵塞鼻腔通道,声带不颤动,较弱的气流冲破双唇的阻碍,迸裂而出,爆发成音,如"辨别"、"标本"的声母。

p 发音的状况与 b 相近,只是发 p 时有一股较强的气流冲开双唇,如"乒乓"、"批评"的声母。

m 发音时,双唇闭合,软腭下降,气流振动声带从鼻腔通过,如"美妙"、"弥漫"的声母。

2. 唇齿音

f 发音时,下唇接近上齿,形成窄缝,气流从唇齿间摩擦出来,声带不颤动,如"丰富"、"芬芳"的声母。

3. 舌尖中音

d 发音时,舌尖抵住上齿龈,软腭上升,堵塞鼻腔通道,声带不颤动,较弱的气流冲破舌尖的阻碍,迸裂而出,爆发成声,如"等待"、"定夺"的声母。

t 发音的状况与 d 相近,只是发 t 时气流较强,如"淘汰"、"团体"的声母。

n 发音时,舌尖抵住上齿龈,软腭下降,打开鼻腔通道,气流振动声带,从鼻腔通过,如"能耐"、"泥泞"的声母。

l 发音时,舌尖抵住上齿龈,软腭上升,堵塞鼻腔通道,气流振动声带,从舌头两边通过,如"玲珑"、"嘹亮"的声母。

4. 舌根音

g 发音时,舌根抵住软腭,软腭后部上升,堵塞鼻腔通道,声带不颤动,较弱的气流冲破舌根的阻碍,爆发成声,如"巩固"、"改革"的声母。

k 发音的状况与 g 相近,只是气流较强,如"宽阔"、"刻苦"的声母。

h 发音时,舌根接近软腭,留出窄缝,软腭上升,堵塞鼻腔通道,声带不颤动,气流从窄缝中摩擦出来,如"欢呼"、"辉煌"的声母。

5. 舌面音

j 发音时,舌面前部抵住硬腭前部,软腭上升堵塞鼻腔通道,声带不颤动,较弱的气流把阻碍冲开,形成一条窄缝,气流从窄缝中挤出,摩擦成声,如"境界"、"将就"的声母。

q 发音的状况与和 j 相近,只是气流较强,如"秋千"、"亲切"的声母。

x 发音时,舌面前部接近硬腭前部,留出窄缝,软腭上升,堵塞鼻腔通道,声带不颤动,气流从窄缝中挤出,摩擦成声,如"形象"、"虚心"的声母。

6. 舌尖后音

zh 发音时,舌尖上翘,抵住硬腭前部,软腭上升,堵塞鼻腔通道,声带不颤动,较弱的气流把阻碍冲开一条窄缝,从窄缝中挤出,摩擦成声,如"庄重"、"主张"的声母。

ch 发音的状况与 zh 相近,只是气流较强,如"车床"、"长城"的声母。

sh 发音时,舌尖上翘接近硬腭前部,留出窄缝,气流从缝间挤出,摩擦成声,声带不颤动,如"闪烁"、"山水"的声母。

r 发音状况与 sh 相近,只是声带不颤动,如"容忍"、"柔软"的声母。

7. 舌尖前音

z 发音时,舌尖平伸,抵住上齿背,软腭上升,堵塞鼻腔通道,声带不颤动,较弱的气流把阻碍冲开一条窄缝,从窄缝中挤出间,摩擦成声,如"总则"、"自在"的声母。

c 和 z 的发音区别不大,不同的地方在于 c 气流较强,如"粗糙"、"参差"的声母。

s 发音时,舌尖接近上齿背,气流从窄缝中挤出,摩擦成声,声带不颤动,如"思索"、"松散"的声母。

(二)发音的方法

发音方法是指发音时构成阻碍和消除阻碍的方式。各种发音方法都可分为成阻、持阻、除阻三个阶段。

成阻就是发音时的两个部位先形成阻碍,为发音做好准备的阶段。持阻就是蓄积一定的力量和阻力,同时让气息积聚在发音部位的后面,为发音做好最后的准备。除阻是气流冲破阻碍,最后发出声音的过程。

根据发音方法的不同,可将声母分为五类。

1. 塞音

塞音是指两个发音部位完全闭合,阻住气流,然后突然打开闭合部位使气流迸裂而出,爆发成音,如 b、p、d、t、g、k 六个声母。

2. 擦音

擦音是指两个发音部位接近,形成一条窄缝,气流从窄缝中摩擦成音,如 f、h、x、sh、r、s 六个声母。

3. 塞擦音

塞擦音是指气流先受阻塞后遇摩擦,是综合前两种发音方法控制气流而发出的音。两个发音部位完全闭合，气流把阻碍部位冲出一条窄缝，摩擦成音，如 j、q、zh、ch、z、c 六个声母。

4．鼻音

口腔闭合，软腭下垂，打开鼻腔通道，使气流完全从鼻腔透出成音，如 m、n 两个声母。

5．边音

舌尖抵住上齿龈，软腭上升，阻塞鼻腔通道，让气流从舌头两边透出成音，只有 l 一个声母。

此外，还有两类与发音方法相关。

根据发音时气流强弱不同，可将声母分为两类。

(1) 送气音：发音时，口腔呼出的气流比较强，形成送气音，如 p、t、k、q、ch、c。

(2) 不送气音：发音时，口腔呼出的气流比较弱，形成不送气音，如 b、d、g、j、zh、z。

以上两种分类只涉及塞音和塞擦音。

根据发音时声带是否颤动，将声母分为两类。

(1) 清音：发音时，声带不颤动，透出的气流不带音，如 b、p、f、d、t、g、k、h、j、q、x、zh、ch、sh、z、c、s 共 17 个声母。

(2) 浊音：发音时，声带颤动，透出的气流带音，如 m、n、l、r 共四个声母。

综合上述分类，列出普通话声母发音部位发音方法总表，如表 2-1 所示。

表 2-1

发音方法 发音部位	塞音（清音）		塞擦音（清音）		擦音		鼻音	边音
	不送气	送气	不送气	送气	清音	浊音	浊音	浊音
双唇音	b	p					m	
唇齿音					f			
舌尖前音			z	c	s			
舌尖中音	d	t					n	l
舌尖后音			zh	ch	sh	r		
舌面音			j	q	x			
舌根音	g	k			h		(-ng)	

注：-ng 是鼻辅音，不做声母，只与元音组合共同充当韵母。

二、声母的发音

普通话的 21 个声母有两套读音。一套是本音，即声母的本来音值，是根据声母音部位、发音方法发出的音；普通话声母发音时声带大多不颤动，因此声母本音大多不响亮；当声母和韵母相拼时要用本音。另一套是呼读音，是为了便于呼读和教学，在辅音的本音后面拼上一个相应的元音构成。

下面以发音部位为序，对普通话 21 个声母的发音逐一讲解。

(一)双唇音

1．b　双唇、不送气、清、塞音

发 b 时，双唇紧闭，阻塞气流，然后突然打开，气流迸发而出，冲出的气流比较微弱。例如：

bá　bān　bái　bāng　bì　bīng　bǔ　bǐ
拔　班　白　帮　避　冰　补　笔

bìbào　biāobīng　bāobàn　biànbié　bēibǐ
壁报　标兵　包办　辨别　卑鄙

2．p　双唇、送气、清、塞音

发 p 时，双唇的活动与 b 大致相同，差别只在双唇打开时有一股较强的气流冲出。例如：

pá　pàn　pàng　pāo　pō　pēn　pí　pǔ
爬　叛　胖　抛　坡　喷　皮　谱

pīngpāng　péngpài　piānpì　píngpàn　pǐpèi
乒乓　澎湃　偏僻　评判　匹配

3．m　双唇、浊、鼻音

发 m 时，双唇紧闭，阻塞气流；软腭下垂，打开鼻腔的通道；声带颤动，口腔、鼻腔产生共鸣。例如：

méi　máo　méng　miǎn　mō　mǎi　méng　mǔ
煤　茅　萌　勉　摸　买　蒙　亩

móumiàn　mímàn　mèngmèi　màimiáo　mǎimài
谋面　弥漫　梦寐　麦苗　买卖

【训练】

1) 词语练习

b　班崩帮　包办　奔波　标兵　百发百中　包罗万象　暴跳如雷
p　批盆碰　澎湃　偏僻　爬坡　旁观者清　跑马卖解　披星戴月
m　妈明木　明媚　美妙　妙龄　满面春风　莫名其妙　默默无闻

2) 绕口令

八百标兵奔北坡，炮兵并排北边跑；炮兵怕把标兵碰，标兵怕碰炮兵炮。

(二)唇齿音

f 唇齿、清、擦音

发 f 时，上齿和下唇轻轻接触，软腭上升，堵塞鼻腔通道，使气流从上齿和下唇之间摩擦而出，声带不颤动。例如：

fèn	fàn	fǒu	fú	fěn	fēng	fáng	féi
愤	饭	否	幅	粉	丰	防	肥

fēifán	fēnfāng	fǎngfú	fāfàng	fāngfǎ
非凡	芬芳	仿佛	发放	方法

【训练】

1) 词语练习
  f 房法帆 丰富 奋发 方法 发扬光大 风平浪静 风吹草动
2) 绕口令
粉红墙上画凤凰，凤凰画在粉红墙，红凤凰、粉凤凰、红粉凤凰、花凤凰。

(三)舌尖中音

1. d 舌尖中、不送气、清、塞音

发 d 时，舌尖抵住上齿龈，软腭上升，然后舌尖突然离开上齿龈，气流迸发出来，气流很微弱，声带不颤动。例如：

dài	dān	dòu	diū	diǎn	dù	děng	dùn
代	单	豆	丢	点	渡	等	顿

diāndēng	děngdài	dàodá	dāndú	diàndìng
电灯	等待	到达	单独	奠定

2. t 舌尖中、送气、清、塞音

发 t 时，舌尖活动与 d 大致相同，差别只在舌尖离开上齿龈时有一股较强的气流冲出。例如：

tào	tú	tàn	tiào	tíng	tǎ	tóng	tūn
套	途	探	跳	庭	塔	铜	吞

tàntǎo	tuántǐ	téngtòng	táotài	tǎntè
探讨	团体	疼痛	淘汰	忐忑

3. n 舌尖中、浊、鼻音

发 n 时，舌尖抵住上齿龈，阻塞气流，软腭下垂，使气流从鼻腔流出，声带颤动。例如：

ná	niàng	niǎo	nào	níng	nù	nuǎn	nǚ
拿	酿	鸟	闹	凝	怒	暖	女

nóngnú	niúnǎi	néngnài	nǎonù	nínìng
农奴	牛奶	能耐	恼怒	泥泞

4. l 舌尖中、浊、边音

发 l 时，舌尖抵住上齿龈，但并不把气流通道完全堵死；软腭上升，堵塞鼻腔通道，气流从舌两边通过，声带颤动。例如：

luó	liáng	lài	lèi	liè	lüè	liú	lǎo
罗	良	赖	泪	裂	略	留	老

lǐlùn	línglóng	lèlìng	lǐnliè	láolèi
理论	玲珑	勒令	凛冽	劳累

【训练】

1) 词语练习

d	到冬惦	等待	到达	大地	调虎离山	顶天立地	德高望重
t	推抬团	跳台	团体	天坛	谈虎色变	铁证如山	脱颖而出
n	能牛您	南宁	恼怒	奶娘	南腔北调	难分难解	弄假成真
l	来楼留	理论	流利	嘹亮	来者不拒	离题万里	落花流水

2) 绕口令

调到敌岛打特盗，特盗太刁投短刀；挡推顶打短刀掉，踏盗得刀盗打倒。

(四) 舌根音

1. g 舌根、不送气、清、塞音

发 g 时，舌根隆起抵住软腭，阻塞气流；软腭上升，然后舌根突然离开软腭，气流迸发出来，气流较弱，声带不颤动。例如：

gēn	gài	gǔ	gōu	gāo	gāi	gēng	guāng
跟	概	骨	钩	膏	该	耕	光

gǎigé	guāgě	gǒnggù	gǔgé	gēnggǎi
改革	瓜葛	巩固	骨骼	更改

2. k 舌根、送气、清、塞音

发 k 时，舌根活动与 g 大致相同，差别只在舌根离开软腭时有一股较强的气流冲出。例如：

kēng	kōu	kè	kǎi	kǎn	kāng	kuài	kuì
坑	抠	课	楷	坎	慷	快	溃

kèkǔ	kēkè	kāikěn	kǎnkě	kuānkuò
刻苦	苛刻	开垦	坎坷	宽阔

3. h 舌根、清、擦音

发 h 时，舌根和软腭轻轻接触，软腭上升，气流从舌根和软腭之间摩擦而出，声带不颤动。例如：

hè	hóng	huǒ	huǎn	hàn	hǒu	hǎo	hún
贺	洪	伙	缓	汗	吼	好	浑

huīhuáng	héhuā	hūhuàn	háohuá	huīhuò
辉煌	荷花	呼唤	豪华	挥霍

【训练】

1) 词语练习

g 刚攻高 高贵 光顾 公告 广开言路 高谈阔论 纲举目张
k 客看枯 宽阔 刻苦 慷慨 康庄大道 可歌可泣 空前绝后
h 海河欢 欢呼 荷花 浑厚 海阔天空 华灯初上 豪情壮志

2) 绕口令

哥挎瓜筐过宽沟，赶快过沟看怪狗，光看怪狗瓜筐扣，瓜滚筐空哥怪狗。

(五)舌面音

1. j 舌面前、不送气、清、塞擦音

发 j 时，舌面前部上抬，抵住硬腭前端，阻塞气流，软腭上升，关闭鼻腔通道，气流将成阻部位冲出一条缝隙，并从间隙摩擦而成声。例如：

jiá	jiàn	jī	jiāng	jiě	jìng	jiǒng	juǎn
颊	见	机	将	解	竟	窘	倦

jīngjì	jiéjìng	jiāojí	jùjué	jìnjūn
经济	洁净	焦急	拒绝	进军

2. q 舌面前、送气、清、塞擦音

发 q 时，舌面活动与 j 大致相同，差别只在舌面前部离开硬腭前端时，有一股较强的气流冲出。例如：

qià	qián	què	qīn	qǐng	qún	qiǎo	qiáng
恰	前	雀	亲	请	群	巧	墙

qīqiāo	qīnqiè	qǐngqiú	qiánqū	qiàqiè
蹊跷	亲切	请求	前驱	恰切

3. x 舌面前、清、擦音

发 x 时，舌面前部和硬腭轻轻接触，软腭上升，气流从舌面前部和硬腭前端之间摩擦而出，声带不颤动。例如：

xià	xiāo	xiě	xù	xiān	xiū	xióng	xuě
夏	消	写	续	先	修	雄	雪

xiànxiàng	xūxīn	xiángxì	xiāngxìn	xuéxiào
现象	虚心	详细	相信	学校

【训练】

1) 词语练习

j 将金绝 交际 境界 建交 皆大欢喜 惊天动地 见景生情
q 情求钱 亲切 气球 齐全 千载难逢 求同存异 恰如其分
x 西小笑 学习 喜事 现象 喜出望外 细水长流 心花怒放

2) 绕口令

千山鸟飞绝，万径人踪灭。孤舟蓑笠翁，独钓寒江雪。(唐朝诗人柳宗元《江雪》)

(六)舌尖后音

1. zh 舌尖后、不送气、清、塞擦音

发 zh 时，舌尖翘起接触硬腭前端，阻塞气流，软腭上升，关闭鼻腔通道，气流将成阻部位冲出一条缝隙，并从间隙摩擦而成声。例如：

zhān	zhā	zhāi	zhōng	zhàng	zhēn	zhě	zhú
瞻	扎	摘	中	杖	斟	者	竹

zhèngzhì	zhuǎnzhé	zhànzhēng	zhùzhái	zhōuzhé
政治	转折	战争	住宅	周折

2. ch 舌尖后、送气、清、塞擦音

发 ch 时，舌尖活动与 zh 大致相同，差别只在舌尖离开硬腭前端时有一较强的气流冲出来。例如：

chǎn	chuī	chéng	chǎng	chǔn	chí	chén	chǒu
产	吹	成	场	蠢	持	陈	丑

chángchéng	chēchuáng	chóuchàng	chūchāi	chíchěng
长城	车床	惆怅	出差	驰骋

3. sh 舌尖后、清、擦音

发 sh 时，舌尖翘起和硬腭前端轻轻接触，软腭上升，气流从舌尖和硬腭前端之间摩擦而出，声带不颤动。例如：

shā	shǎng	shào	shēn	shēng	shuǐ	shuā	shùn
杀	赏	绍	身	生	水	刷	顺

shìshí	shàngshēng	shǎnshuò	shǒushù	shénshèng
事实	上升	闪烁	手术	神圣

4．r 舌尖后、浊、擦音

发 r 时，舌尖活动与 sh 大致相同，差别只在于发 sh 时声带不颤动，发 r 时声带颤动。例如：

ràng	rén	rán	rè	ráo	réng	róng	ròu
让	人	然	热	饶	仍	容	肉

ruǎnruò	róngrěn	rěnràng	rúruò	rùnrì
软弱	容忍	忍让	如若	闰日

【训练】

1) 词语练习

zh 舟铡抓 庄重 转折 指针 掌上明珠 郑重其事 珠圆玉润
ch 车臣乘 长城 穿插 乘车 触类旁通 畅所欲言 沉默寡言
sh 顺生说 山水 闪烁 神圣 深入人心 神采奕奕 双管齐下
r 然如荣 仍然 容忍 软弱 入情入理 热血沸腾 燃眉之急

2) 绕口令

认识从实践始，实践出真知。知道就是知道，不知道就是不知道；不要知道说不知道，也不要不知道装知道；老老实实、实事求是一定要做到不折不扣的真知道。

(七)舌尖前音

1．z 舌尖前、不送气、清、塞擦音

发 z 时，舌尖抵住上齿背，阻塞气流，软腭上升，关闭鼻腔通道，然后气流将成阻部位冲出一条窄缝，从间隙摩擦而成声。例如：

zāi	zán	zāng	zé	zěn	zì	zǔ	zūn
栽	咱	脏	则	怎	字	组	尊

zāizāng	zōngzú	zìzài	zǒuzú	zàozuò
栽脏	宗族	自在	走卒	造作

2．c 舌尖前、送气、清、塞擦音

发 c 时，舌尖活动与 z 大致相同，差别只在舌尖离开上齿背时有一股较强的气流冲出来。例如：

cǎi	cā	cóng	cán	cún	cuī	cuò	cè
采	擦	从	蚕	存	催	错	策

cāicè	cāngcù	cuòcí	cóngcǐ	cāngcuì
猜测	仓促	措辞	从此	苍翠

3. s 舌尖前、清、擦音

发 s 时，舌尖接近上齿背，形成间隙，软腭上升，关闭鼻腔通道，气流从间隙摩擦而成声。例如：

sǎ	sè	sǎn	sù	sī	sāi	sǔn	suān
洒	涩	伞	诉	思	腮	损	酸

sōngsǎn	sèsù	sōusuǒ	sīsuì	sǎsǎo
松散	色素	搜索	撕碎	洒扫

除了上面 21 个声母外，普通话里还有一个零声母。实际上是指一个音节的开头没有辅音，即这个音节的声母是"零"，通常称为"零声母"。开头没有辅音声母的音节，叫零声母音节。有时候 y、w 占据了零声母的位置，它们实际上起隔音符号的作用。例如：

āyí	áoyè	ēnyuàn	ángyáng	yíwàng
阿姨	熬夜	恩怨	昂扬	遗忘

yèwǎn	wēi'é	wù'ǎi	yùyì	ǒu'ěr
夜晚	巍峨	雾霭	寓意	偶尔

【训练】

1) 词语练习

z 咱最在 总则 自尊 自在 自得其乐 再接再厉 责无旁贷
c 醋层村 猜测 苍翠 从此 沧海桑田 草草了事 寸步难行
s 思色谁 琐碎 松散 思索 司空见惯 丝丝入扣 四面楚歌

2) 绕口令

刚往窗户上糊字纸，你就隔着窗户撕字纸，一次撕下横字纸，一次撕下竖字纸。横竖两次撕了四十四张湿字纸。是字纸你就撕字纸，不是字纸你就不要胡乱地撕一地纸。

三、声母辨正训练

(一)平舌音(z、c、s)和翘舌音(zh、ch、sh)

普通话里，平舌声母和翘舌音是分得很清楚的，如"诗"读 shī，"丝"读 sī；"睡"读 shuì，"岁"读 suì；"商"读 shang，"桑"读 sang；"主"读 zhǔ，"组"读 zǔ；"摘"读 zhāi，"栽"读 zāi；"出"读 chū，"粗"读 cū；"春"读 chūn，"村"读 cūn 等。但是有些方言区，如吴方言、闽方言、客家方言、粤方言以及属北方方言的武汉话却没有翘舌音；北方方言区还有些地方，如天津、银川、西安等地，常把普通话里属翘舌音的一部分字念成了平舌音。在普通话里，平、翘舌音的常用字约九百个，其中平舌音约占百分之三十，翘舌音约占百分之七十。下面介绍几种辨正平舌音和翘舌音的方法。

1. 利用形声字偏旁类推

分别记住常用的平舌音或翘舌音的简单字，这些字加上偏旁的其他字，大多数也念平舌音或翘舌音(极少数例外)，这样可以带出一批平舌音或翘舌音的字。如用"子 zǐ"带"孜 zī、仔 zǐ、籽 zǐ"；"叟 sōu"带"嫂 sǎo、溲 sōu、搜 sōu、嗖 sōu、馊 sōu、艘 sōu"等("瘦"例外，念 shòu)。

2. 利用普通话声韵配合规律类推

(1) 平舌声母 z、c、s 绝不能与韵母 ua、uai、uang 相拼，所以"抓、爪，拽，妆、装、庄、桩、撞、幢、状、壮；揣、踹、窗、疮、床、闯、怆、创；刷、耍、衰、摔、甩、帅、蟀、霜、孀、双、爽"等字都念翘舌音。

(2) 翘舌声母 sh 绝不能与韵母 ong 相拼，所以"松、淞、忪、嵩、悚、憽、怂、耸、宋、讼、颂、送、诵"等字都念平舌音。

3. 记少不记多(记单边)

方言里的某一类音，在普通话里分为两类音，这两类音经常出现一边字数较少，一边字数较多的情况。如韵母 a、e、ou、en、eng、ang 与平舌声母 z、c、s 相拼的字很少，而与翘舌声母 zh、ch、sh 相拼的字较多。我们只记少的一边，其余的自然属于另一边了。

4. 用 d、t 检示法测定翘舌音

(1) 形声字中，声旁用字的声母是 d 或 t 的，大都念翘舌音。
(2) 声母是 d 或 t 的形声字的声旁构成的另一些形声字，大都念翘舌音。

5. 编口诀

(1) 根据普通话声韵配合规律编口诀："uang、uai、ua，翘舌不用怕；sōng(松)、sǒng(耸)、sòng(宋)，翘不动。"

(2) 选出最有代表性的翘舌音字编口诀，以例类推(记少不记多)。
"少者周中尚，壮者朱召昌，长者章主丈。"

【训练】

1) 字的对比
   早—找　从—虫　苏—书　搜—收　财—柴

2) 组词对比(训练要求：辨音记词，再用每个词说句话)

z—zh	在职	杂质	载重	增长	总账	奏章	阻止	诅咒
	罪证	尊重	佐证	遵照	字纸	做主	作者	组织
zh—z	渣滓	张嘴	种族	长子	沼泽	振作	争嘴	正字
	职责	指责	治罪	著作	铸造	壮族	准则	知足
c—ch	财产	操场	裁处	采茶	彩绸	餐车	残春	残喘
	辞呈	粗茶	催产	错处	存储	促成	存车	磁场

ch—c	车次	唱词	蠢材	纯粹	差错	场次	陈词	成材
	除草	楚辞	储存	储藏	揣测	穿刺	春蚕	出操
s—sh	散失	桑葚	丧失	扫射	私塾	死水	四声	四时
	算式	算术	随身	岁首	损伤	琐事	素食	缩水
sh—s	上诉	哨所	山色	深思	深邃	申诉	神思	神速
	生涩	生死	绳索	誓死	收缩	守岁	疏松	声速

3) 词的对比(训练要求：对比平翘舌声母，再分别用每个词说句话)

嘱咐——祖父　　支援——资源　　照旧——造就　　札记——杂技
资助——支柱　　栽花——摘花　　早稻——找到　　木材——木柴
擦嘴——插嘴　　暂时——战时　　粗布——初步　　丧生——上升
春装——村庄　　死记——史记　　自力——智力　　赞助——站住
大字——大志　　塞子——筛子　　散光——闪光　　高山——高三

4) 绕口令练读

(1) 报纸是报纸，刨子是刨子，报纸能包刨子不能包桌子，刨子能刨桌子不能刨报纸。

(2) 山前有四十四只石狮子，山后有四十四棵野柿子，结了四百四十四个涩柿子。涩柿子涩不到山前的四十四只石狮子，石狮子也吃不到山后的四百四十四个涩柿子。

(3) 四是四，十是十，十四是十四，四十是四十。谁说十四是四十，或说四十是十四，轻者造成误会，重者误了大事。

(二)鼻音和边音

普通话里，鼻音 n 和边音 l 分得很清楚，如"男"读 nán，"蓝"读 lán；"内"读 nèi，"类"读 lèi；"牛"读 niú，"流"读 liú；"脑"读 nǎo，"老"读 lǎo；"泥"读 ní，"梨"读 lí。但在许多方言里，n 和 l 是不分的(如四川、湖北、湖南、江西、安徽、福建等地)。有的只会念其中一个，有的两个不加区别，随意使用，例如南京就只有 l，没有 n，"男"、"内"、"牛"、"脑"、"泥"等鼻音字，都念成了边音字。方言区的人，要想分辨鼻音和边音，首先要学会 n 和 l 的正确发音，其次是分清普通话里哪些字的声母是 n，哪些字的声母是 l。

下面介绍几种辨正鼻音和边音的方法。

(1) 利用 n、l 对照例字表，帮助了解方言区 n、l 的分合情况(对照例字表略)。

(2) 利用形声字偏旁类推：分别记住常用的声母是 n 或 l 的简单字，这些字加上偏旁的其他字，大多数也念 n 或 l (极少数例外)。这样，可以带出一批声母是 n 或 l 的字。如：用"内 nèi"带"讷、呐、纳、衲、钠"等字，用"良 liáng"带"狼、郎、廊、榔、朗、浪"等字("娘、酿"例外，声母是 n)。

(3) 利用普通话声韵配合规律类推。

① n 不与韵母 ia 相拼，"俩"是边音。
② l 不与韵母 en 相拼，"嫩"是鼻音。
③ n 不与韵母 ou 相拼，"搂 楼 篓 漏 瘘 露 陋"等字都念边音。

④ n不与韵母un相拼,"抡、仑、囵、沦、沦、轮、伦、论"等字都念边音。

(4) 记少不记多(记单边):韵母e、ü、ei、ang、eng、in、iang、üan与鼻音n相拼的字极少,而与边音l相拼的字较多,所以我们只要记住字少的一边,其余的字就可以放心地念边音了。

【训练】

1) 鼻边音组词练习

n—l　纳凉　那里　奴隶　奶酪　耐劳　脑力　内力　内陆　奴隶
　　　努力　年轮　年龄　暖流　鸟类　农林　农历　女郎　能量
l—n　冷暖　留念　流年　老年　老娘　老牛　老农　来年　烂泥
　　　凌虐　利尿　蓝鸟　历年

2) 对比辨音练习

大路——大怒　　涝灾——闹灾　　小牛——小刘　　内胎——擂台
无奈——无赖　　脑子——老子　　宁静——邻近　　思念——思恋
女客——旅客　　南天——蓝天　　呢子——梨子　　大娘——大梁

3) 绕口令朗读训练

(1) 老龙恼怒闹老农,老农恼怒闹老龙,龙怒龙恼农更怒,龙闹农怒龙怕农。

(2) 蓝帘子内男娃娃闹,搂着奶奶连连哭,奶奶只好去把篮子拿,原来篮子内留了块烂年糕。

(三)唇齿音f和舌根音h

普通话里,唇齿音f和舌根音h分得很清楚,如:"发"读fā,"花"读huā,"费"读fèi,"会"读huì。但有些方言却有f、h相混的情况,例如,闽方言多数把f读成b、p或h;湘方言有些地区把f读hu;粤方言则是读f的字较多。有些普通话读h的字(大都是和u领头的韵母相拼的字),在广州话里都读成了f;四川、山西等省的某些地区,也有f、h不分的现象。这些方言区的人,除了要学会f、h的正确发音外,还要花一些气力辨别记忆普通话里哪些是f声母字,哪些是h声母字。这里介绍几种辨别记忆的方法。

(1) 利用形声字偏旁类推:从两组韵母相同的汉字中,分别记住简单的常用字,作为形声字类推的依据。例如用"非"带"菲、啡、绯、扉、霏、诽、匪、斐、蜚、翡、痱"等;用"胡"带"湖、葫、瑚、糊、蝴"等。

(2) 利用普通话声韵配合规律类推。

① f绝不跟ai韵相拼,方言中念"fai"音的字,都应念成huai音,如"怀、踝、槐、淮、徊、坏"等。

② 声母f和单韵母o相拼的字,只有一个"佛"字,方言中念成"fo"音的其他字,都应念成huo音,如"豁、活、和(和泥)、火、伙、夥、豁(豁亮)、祸、霍、获、惑、货"等。

利用b、p、f都是唇音,g、k、h都是舌根音的规律,通过声旁联想辨记f和h。

【训练】

1) 读准下面的词语

f—h　返航　肥厚　防护　符合　发挥　绯红　附和　飞花　分化　奉还

h—f　盒饭　恢复　何方　伙房　耗费　挥发　海风　合肥　焕发　富豪

2) 对比辨音

公费——工会　翻腾——欢腾　辅助——互助　发红——花红

放荡——晃荡　防风——黄蜂　飞鱼——黑鱼　浮面——湖面

老房——老黄　芬芳——昏黄　流犯——流汗　西服——西湖

3) 绕口令练读

(1) 红凤凰和粉红凤凰去追黄凤凰。

(2) 风吹灰飞，灰飞花上花堆灰，风吹花灰灰飞去，灰在风里飞又飞。

(四) 其他

1. 读准零声母

普通话的零声母字，有些方言带上明显的辅音声母。零声母字发音时，要注意打开发音部位，不让音节开头有辅音成分。至于在零声母字前加 m 或 n 的，则应记住读这些零声母字时，要去掉开头的辅音。与此相反，有些方言将普通话的 n 声母与齐、撮两呼相拼的一些字读作零声母字，例如，将"逆、虐、牛、凝、女"读作"i、io、iou、in、ü"。应该记住读这类字时，前面要加上声母 n。

2. 读准 r 声母

普通话的舌尖后、浊、擦音 r 有些方言区读作舌尖前的浊擦音[z]，即与舌尖前、清、擦音 s 相对的浊、擦音。把 r 声母读作[z]的人，应该把[z]改读成 r。发 r 音并不难，保持发 sh 音的舌位不变，气流振动声带就是浊擦音 r 了。有些方言区的人，常把 r 声母与 en 韵相拼的字，念成 l 声母与 en 韵相拼的字。普通话里，l 声母不与 en 韵相拼，学习时要特别注意。

3. 读准"解去鞋"类字

有些方言将普通话舌面音 j、q、x 与齐、撮两呼相拼的一些字读成舌根音 g、k、h 与开口呼相拼的音。例如："解、去、鞋"读作 [kɑi k'ɷ xɑi] 或 [kɛ k'i xɛ]；"敲下去"读作 [k'au xɑ k'ɷ]或[k'au xɑ k'i]。这一类主要是来自古见系声母的假摄、蟹摄字，但是在各方言中有消失的倾向。这类字常见的只有几十个：

j: 家、架、嫁、皆、阶、介、界、芥、疥、届、戒、械、街、解、间、豇；

q: 去、敲、掐、嵌、钳；

x: 虾、下、鞋、解(姓)、懈、蟹、陷、馅、衔、限、苋、瞎、杏。

4. 读准 zh、ch、sh 与 u 相拼的字

有些方言区的人常把声母 zh、ch、sh 与韵母 u 相拼的一些字，读成了声母 j、q、x 与韵母 ü 相拼的字，学习时应注意。

【思考】

(1) 普通话声母按发音部位可分为哪几类？
(2) 什么是发音方法？普通话声母的发音方法包括哪几个方面？
(3) 熟读和默写声母总表。

【训练】

1) 单音节字词练习

拔	猜	舵	蹲	鹅	非	跪	海	黑	劣	撒	燃	清	双	勺	映	枝	舟	墙
击	班	茅	愤	搭	烫	朗	挪	概	束	眨	灭	男	农	鸥	撒	颇	泡	瘫
桶	榻	询	宅	惩	敞	陕	浆	漆	悔	裂	毯	这	实	页	襄	挺	孙	瘦
日	亲	捻	覆	剖	勉	操	追	红	小	山	习	错	酸	左	绅	蝉	谢	沼
吼	耿	坑	颇	皱	铡	咽	踢	授	球	燃	眯	年	警	抢	扣	辣	聚	晃
飞	冻	雌	臂	撑	啃	泡	泼	奴	镁	陆	壳	僵	缓	钙	赌	赴	垂	绷
藏	创	核	凭	悔	卷	褶	尊	晕	宵	踏	隋	蔓	帅	碎	券	嵌	视	溺
畔	捞	阔	俊	缓	壶	龟	膏	朗	嫩	徒	胆	烤	赏	诊	绣	巧	规	录
渴	杰	赫	黑	饭	壁	鹤	净	朋	套	您	赖	略	米	草	桑	攥	绕	刎
润	甚	组	刑	折	惊	刮	缺	炯	赐	怎	束	触	绰	持	悄	小	幻	浩
礁	乃	简	丁	帆	聊	馊	猫	区	怕	售	驱	绣	兄	苔	音	窜	撕	撒
仍	裆	门	光	掐	踹	奖	劣	品	拐	判	遮	宵	熏	野	炭	屑	窝	艇
肉	色	蛇	瘦	球	纳	闷	亩	牛	兼	库	鼓	薪	陕	歼	寺	菜	昨	龙
热	嘴	拟	皮	力	酪	祸	汇	涩	惠	繁	附	私	匹	虐	埋	绿	捻	聘
龟	富	兜	坟	堵	锄	播	槽	碑	蠢	拗	墓	卵	嘭	渡	碾	零	铜	序
禽	抠	浩	窘	循	届	变	蜜	辣	客	招	种	夹	缉	剑	拎	矩	慨	坏
威	冈	蹙	玷	呆	探	曝	栖	拈	房	沫	榴	揩	鲸	脊	剑	堤	绿	讽
耍	跌	脚	拙	摄	鳄	锐	蕴	涎	鄙	驯	纤	遣	狞	泻	帕	饵	舔	壳
瞟	鹿	飓	悦	瘟	勋	拽	簪	讥	馋	妄	耗	弥	烫	扛	赚	涌	餐	弦
短	女	怀	缕	学	瘤	册	筐	巡	且	赤	贼	屯	晒	帅	粥	瓷	铺	撞
艘	槛	纫	取	挠	辞	沓	晌	逮	蚌	删	琼	浪	嘎	蒜	溜	掐	鳃	冤

2) 双音节词语练习

杂技　再三　灾荒　施展　视野　签订　虚心　正直　铲除　舒适　牵强　憨厚
罪责　措辞　诉讼　振作　扫射　赈灾　激动　豁然　褐色　法规　恶棍　的确

逼迫	得意	复印	骨头	缴纳	确凿	坍塌	奠定	琵琶	肺腑	浏览	推脱
经济	滑稽	疙瘩	发酵	跌落	恶魔	差额	成员	诗篇	仙鹤	履历	病菌
倾斜	胸怀	听讲	惊疑	蒙蔽	琼脂	复杂	发稿	噩梦	德育	渎职	革命
罚球	结交	越轨	学徒	药房	铁索	哲学	沉浸	善良	洗涤	情趣	想法
恼怒	奶茶	流毒	隐瞒	金融	跟踪	博学	德语	发誓	恶毒	国籍	发掘
竭力	特殊	褥疮	屹立	血型	玉帛	意义	新鲜	容颜	缩手	磁场	自传
殊死	缭绕	鱼刺	粗糙	松散	膳食	舒适	抽查	即将	辉煌	夸口	间接
鹊桥	通途	顶端	澎湃	秘密	淘汰	怪癖	赌博	柠檬	恐怖	旅馆	原则
语法	正确	方音	三国	失误	飘洒	顺眼	垂柳	崇高	纯洁	升华	直爽
肃穆	着急	丝绸	痤疮	奏乐	路灯	取缔	消化	泉水	事故	呻吟	触电
周游	智囊	蓑衣	蜘蛛	唆使	诈骗	追踪	搜索	忐忑	栽赃	泥淖	浏览
辞呈	船舱	近视	赞助	锁链	孑然	倔强	合影	法网	隔离	发票	笔墨
壁橱	铁路	热能	屈尊	袭扰	本质	插秧	番茄	狭隘	思绪	葡萄	融洽
庸俗	谬论	参与	钥匙	月光	重叠	渺小	热爱	次品	询问	呼唤	玫瑰
嘶哑	庞杂	陨灭	规矩	佛教	蓬勃	蕴藏	装饰	容纳	旷野	勉强	整顿
筷子	搜查	词典	测算	色彩	抹杀	否则	挑拨	膨胀	柴油	定律	创伤
存根	参谋	瓦砾	宗派	醒目	泯灭	挫折	酗酒	飘浮	佳境	选择	热敷
掠夺	请帖	洽谈	凹陷	润泽	小将	宣讲	类型	裸露	核桃	积极	自治
尊重	增长	做主	杂志	在职	资助	自重	罪状	宗旨	遵照	坐镇	作战
总之	制造	转载	追踪	振作	正宗	准则	种子	知足	职责	沼泽	种族
装载	正在	主宰	蚕虫	操场	财产	擦车	促成	采茶	残喘	草创	磁场
仓储	操持	错处	彩绸	炒菜	冲刺	尺寸	陈词	差错	纯粹	初次	船舱
场次	春蚕	除草	揣测	陈醋	储藏	松树	宿舍	算术	损失	三山	似是
丧失	诉说	琐事	素食	随时	所属	私塾	散失	收缩	神速	哨所	殊死
申诉	疏松	山色	深思	上司	胜似	输送	生死	世俗	绳索		

3) 声母辨正训练

被俘——佩服　　毕竟——僻静　　背脊——配给　　备件——配件　　火爆——火炮
七遍——欺骗　　盗取——套取　　吊车——跳车　　赌注——土著　　调动——跳动
千年——牵连　　恼怒——老路　　允诺——陨落　　难住——拦住　　门内——门类
南部——蓝布　　蜗牛——涡流　　无奈——无赖　　骨干——苦干　　河谷——何苦
歌谱——科普　　工匠——空降　　个体——客体　　感伤——砍伤　　开方——开荒
防空——航空　　幅度——弧度　　理发——理化　　复员——互援　　防止——黄纸
开发——开花　　初犯——出汗　　公费——工会　　飞机——灰鸡　　仿佛——恍惚
发现——花线　　欢呼——反复　　粉尘——很沉　　伏案——湖岸　　咀嚼——取决
经常——清偿　　手脚——手巧　　迹象——气象　　激励——凄厉　　积压——欺压

集权——齐全　居室——趋势　简陋——浅陋　三头——山头　综合——中和
冲刺——充斥　自立——智力　栽花——摘花　私人——诗人　散光——闪光
俗语——熟语　死命——使命　姿势——知识　暂时——战时　增收——征收
桑叶——商业　食宿——实数　推辞——推迟

4) 儿歌和绕口令

(1) 上桑山，砍山桑，背着山桑下桑山。

(2) 锄长草，草长长，长草丛中出长草，锄尽长草做草料。

(3) 四是四，十是十，十四是十四，四十是四十，谁能说准四十、十四、四十四，谁来试一试。

(4) 坡上立着一只鹅，坡下就是一条河，宽宽的河，肥肥的鹅。鹅要过河，河要渡鹅。不知是鹅过河，还是河渡鹅。

(5) 哥挎瓜筐过宽沟，赶快过沟看怪狗，光看怪狗瓜筐扣，瓜滚筐空哥怪狗。

(6) 粉红墙上画凤凰，凤凰画在粉红墙。黄凤凰，红凤凰，粉红凤凰花凤凰。

(7) 史老师讲时事，常学时事长知识。时事学习看报纸，报纸登的是时事。常看报纸要多思，心里装着天下事。

(8) 小蚱蜢，学跳高，一跳跳上狗尾草。腿一弹，脚一翘，"哪个有我跳得高"，草一摇，摔一跤，头上跌个大青包。

(9) 声母发音不一样，用心练来仔细想。双唇用力b、p、m，唇齿用力f、f、f，舌尖用力d和t，鼻音边音n和l，舌根用力g、k、h，舌面发音j、q、x；舌尖平放z、c、s，舌尖翘起zh、ch、sh、r，嘴角向后y、y、y，嘴巴小圆w、w、w。

第二节　韵　母　训　练

一、韵母的构成和分类

韵母是指一个音节中声母后面的部分。普通话中共有39个韵母。

(一)韵母的结构

普通话韵母的主要成分是元音。韵母的结构可以分为韵头、韵腹、韵尾三个部分。

(1) 韵头是主要元音前面的元音，又叫介音。由i、u、ü充当，发音总是轻而短，只表示韵母的起点。如ia、ua、üe、iao、uan中的i、u、ü。

(2) 韵腹是韵母中的主要元音。充当韵腹的主要元音口腔开度最大、声音最响亮。韵腹是韵母的主要构成部分，由a、o、e、ê、i、u、ü、-i(前)、-i(后)、er充当。

(3) 韵尾是韵腹后面的音素，又叫尾音。由 i、u 或鼻辅音 n、ng 充当。

韵母中只有一个元音时，这个元音就是韵腹；有 2 个或 3 个元音时，开口度最大、声音最响亮的元音是韵腹。韵腹前面的元音是韵头，后面的元音或辅音是韵尾。韵腹是韵母的主要成分，一个韵母可以没有韵头或韵尾，但是不可以没有韵腹。

(二)韵母的分类

根据不同的标准，普通话韵母可以划分出不同的类型。按照韵母开头元音的发音口形的不同，可以分成四类，又叫"四呼"。

开口呼：不是 i、u、ü 或不以 i、u、ü 开头的韵母。

齐齿呼：是 i 或以 i 开头的韵母。

合口呼：是 u 或以 u 开头的韵母。

撮口呼：是 ü 或以 ü 开头的韵母。

按照内部结构的不同，韵母可以分成三类。

1. 单韵母

由一个元音构成的韵母，又叫单元音韵母。普通话共有 10 个单韵母：a、o、e、ê、i、u、ü、-i(前)、-i(后)、er。

1) 舌面元音

a 发音时，口腔大开，舌头前伸，舌位低，舌头居中，嘴唇呈自然状态。如"沙发"、"打靶"的韵母。

o 发音时，口腔半合，舌位半高，舌头后缩，嘴唇拢圆。如"波"、"泼"的韵母。

e 发音状况大体像 o，只是双唇自然展开成扁形。如"歌"、"苛"、"喝"的韵母。

ê 发音时，口腔半开，舌位半低，舌头前伸，舌尖抵住下齿背，嘴角向两边自然展开，唇形不圆。如"欸"的读音。在普通话里，ê 很少单独使用，经常出现在 i、ü 的后面，在 i、ü 后面时，书写要省去符号"^"。

i 发音时，口腔开度很小，舌头前伸，前舌面上升接近硬腭，气流通道狭窄，但不发生摩擦，嘴角向两边展开，呈扁平状。如"低"、"体"的韵母。

u 发音时，口腔开度很小，舌头后缩，后舌面上升接近硬腭，气流通道狭窄，但不发生摩擦，嘴唇拢圆成一小孔。如"图书"、"互助"的韵母。

ü 发音时，口腔开度很小，舌头前伸，前舌面上升接近硬腭，但气流通过时不发生摩擦，嘴唇拢圆成一小孔。发音情况和 i 基本相同，区别是 ü 嘴唇是圆的，i 嘴唇是扁的，如"语句"、"盱眙"的韵母。

2) 舌尖元音

-i(前)发音时，舌尖前伸，对着上齿背形成狭窄的通道，气流通过不发生摩擦，嘴唇向两边展开。用普通话念"私"并延长，字音后面的部分便是-i(前)。这个韵母只跟 z、c、s

配合，不和任何其他声母相拼，也不能自成音节。如"资"、"此"、"思"的韵母。

-i(后)发音时，舌尖上翘，对着硬腭形成狭窄的通道，气流通过不发生摩擦，嘴角向两边展开。用普通话念"师"并延长，字音后面的部分便是-i(后)。这个韵母只跟zh、ch、sh、r配合，不与其他声母相拼，也不能自成音节。如"知"、"吃"、"诗"的韵母。

3) 卷舌元音

er发音时，口腔半开，开口度比ê略小，舌位居中，稍后缩，唇形不圆。在发e的同时，舌尖向硬腭轻轻卷起，不是先发e后卷舌，而是发e的同时舌尖卷起。"er"中的r不代表音素，只是表示卷舌动作的符号。er只能自成音节，不和任何声母相拼。如"儿"、"耳"、"二"字的韵母。

【训练】

a

发趴哈　发达　砝码　大厦　跋山涉水　大有作为　大功告成

打南边来了个喇嘛，手里提着个蛤蟆；打北边来了个哑巴，腰里别着个喇叭。手提着蛤蟆的喇嘛，要拿蛤蟆换哑巴腰里别着的喇叭；腰里别着喇叭的哑巴，不肯拿喇叭换喇嘛手里提着的蛤蟆。手里提着蛤蟆的喇嘛打了腰里别着喇叭的哑巴一蛤蟆，腰里别着喇叭的哑巴打了手里提着蛤蟆的喇嘛一喇叭。

o

播破末　磨破　菠萝　破获　莫名其妙　博学多才　勃然大怒

郭伯伯买火锅，带买墨水和馍馍，给馍馍蒸火锅，火锅磨的馍皮破。

e

哥得乐　特色　割舍　合格　责无旁贷　可歌可泣　和颜悦色

坡上立着一只鹅，坡下就是一条河，宽宽的河肥肥的鹅。鹅要过河，河要渡鹅，不知是鹅过河还是河渡鹅。

i

笔泥踢　激励　离奇　秘密　地大物博　赤胆忠心　日新月异

唧唧复唧唧，木兰当户织。不闻机杼声，唯闻女叹息。问女何所思？问女何所忆？女亦无所思，女亦无所忆。(出自南宋郭茂倩编的《乐府诗集》)

u

不书怒　互助　读书　露珠　出口成章　触景生情　顾全大局

今背一匹布，手提一瓶醋。走了一里路，看见一只兔。卸下布，放下醋，去捉兔。跑了兔，丢了布，洒了醋。

ü

女鞠剧　雨具　戏曲　曲句　举世无双　旭日东升　雨过天晴

芜湖徐如玉，出去屡次遇大雾；曲阜苏愚卢，上路五度遇大雨。

er
儿 尔 二　耳朵　二胡　儿童　耳听八方　耳闻目睹　出尔反尔

要说"尔"专说"尔"，马尔代夫、喀布尔、阿尔巴尼亚、扎伊尔、卡塔尔、尼伯尔、贝尔格莱德、安道尔、萨尔瓦多、伯尔尼、利伯维尔、班珠尔、厄瓜多尔、塞舌尔、哈密尔顿、尼日尔、圣彼埃尔、巴斯特尔、塞内加尔的达喀尔、阿尔及利亚的阿尔及尔。

2. 复韵母

复韵母是韵母中的主要元音。充当韵腹的主要元音，口腔开度最大、声音最响亮。韵腹是韵母的主要构成部分，由a、o、e、ê、i、u、ü、-i(前)、-i(后)、er充当。

1) 前响复韵母

前响复韵母共有四个：ai、ei、ao、ou。它们的共同特点是前一个元音清晰响亮，后一个元音轻短模糊，音值不太固定，只表示舌位滑动的方向。

ai 发音时，先发a，这里的a舌位前，念得长而响亮，然后舌位向i移动，不到i的高度。i只表示舌位移动的方向，音短而模糊。例如"白菜"、"海带"、"买卖"的韵母。

ei 发音时，先发e，比单念e时舌位前一点，这里的e是个中央元音，然后向i的方向滑动。例如"配备"、"北美"、"黑霉"的韵母。

ao 发音时，先发a，这里的a舌位靠后，是个后元音，发得响亮，接着向u的方向滑动。例如"高潮"、"报道"、"吵闹"的韵母。

ou 发音时，先发o，接着向u滑动，舌位不到u即停止发音。例如"后楼"、"收购"、"漏斗"的韵母。

2) 后响复韵母

后响复韵母共有五个：ia、ie、ua、uo、üe。它们的共同特点是前面的元音发得轻短，只表示舌位从那里开始移动，后面的元音发得清晰响亮。

ia发音时，i表示舌位起始的地方，发得轻短，很快滑向前元音a，a发得长而响亮。例如"加价"、"假牙"、"压下"的韵母。

ie 发音时，先发i，很快发ê，前音轻短，后音响亮。例如："结业"、"贴切"、"趔趄"的韵母。

ua发音时，u念得轻短，很快滑向a，a念得清晰响亮。例如"花褂"、"桂花"的韵母。

uo 发音时，u念得轻短，舌位很快降到o，o清晰响亮。例如"过错"、"活捉"、"阔绰"的韵母。

üe 发音时，先发高元音u，u念得轻短，舌位很快降到ê，ê清晰响亮。例如"雀跃"、"决绝"的韵母。

后响复韵母在自成音节时，韵头i、u、ü改写成y、w、yu。

3) 中响复韵母

中响复韵母共有4个：iao、iou、uai、uei。它们共同的发音特点是前一个元音轻短，后面的元音含混,音值不太固定,只表示舌位滑动的方向,中间的元音清晰响亮。

iao 发音时,先发 i,紧接着发 ao,使三个元音结合成一个整体。例如"巧妙"、"小鸟"、"教条"的韵母。

iou 发音时,先发 i 紧接着发 ou,紧密结合成一个复韵母。例如"优秀"、"求救"、"牛油"的韵母。

uai 发音时,先发 u,紧接着发 ai,使三个元音结合成一个整体。例如"摔坏"、"外快"的韵母。

uei 发音时,先发 u,紧接着发 ei,紧密结合成一个整体。例如"退回"、"归队"的韵母。

中响复韵母在自成音节时,韵头 i、u 改写成 y、w。复韵母 iou、uei 前面加声母的时候,要省写成 iu、ui,例如 liu(留)、gui(归)等;不跟声母相拼时不能省写,用 y、w 开头写成 you(油)、wei(威)等。

【训练】

ai

白开晒　彩排　白菜　爱戴　拍手称快　海阔天空　来日方长

红岩上红梅开,千里冰霜脚下踩。三九严寒何所惧,一片丹心向阳开。(出自阎肃《红梅赞》歌词)

ei

没北费　肥美　北非　黑莓　黑白分明　飞黄腾达　悲欢离合

草木知春不久归,百般红紫斗芳菲。杨花榆荚无才思,唯解漫天作雪飞。(出自唐朝诗人韩愈的《晚春》)

ao

抛高招　高潮　高考　报到　劳而无功　道貌岸然　报仇雪恨

春日每起早,采桑惊啼鸟。风过扑鼻香,花开花落知多少。(出自儿歌《采桑歌》)

ou

柔收洲　收购　欧洲　猴头　手忙脚乱　手舞足蹈　守口如瓶

昔人已乘黄鹤去,此地空余黄鹤楼;黄鹤一去不复返,白云千载空悠悠。晴川历历汉阳树,芳草萋萋鹦鹉洲;日暮乡关何处是,烟波江上使人愁。(出自唐朝诗人崔颢的《黄鹤楼》)

ia

家牙虾　加价　恰恰　下车　驾轻就熟　掐头去尾　恰如其分

贾家有女初出嫁,嫁到夏家学养虾,喂养的对虾个头儿大,卖到市场直加价。

ie

铁别鞋　结业　姐姐　谢谢　铁面无私　喋喋不休　借题发挥

多情自古伤离别,更那堪冷落清秋节,今宵酒醒何处?杨柳岸,晓风残月。此去经年,应是良辰美景虚设。便纵有千种风情,更与何人说?(出自北宋词人柳永的《雨霖铃》)

ua

花滑瓜　娃娃　挂画　华华　画龙点睛　华而不实　花好月圆

华华有两朵红花，红红有两朵黄花，华华想要黄花，红红想要红花，华华送给红红一朵红花，红红送给华华一朵黄花。

uo

多罗说　昨日　啰唆　过错　脱颖而出　落落大方　卧薪尝胆

红酥手，黄藤酒。满城春色宫墙柳。东风恶，欢情薄。一怀愁绪，几年离索。错！错！错！如旧，人空瘦。泪痕红浥鲛绡透。桃花落，闲池阁。山盟虽在，锦书难托。莫！莫！莫！

üe

缺血月　乐章　悦耳　月亮　绝无仅有　雪上加霜　血气方刚

打南边来了个瘸子，手里托着个碟子，碟子里总装着茄子。地下钉着个橛子，绊倒了瘸子，撒了碟子里的茄子；气得瘸子，撇了碟子，拔了橛子，踩了茄子。

iao

飘小笑　巧妙　吊桥　疗效　摇摇欲坠　焦头烂额　脚踏实地

青山隐隐水迢迢，秋尽江南草未凋。二十四桥明月夜，玉人何处教吹箫。(选自唐朝诗人杜牧的《寄扬州韩绰判官》)

iou

丢绣球　绣球　悠久　优秀　流言飞语　求全责备　有声有色

空山新雨后，天气晚来秋。明月松间照，清泉石上流。竹喧归浣女，莲动下渔舟。随意春芳歇，王孙自可留。(选自唐朝诗人王维的《山居秋暝》)

uai

快拐坏　怀揣　摔坏　淮海　歪风邪气　快马加鞭　怀才不遇

槐树槐，槐树槐，槐树底下搭戏台，人家的姑娘都来了，我家的姑娘还不来。说着说着就来了，骑着驴，打着伞，歪着脑袋上戏台。

uei

归吹撨　回归　会徽　归心似箭　绘声绘色　危在旦夕

慈母手中线，游子身上衣；临行密密缝，意恐迟迟归。谁言寸草心，报得三春晖？(选自唐朝孟郊的《游子吟》)

3. 鼻韵母

由一个或两个元音后面带上鼻辅音构成的韵母叫鼻韵母。鼻韵母共有16个：an、ian、uan、üan、en、in、uen、ün、ang、iang、uang、eng、ing、ueng、ong、iong。

an 发音时，先发 a，然后舌尖向上齿龈移动，最后抵住上齿龈，发前鼻音 n。例如"感叹"、"灿烂"的韵母。

en 发音时，先发 e，然后舌尖向上齿龈移动，抵住上齿龈发鼻音 n。例如"认真"、"根本"的韵母。

in 发音时，先发 i，然后舌尖向上齿龈移动，抵住上齿龈，发鼻音 n。例如"拼音"、"尽心"的韵母。

ün 发音时，先发 u，舌尖向上齿龈移动，抵住上齿龈，气流从鼻腔通过。例如"均匀"、"军训"的韵母。

in、ün 自成音节时，写成 yin(音)、yun(晕)。

ian 发音时，先发 i，i 轻短，接着发 an，i 与 an 结合得很紧密。例如"偏见"、"先天"的韵母。

uan 发音时，先发 u，紧接着发 an，u 与 an 结合成一个整体。例如"贯穿"、"转弯"的韵母。

üan 发音时，先发 ü，紧接着发 an，ü 与 an 结合成一个整体。例如"轩辕"、"全权"的韵母。

uen 发音时，先发 u，紧接着发 en，u 与 en 结合成一个整体。例如"春笋"、"温存"的韵母。

ang 发音时，先发 a。舌头逐渐后缩，舌根抵住软腭，气流从鼻腔通过。例如"厂房"、"沧桑"的韵母。

eng 发音时，先发 e，舌根向软腭移动，抵住软腭，气流从鼻腔通过。例如"更正"、"生冷"的韵母。

ing 发音时，先发 i，舌头后缩，舌根抵住软腭，发后鼻音 ng。例如"定型"、"命令"的韵母。ing 自成音节时，作 ying(英)。

ong 发音时，舌根抬高抵住软腭，发后鼻音 ng。例如"工农"、"红松"的韵母。

iang 发音时，先发 i，接着发 ang，使二者结合成一个整体。例如"亮相"、"想象"的韵母。

iong 发音时，先发 i，接着发 ong，二者结合成一个整体。例如"汹涌"、"穷凶"的韵母。

uang 发音时，先发 u，接着发 ang，由 u 和 ang 紧密结合而成。例如"状况"、"双簧"的韵母。

ueng 发音时，先发 u，接着发 eng，由 u 和 eng 紧密结合而成。ueng 自成音节，不拼声母。例如"翁"、"瓮"。

iang、iong、uang、ueng 自成音节时，韵头 i、u 改写成 y、w。

另外，uen 跟声母相拼时，省写作 un。例如 lun(伦)、chun(春)。uen 自成音节时，仍按照拼写规则，写作 wen(温)。

【训练】

an

山满餐　展览　感染　谈判　返璞归真　漫山遍野　万紫千红

相见时难别亦难，东风无力百花残。(出自唐代诗人李商隐的《无题》)

en

本证肯　深沉　认真　振奋　分门别类　奋不顾身　沉鱼落雁

你问我爱你有几分，我的情也真我的爱也深，月亮代表我的心。(出自孙仪作词、邓丽君演唱的《月亮代表我的心》)

in

音民亲　拼音　信心　音信　饮水思源　彬彬有礼　近水楼台

不受尘埃半点侵，竹篱茅舍自甘心，只因误识林和靖，惹得诗人说到今。(出自北宋诗人王淇的《梅》)

uan

弯观算　贯穿　轮转　盘算　欢天喜地　川流不息　全心全意

他们本是管官的官，我这被管的官儿怎能管那管官的官，官管官，官被管，管官官管，官官管管，管管官官，叫我怎做官？

un

温轮昏　温顺　昆仑　论文　混淆视听　温文尔雅　文过饰非

莫笑农家腊酒浑，丰年留客足鸡豚。山重水复疑无路，柳暗花明又一村。箫鼓追随春社近，衣冠简朴古风存。从今若许闲乘月，拄杖无时夜叩门。(出自南宋诗人陆游的《游山西村》)

uan

泉喧劝　源泉　全权　宣传　全力以赴　怨天尤人　原封不动

男演员、女演员，同台演戏说方言。男演员说吴方言，女演员说闽南言。男演员演远东旅行飞行员，女演员演鲁迅著作研究员。研究员、飞行员；吴方言、闽南言。你说演员演得全不全？

ün

晕群运　均匀　云雀　功勋　群策群力　运用自如　寻章摘句

我住长江头，君住长江尾。日日思君不见君，共饮长江水。此水几时休？此恨何日已？只愿君心似我心，定不负相思意。(出自北宋李之仪的《卜算子》)

ang

旁方康　商场　帮忙　昂扬　畅所欲言　昂首阔步　膀大腰圆

洪湖水浪打浪，洪湖两岸是家乡。清早船儿去撒网，晚上回来鱼满仓。(出自张敬安《洪湖赤卫队》歌词)

eng

绷风能　猛增　丰盛　鹏程　声情并茂　冷若冰霜　风花雪月

人人听到风声猛，人人都说风很冷，冬天的冷风真冷，真冷，真正冷，猛的一阵风更冷。

ong

公空红　隆冬　共同　空洞　洪水猛兽　公而忘私　功德无量

毕竟西湖六月中，风光不与四时同。接天莲叶无穷碧，映日荷花别样红。(出自南宋诗人杨万里的《晓出净慈寺送林子方》)

iang

央腔羊　想象　亮相　江河日下　两全其美　良药苦口

江南好，风景旧曾谙。日出江花红胜火，春来江水绿如蓝。能不忆江南？(出自唐朝诗人白居易的《忆江南》)

ing

鹰听惊　明星　英名　精灵　冰清玉洁　顶天立地　轻歌曼舞

草木无情，有时飘零，人为动物，惟物之灵，百忧感其心，万事劳其形。(出自北宋诗人欧阳修的《秋声赋》)

uang

汪广双　状况　慌忙　汪洋　狂风暴雨　望尘莫及　狂风恶浪

剑外忽传收蓟北，初闻涕泪满衣裳。却看妻子愁何在？漫卷诗书喜欲狂。(出自唐朝诗人杜甫的《闻官军收河南河北》)

weng

翁嗡瓮　渔翁　老翁　水瓮　瓮中捉鳖

小蜜蜂嗡嗡叫，吵得老翁心烦躁，喝口瓮里的清泉水，心情变舒畅。

iong、yong

拥熊泳　熊熊　胸膛雄壮　永垂不朽　雍容华贵　勇往直前

英勇红军，态度雍容，踊跃参军，永远光荣。

综上，可归纳出普通话韵母表，如表2-2所示。

表2-2　普通话韵母表

类别	开口呼	齐口呼	合口呼	撮口呼
单韵母	-i	i	u	ü
	a	ia	ua	
	o		uo	
	e			
	ê	ie		üe
	er			
复韵母	ai		uai	
	ei		uei	
	ao	iao		
	ou	iou		
鼻韵母	an	ian	uan	üan
	en	in	uen	ün
	ang	iang	uang	
	eng	ing	ueng	
	ong	iong		

二、韵母的发音分析

(一)单元音韵母发音分析

单韵母是由单元音充当的,普通话 10 个单韵母可以分为舌面元音、舌尖元音和卷舌元音三类。舌面元音是由舌面起主要作用的元音,有a、o、e、ê、i、u、ü七个;舌尖元音是由舌尖起主要作用的元音,有-i(前)、-i(后)两个;er是卷舌元音。

元音的不同主要是由口腔形状的不同造成的。口腔形状取决于:舌位的前后、高低和唇形的圆展。描写舌面元音发音条件可以用元音舌位图来表示。

1. 舌位的前后

舌位指发音时舌面隆起部分的所在位置。发元音时舌头前伸,舌位在前,这时发出的元音叫前元音。普通话舌面元音里有两个前元音,就是 i、ü。发元音时,舌头后缩,舌位在后,这时发出的元音叫后元音。普通话舌面元音里有 3 个后元音,就是 o、e、u。发元音时,舌头不前不后,舌位居中,这时发出的元音叫央元音。普通话里有一个舌面央元音,就是a。

2. 舌位的高低

舌面抬高,和硬腭的距离达到最小时,发出的元音叫高元音。舌面降低,和硬腭的距离达到最大时,发出的元音叫低元音。由高元音到低元音的这段距离可以分为相等的 4 份,中间有 3 个点。舌位处在这 3 个点上时,发出的元音由上而下分别叫作半高元音、中元音和半低元音。普通话里有 3 个舌面高元音,就是 i、u、ü,有两个半高元音,就是 o、e,有一个低元音,就是a。

3. 唇形的圆展

嘴唇收圆,发出的元音叫圆唇元音;嘴唇展开,发出的元音叫不圆唇元音。普通话舌面元音里有 3 个圆唇元音,就是 o、u、ü,有 4 个不圆唇元音,就是a、e、i、ê。

单韵母的发音特点是发音过程中舌位、唇形和开口度始终不变。如果有一点变化,就不是纯正的单韵母了,所以,发音时要保持固定的口形。

a[A] 舌面、央、低、不圆唇元音

发音时,口自然大开,扁唇,舌头居中央,舌面中部略隆起,舌尖置下齿龈,声带振动。软腭上升,关闭鼻腔通道。

发音例词:

打靶 dǎbǎ 大厦 dàshà 发达 fādá 马达 mǎdá 喇叭 lǎba 哪怕 nǎpà

o[o] 舌面、后、半高、圆唇元音

发音时,口半闭,圆唇,舌头后缩,舌面后部略隆起,舌尖置下齿龈后,声带振动。

软腭上升，关闭鼻腔通道。

发音例词：

伯伯 bóbo　　婆婆 pópo　　默默 mòmo　　泼墨 pōmò　　薄膜 bómó　　馍馍 mómo

e[ɤ]　舌面、后、半高、不圆唇元音

发音时，口半闭，扁唇，舌头后缩，舌面后部略隆起，舌面两边微卷，舌面中部稍凹，舌尖置于下齿龈后，嘴角向两边微展，声带振动。软腭上升，关闭鼻腔通道。

发音例词：

隔阂 géhé　　合格 hégé　　客车 kèchē　　特色 tèsè　　折射 zhéshè　　这个 zhège

ê[ɛ]　舌面、前、半低、不圆唇元音

发音时，口自然打开，扁唇，舌头前伸，舌面前部略隆起，舌尖抵住下齿背，嘴角向两边微展，声带振动。软腭上升，关闭鼻腔通道。

在普通话中，ê只在语气词"欸"中单用。ê不与任何辅音声母相拼，只构成复韵母 ie、üe，并在书写时省去上面的附加符号"^"。

发音例词：

告别 gàobié　　感谢 gǎnxiè　　夜晚 yèwǎn　　消灭 xiāomiè　　坚决 jiānjué　　省略 shěnglüè

i[i]　舌面、前、高、不圆唇元音

发音时，口微开，扁唇，上下齿相对，舌头前伸，舌面前部略隆起，舌尖抵住下齿背，嘴角向两边微展，声带振动。软腭上升，关闭鼻腔通道。

发音例词：

笔记 bǐjì　　激励 jīlì　　基地 jīdì　　记忆 jìyì　　霹雳 pīlì　　习题 xítí

u[u]　舌面、后、高、圆唇元音

发音时，口微开，圆唇，舌头后缩，舌面后部高度隆起和软腭相对，舌尖置下齿龈后，声带振动。软腭上升，关闭鼻腔通道。

发音例词：

补助 bǔzhù　　读物 dúwù　　辜负 gūfù　　瀑布 pùbù　　入伍 rùwǔ　　疏忽 shūhū

ü[y]　舌面、前、高、圆唇元音

发音时，口微开，圆唇(近椭圆)略向前突，舌头前伸，舌面前部略隆起，舌尖抵住下齿背，声带振动。软腭上升，关闭鼻腔通道。

发音例词：

聚居 jùjū　　区域 qūyù　　屈居 qūjū　　须臾 xūyú　　序曲 xùqǔ　　语序 yǔxù

er[ ]　卷舌、央、中、不圆唇元音

er[ ]是在[ə]的基础上加上卷舌动作而成。发音时，口腔自然打开(是ɑ[A]的开口度的一半)，扁唇，舌头居中央，舌尖向硬腭中部上卷(但不接触)，声带振动。软腭上升，关闭鼻腔通道。

发音例词：

而且 érqiě　儿歌 érgē　耳朵 ěrduō　二胡 èrhú　二十 èrshí　儿童 értóng

-i(前) 舌尖、前、高、不圆唇元音

发音时，口微开，扁唇，嘴角向两边展开，舌头平伸，舌尖靠近上齿背，声带振动。软腭上升，关闭鼻腔通道。z、c、s 的发音拉长，拉长的部分即是-i(前)的读音。

发音例词：

私自 sīzì　此次 cǐcì　次子 cìzǐ　字词 zìcí　自私 zìsī　孜孜 zīzī

-i(后) 舌尖、后、高、不圆唇元音

发音时，口微开，扁唇，嘴角向两边展开，舌尖上翘，靠近硬腭前部，声带振动。软腭上升，关闭鼻腔通道。zh、ch、sh 的发音拉长，拉长的部分即是-i(后)的读音。

发音例词：

实施 shíshī　支持 zhīchí　知识 zhīshi　制止 zhìzhǐ　值日 zhírì　试制 shìzhì

(二)复韵母的发音分析

复韵母是由两个或 3 个元音组成的韵母。复韵母的发音有两个特点：一是元音之间没有明显的界线，整个过程是从一个元音滑向另一个元音。在滑动过程中，舌位的前后、高低和唇形的圆展都是在逐渐变动，不是跳跃的，中间有一连串过渡音，同时气流不中断，形成一个发音整体。如发 ai 时，从 a 到 i，舌位逐渐升高、前移，嘴唇逐渐展开，其间包括 a 和 i 之间的许多过渡音。二是各元音的发音响度不同。主要元音的发音口腔开口度最大，声音最响亮，持续时间最长，其他元音发音轻短或含混模糊。响度大的元音在前的，叫做前响复韵母；响度大的元音在后的，叫做后响复韵母；响度大的元音在中间的，叫做中响复韵母。

1. 前响复韵母

前响复韵母指主要元音处在前面的复韵母，普通话前响复韵母有 4 个：ai、ao、ei、ou。发音时，开头的元音清晰响亮、时间较长，后头的元音含混模糊，音值不太固定，只表示舌位滑动的方向。

ai[ai]

发音时，a [a]是比单元音 a[A]舌位靠前的前低不圆唇元音。发 a [a]时，口大开，扁唇，舌面前部略隆起，舌尖抵住下齿背，声带振动。发 ai[ai]时，a[a]清晰响亮，后头的元音 i[i]含混模糊，只表示舌位滑动的方向。

发音例词：

爱戴 àidài　采摘 cǎizhāi　海带 hǎidài　开采 kāicǎi　拍卖 pāimài　灾害 zāihài

ao[ou]

发音时，a [o]是比单元音 a[A]舌位靠后的后低不圆唇元音。发 a [o]时，口大开，扁唇，舌头后缩，舌面后部略隆起，声带振动。发 ao[ou]时，a [o]清晰响亮，后头的元音 o[u]舌

位状态接近单元音 u[u](拼写作 o，实际发音接近 u)，但舌位略低，只表示舌位滑动的方向。

发音例词：

懊恼 àonǎo　　操劳 cāoláo　　高潮 gāocháo　　骚扰 sāorǎo　　逃跑 táopǎo　　早操 zǎocāo

ei[ei]

发音时，起点元音是前半高不圆唇元音 e[e]，实际发音舌位略靠后靠下，接近央元音[ə]。发 ei[ei]时，开头的元音 e[e]清晰响亮，舌尖抵住下齿背，使舌面前部隆起与硬腭中部相对。从 e[e]开始舌位升高，向 i[i]的方向往前高滑动，i[i]的发音含混模糊，只表示舌位滑动的方向。

发音例词：

肥美 féiměi　　妹妹 mèimei　　配备 pèibèi　　蓓蕾 bèilěi

ou[ou]

发音时，起点元音 o 比单元音 o[o]的舌位略高、略前，唇形略圆。发音时，开头的元音 o[o]清晰响亮，舌位向 u 的方向滑动，u[u]的发音含混模糊，只表示舌位滑动的方向。ou 是普通话复韵母中动程最短的复合元音。

发音例词：

丑陋 chǒulòu　　兜售 dōushòu　　口头 kǒutóu　　漏斗 lòudǒu　　收购 shōugòu　　喉头 hóutóu

2. 后响复韵母

后响复韵母是指主要元音处在后面的复韵母。普通话后响复韵母有 5 个：ia、ie、ua、uo、üe。它们发音的特点是舌位由高向低滑动，收尾的元音响亮清晰，在韵母中处在韵腹的位置。而开头的元音都是高元音 i-、u-、ü-，由于它处于韵母的韵头位置，发音轻短，只表示舌位滑动的方向。

ia[iA]

发音时，从前高元音 i[i]开始，舌位滑向央低元音 ɑ[A]结束。i[i]的发音较短，ɑ[A]的发音响亮而且时间较长。

发音例词：

假牙 jiǎyá　　恰恰 qiàqià　　压价 yājià　　下家 xiàjiā

ie[iɛ]

发音时，从前高元音 i[i]开始，舌位滑向前半低元音 ê[ɛ]结束。i[i]发音较短，ê[ɛ]发音响亮而且时间较长。

发音例词：

结业 jiéyè　　贴切 tiēqiè　　铁屑 tiěxiè　　谢谢 xièxie

uɑ[uA]

发音时，从后高圆唇元音 u[u]开始，舌位滑向央低元音 ɑ[A]结束。唇形由最圆逐步展开到不圆。u[u]发音较短，ɑ[A]的发音响亮而且时间较长。

发音例词：

挂花 guàhuā　耍滑 shuǎhuá　娃娃 wáwa　画画 huàhuà

uo[uo]

由圆唇后元音复合而成。发音时，从后高元音 u[u]开始，舌位向下滑到后半高元音 o[o]结束。发音过程中，唇形保持圆唇，开头最圆，结尾圆唇度略减。u[u]发音较短，o[o]的发音响亮而且时间较长。

发音例词：

错落 cuòluò　硕果 shuòguǒ　脱落 tuōluò　阔绰 kuòchuò　骆驼 luòtuo

üe[yɛ]

由前元音复合而成。发音时，从圆唇的前高元音 ü[y]开始，舌位下滑到前半低元音ê[ɛ]，唇形由圆到不圆。ü[y]的发音时间较短，ê[ɛ]的发音响亮而且时间较长。

发音例词：

雀跃 quèyuè　约略 yuēlüè　雪月 xuěyuè

3. 中响复韵母

中响复韵母是指主要元音处在中间的复韵母。普通话中的中响复韵母共有 4 个：iao、iou、uai、uei。这些韵母发音的特点是舌位由高向低滑动，再从低向高滑动。开头的元音发音不响亮、较短促，只表示舌位滑动的开始，中间的元音清晰响亮，收尾的元音轻短模糊，音值不太固定，只表示舌位滑动的方向。

iao[iɑu]

发音时，由前高不圆唇元音 i[i]开始，舌位降至后低元音ɑ[ɑ]，然后再向后高圆唇元音 u[u]的方向滑升。发音过程中，舌位先降后升，由前到后。唇形从中间的元音ɑ[ɑ]开始由不圆唇变为圆唇。

发音例词：

吊销 diàoxiāo　疗效 liáoxiào　巧妙 qiǎomiào　调料 tiáoliào　逍遥 xiāoyáo　苗条 miáotiao

iou[iou]

发音时，由前高不圆唇元音 i[i]开始，舌位后移且降至后半高元音[o]，然后再向后高圆唇元音 u[u]的方向滑升。发音过程中，舌位先降后升，由前到后。唇形由不圆唇开始到后元音[o]时，逐渐圆唇。

发音例词：

久留 jiǔliú　求救 qiújiù　绣球 xiùqiú　优秀 yōuxiù　悠久 yōujiǔ　牛油 niúyóu

uai[uɑi]

发音时，由圆唇的后高元音 u[u]开始，舌位向前滑降到前低不圆唇元音ɑ[ɑ]（即"前ɑ"），然后再向前高不圆唇元音 i[i]的方向滑升。舌位动程先降后升，由后到前。唇形从最圆开始，逐渐减弱圆唇度，至发前元音a[a]始渐变为不圆唇。

发音例词：

外快 wàikuài　　怀揣 huáichuāi　　乖乖 guāiguai　　摔坏 shuāihuài

uei[uei]

发音时，由后高圆唇元音u[u]开始，舌位向前向下滑到前半高不圆唇元音e[e]的位置，然后再向前高不圆唇元音i[i]的方向滑升。发音过程中，舌位先降后升，由后到前。唇形从最圆开始，随着舌位的前移，渐变为不圆唇。

发音例词：

垂危 chuíwēi　　归队 guīduì　　悔罪 huǐzuì　　追悔 zhuīhuǐ　　荟萃 huìcuì　　推诿 tuīwěi

《汉语拼音方案》规定，iou、uei 韵母和辅音声母相拼时，受声母与声调的影响，中间的元音弱化，写作 iu、ui。例如"牛"写作 niú，不作 nióu；"归"写作 guī，不作 guēi。

(三)鼻韵母的发音分析

鼻韵母指带有鼻辅音的韵母，又叫做鼻音尾韵母。鼻韵母的发音有两个特点：一是元音同后面的鼻辅音不是生硬地结合在一起，而是有机的统一体。发音时，逐渐由元音向鼻辅音过渡，逐渐增加鼻音色彩，最后形成鼻辅音。二是除阻阶段作韵尾的鼻辅音不发音，所以又叫唯闭音。鼻韵母的发音不是以鼻辅音为主，而是以元音为主，元音清晰响亮，鼻辅音重在做出发音状态，发音不太明显。

1. 前鼻音尾韵母

前鼻音尾韵母指的是鼻韵母中以-n为韵尾的韵母。普通话中的前鼻音尾韵母有8个：an、en、in、un、ian、uan、üan、uen。韵尾-n 的发音部位比声母 n-的位置略微靠后，一般是舌面前部向硬腭接触。前鼻音尾韵母的发音中，韵头的发音比较轻短，韵腹的发音清晰响亮，韵尾的发音只做出发音状态。

an[an]

发音时，起点元音是前低不圆唇元音a[a]，舌尖抵住下齿背，舌位降到最低，软腭上升，关闭鼻腔通路。从"前a"开始，舌面升高，舌面前部抵住硬腭前部，当两者将要接触时，软腭下降，打开鼻腔通道，紧接着舌面前部与硬腭前部闭合，使在口腔受到阻碍的气流从鼻腔里透出。口形由开到合，舌位移动较大。

发音例词：

参战 cānzhàn　　反感 fǎngǎn　　烂漫 lànmàn　　谈判 tánpàn　　坦然 tǎnrán　　赞叹 zàntàn

en[ən]

发音时，起点元音是央元音e[ə]，舌位中性(不高不低不前不后)，舌尖接触下齿背，舌面隆起部位受韵尾影响略靠前。从央元音e[ə]开始，舌面升高，舌面前部抵住硬腭前部，当两者将要接触时，软腭下降，打开鼻腔通道，紧接着舌面前部与硬腭前部闭合，使在口腔受到阻碍的气流从鼻腔里透出。口形由开到闭，舌位移动较小。

发音例词：

根本 gēnběn　门诊 ménzhěn　人参 rénshēn　认真 rènzhēn　深沉 shēnchén　振奋 zhènfèn

in[in]

发音时，起点元音是前高不圆唇元音 i[i]，舌尖抵住下齿背，软腭上升，关闭鼻腔通道。从舌位最高的前元音 i[i]开始，舌面升高，舌面前部抵住硬腭前部，当两者将要接触时，软腭下降，打开鼻腔通道，紧接着舌面前部与硬腭前部闭合，使在口腔受到阻碍的气流从鼻腔透出。开口度几乎没有变化，舌位移动很小。

发音例词：

近邻 jìnlín　拼音 pīnyīn　信心 xìnxīn　辛勤 xīnqín　引进 yǐnjìn　濒临 bīnlín

ün[yn]

发音时，起点元音是前高圆唇元音 ü[y]。与 in 的发音过程基本相同，只是唇形变化不同。从圆唇的前元音 ü 开始，唇形从圆唇逐步展开，而 in 的唇形始终是展唇。

发音例词：

军训 jūnxùn　均匀 jūnyún　芸芸 yúnyún　群众 qúnzhòng　循环 xúnhuán　允许 yǔnxǔ

iɑn[iɛn]

发音时，从前高不圆唇元音 i[i]开始，舌位向前低元音ɑ[a](前ɑ)的方向滑降，舌位只降到半低前元音ê[ɛ]的位置就开始升高。发ê[ɛ]后，软腭下降，逐渐增强鼻音色彩，舌尖迅速移到上齿龈，最后抵住上齿龈做出发鼻音-n 的状态。

发音例词：

艰险 jiānxiǎn　简便 jiǎnbiàn　连篇 liánpiān　前天 qiántiān　浅显 qiǎnxiǎn　田间 tiánjiān

uɑn[uɑn]

发音时，由圆唇的后高元音 u[u]开始，口形迅速由合口变为开口状，舌位向前迅速滑降到不圆唇的前低元音ɑ[a](前ɑ)的位置就开始升高。发ɑ[a]后，软腭下降，逐渐增强鼻音色彩，舌尖迅速移到上齿龈，最后抵住上齿龈做出发鼻音-n 的状态。

发音例词：

贯穿 guànchuān　软缎 ruǎnduàn　酸软 suānruǎn　婉转 wǎnzhuǎn　专款 zhuānkuǎn

üɑn[yɛn]

发音时，由圆唇的后高元音 ü[y]开始，向前低元音ɑ[a]的方向滑降。舌位只降到前半低元音ê[ɛ]略后的位置就开始升高。发[ɛ]后，软腭下降，逐渐增强鼻音色彩，舌尖迅速移到上齿龈，最后抵住上齿龈做出发鼻音-n 的状态。

发音例词：

源泉 yuánquán　轩辕 xuānyuán　涓涓 juānjuān　圆圈 yuánquān　渊源 yuānyuán

uen[uən]

发音时，由圆唇的后高元音 u[u]开始，向央元音 e[ə]的位置滑降，然后舌位升高。发 e[ə]后，软腭下降，逐渐增强鼻音色彩，舌尖迅速移到上齿龈，最后抵住上齿龈做出发鼻音-n 的状态。唇形由圆唇在向中间折点元音滑动的过程中渐变为展唇。

发音例词：

昆仑 kūnlún　　温存 wēncún　　温顺 wēnshùn　　论文 lùnwén　　馄饨 húntun　　谆谆 zhūnzhūn

《汉语拼音方案》规定，韵母 uen 和辅音声母相拼时，受声母和声调的影响，中间的元音(韵腹)产生弱化，写作 un。例如"论"写作 lùn，不作 luèn。

2. 后鼻音尾韵母

后鼻音尾韵母指的是鼻韵母中以-ng 为韵尾的韵母。普通话中的后鼻音尾韵母有 8 个：ang、eng、ing、ong、iang、uang、ueng、iong。ng[ŋ]是舌面后、浊、鼻音，在普通话中只作韵尾不作声母。发音时，软腭下降，关闭口腔，打开鼻腔通道，舌面后部后缩，并抵住软腭，气流颤动声带，从鼻腔通过。在鼻韵母中，同-n 的发音一样，-ng 除阻阶段也不发音。后鼻音尾韵母的发音中，韵头的发音比较轻短，韵腹的发音清晰响亮，韵尾的发音只做出发音状态。

ang[ɑŋ]

发音时，起点元音是后低不圆唇元音ɑ[ɑ](后ɑ)，口大开，舌尖离开下齿背，舌头后缩。从"后ɑ"开始，舌面后部抬起，当贴近软腭时，软腭下降，打开鼻腔通道，紧接着舌根与软腭接触，封闭了口腔通道，气流从鼻腔里透出。

发音例词：

帮忙 bāngmáng　　苍茫 cāngmáng　　当场 dāngchǎng　　刚刚 gānggāng　　商场 shāngchǎng

eng[əŋ]

发音时，起点元音是央元音 e[ə]。从 e[ə]开始，舌面后部抬起，贴向软腭。当两者将要接触时，软腭下降，打开鼻腔通道，紧接着舌面后部抵住软腭，使在口腔受到阻碍的气流从鼻腔里透出。

发音例词：

承蒙 chéngméng　　丰盛 fēngshèng　　更正 gēngzhèng　　萌生 méngshēng　　声称 shēngchēng

ing[iŋ]

发音时，起点元音是前高不圆唇元音 i[i]，舌尖接触下齿背，舌面前部隆起。从 i[i]开始，舌面隆起部位不降低，一直后移，舌尖离开下齿背，逐步使舌面后部隆起，贴向软腭。当两者将要接触时，软腭下降，打开鼻腔通道，紧接着舌面后部抵住软腭，封闭口腔通道，气流从鼻腔透出。口形没有明显变化。

发音例词：

叮咛 dīngníng　　经营 jīngyíng　　命令 mìnglìng　　评定 píngdìng　　清静 qīngjìng

ong[uŋ]

发音时，起点元音是后高圆唇元音 u[u]，但比 u 的舌位略低一点，舌尖离开下齿背，舌头后缩，舌面后部隆起，软腭上升，关闭鼻腔通道。从 u[u]开始，舌面后部贴向软腭，当两者将要接触时，软腭下降，打开鼻腔通道，紧接着舌面后部抵住软腭，封闭口腔通道，气流从鼻腔里透出，唇形始终拢圆。

《汉语拼音方案》规定，为避免字母相混，以 o 表示开头元音[u]，写作 ong。

发音例词：

共同 gòngtóng　　轰动 hōngdòng　　空洞 kōngdòng　　隆重 lóngzhòng　　通融 tōngróng

iang[iɑŋ]

发音时，由前高不圆唇元音 i[i]开始，舌位向后滑降到后低元音ɑ[ɑ](后ɑ)，然后舌位升高。从后低元音ɑ[ɑ]开始，舌面后部贴向软腭。当两者将要接触时，软腭下降，打开鼻腔通道，紧接着舌面后部抵住软腭，封闭口腔通道，气流从鼻腔里透出。

发音例词：

两样 liǎngyàng　　洋相 yángxiàng　　响亮 xiǎngliàng　　长江 chángjiāng　　踉跄 liàngqiàng

uang[uɑŋ]

发音时，由圆唇的后高元音 u[u]开始，舌位滑降至后低元音ɑ[ɑ](后ɑ)，然后舌位升高。从后低元音ɑ[ɑ]开始，舌面后部贴向软腭。当两者将要接触时，软腭下降，打开鼻腔通道，紧接着舌面后部抵住软腭，封闭口腔通道，气流从鼻腔里透出。唇形从圆唇在向折点元音的滑动中渐变为展唇。

发音例词：

狂妄 kuángwàng　　双簧 shuānghuáng　　状况 zhuàngkuàng　　装潢 zhuānghuáng

ueng[uəŋ]

发音时，由圆唇的后高元音 u[u]开始，舌位滑降到央元音 e[ə]的位置，然后舌位升高。从央元音 e[ə]开始，舌面后部贴向软腭。当两者将要接触时，软腭下降，打开鼻腔通道，紧接着舌面后部抵住软腭，封闭口腔通道，气流从鼻腔里透出。唇形从圆唇在向中间折点元音滑动过程中渐变为展唇。

在普通话里，韵母 ueng 只有一种零声母的音节形式 weng。

发音例词：

水瓮 shuǐwèng　　主人翁 zhǔrénwēng　　老翁 lǎowēng　　嗡嗡 wēngwēng

iong[yŋ]

发音时，起点元音是舌面前高圆唇元音u[y]，发u[y]后，软腭下降，打开鼻腔通道，紧接着舌面后部抵住软腭，封闭口腔通道，气流从鼻腔里透出。

为避免字母相混，《汉语拼音方案》规定，用字母 io 表示起点元音u[y]，写作 iong。

发音例词：

炯炯 jiǒngjiǒng　　汹涌 xiōngyǒng　　穷困 qióngkùn　　窘境 jiǒngjìng

三、韵母的发音训练

1．前、后鼻韵母发音训练

1) 正音训练

(1) 对镜训练法。

对镜找准前后鼻韵尾不同的成阻部位，如发前鼻韵尾-n时，舌尖上抵成阻，镜中可以看见舌头底部(舌身随舌尖前伸)；发后鼻韵尾-ng时，舌根上抵成阻，镜中可看见舌面(舌身随舌根后缩)。

(2) 后字引衬正音法。

n在前鼻韵母字的后面，加一个用d、t、n、l作声母的音节，两字连读；因发音部位相同(舌尖中音)，后字可引衬前字的前鼻韵母归音准确。

例如：温暖　心得　看哪　分流　村头

ng在后鼻韵母字的后面，加一个用g、k、h作声母的音节，两字连读；因发音部位相同(舌根音)，后字可引衬前字的后鼻韵母归音准确。

例如：唱歌　疯狂　灯火　捧个场　送过信

2) 词的对比练习(训练方法：读准韵母，再用每个词说句话)

反问——访问　开饭——开放　心烦——心房　铲子——厂子
清真——清蒸　伸张——声张　瓜分——刮风　终身——钟声
禁地——境地　临时——零食　民生——名声　信服——幸福
勋章——胸章　运费——用费　亲近——清静　深沉——生成

2．齐齿呼和撮口呼韵母发音

韵母i和ü的主要区别在于：i是不圆唇音，ü是圆唇元音。发音时注意口形的圆展。

1) 基本发音练习

i　剃头　泥巴　鸡蛋　音乐　英雄　家园
ü　距离　毛驴　女孩　趣味　绿草　抚恤

2) 对比辨音

名义——名誉　结集——结局　意义——寓意　盐分——缘分
绝迹——绝句　沿用——援用　通信——通讯　意见——预见
容易——荣誉　雨具——雨季　原料——颜料　院子——燕子

3．韵母ai和ei的发音

在普通话中，这两个韵母分得很清楚，然而在有些方言中，存在ai和ei不分的现象，例如把báicài(白菜)读成béicài。要避免这种情况，主要是注意ai和ei开始发音时开口度的大小。对比练习：

分配——分派　耐心——内心　卖力——魅力　百强——北墙
白鸽——悲歌　外部——胃部　牌价——陪嫁　陪伴——排版

4. 韵母辨音综合练习(绕口令与诗歌练读，注意发音准确)

扁担长，板凳宽，扁担要绑在板凳上，板凳偏不让扁担绑在板凳上。

高高山上一条藤，青青藤条挂金铃。风吹藤动金铃响，风停藤静铃不鸣。

四、韵母辨正训练

(一)单韵母辨正

1. i、ü对比辨音练习

生育 yù－生意 yì　　居 jū 住－记住 jì　　聚 jù 会－忌 jì 讳　　取 qǔ 名－起 qǐ 名
于 yú 是－仪 yí 式　　名誉 yù－名义 yì　　遇 yù 见－意 yì 见　　舆 yú 论－议 yì 论
美育 yù－美意 yì　　姓吕 lǚ－姓李 lǐ　　雨 yǔ 具－以 yǐ 及　　区 qū 域－歧 qí 义

2. 读准 i 和 ü

继续 jìxù　　　　纪律 jìlǜ　　　　谜语 míyǔ　　　　体育 tǐyù　　　　例句 lìjù
履历 lǚlì　　　　语气 yǔqì　　　　距离 jùlí　　　　曲艺 qǔyì　　　　具体 jùtǐ
比喻 bǐyù　　　　与其 yǔqí　　　　寄语 jìyǔ　　　　一律 yīlǜ　　　　预计 yùjì
羽翼 yǔyì　　　　抑郁 yìyù　　　　雨季 yǔjì　　　　聚集 jùjí　　　　急剧 jíjù

北方有些方言会把韵母 o 念成 e，如"坡、破、摸"的韵母读成 e；西南有些方言会把韵母 e 念成 o，如"哥、和、颗、喝"的韵母读成 o。

普通话的韵母 o 只跟 b、p、m、f 拼合，而韵母 e 却相反，不能和这四个声母拼合("什么"的"么"字除外)，所以大家记住 b、p、m、f 后面的韵母一定是 o 而不是 e。

3. e 和 o

脖 bó 子　　　　老婆 po　　　　蘑 mó 菇　　　　鸟窝 wō　　　　伯 bó 父
哥 gē 哥　　　　天鹅 é　　　　　河 hé 水　　　　毒蛇 shé　　　　记者 zhě
叵测 pǒcè　　　波折 bōzhé　　　恶魔 èmó　　　　刻薄 kèbó　　　河坡 hépō

(二)复韵母辨正

1. ai 和 ei

白废 báifèi　　　败北 bàiběi　　　代培 dàipéi　　　败类 bàilèi　　　海内 hǎinèi
悲哀 bēi'āi　　　黑白 hēibái　　　擂台 lèitái　　　内海 nèihǎi　　　内债 nèizhài

2. ao 和 ou

保守 bǎoshǒu　　刀口 dāokǒu　　稿酬 gǎochóu　　毛豆 máodòu　　矛头 máotóu
酬劳 chóuláo　　逗号 dòuhào　　漏勺 lòusháo　　柔道 róudào　　手套 shǒutào

3. ia 和 ie

家业 jiāyè　　佳节 jiājié　　假借 jiǎjiè　　嫁接 jiàjiē
接洽 jiēqià　　野鸭 yěyā　　截下 jiéxià　　跌价 diējià

4. ie 和 üe

解决 jiějué　　竭蹶 jiéjué　　谢绝 xièjué　　灭绝 mièjué
月夜 yuèyè　　确切 quèqiè　　学业 xuéyè　　决裂 juéliè

5. ua 和 uo、o

花朵 huāduǒ　　话说 huàshuō　　划拨 huàbō　　华佗 huàtuó
帛画 bóhuà　　国画 guóhuà　　火花 huǒhuā　　说话 shuōhuà

6. iao 和 iou

交流 jiāoliú　　娇羞 jiāoxiū　　料酒 liàojiǔ　　校友 xiàoyǒu　　要求 yāoqiú
丢掉 diūdiào　　柳条 liǔtiáo　　牛角 niújiǎo　　袖标 xiùbiāo　　油条 yóutiáo

7. uai 和 uei

怪罪 huàizuì　　快慰 kuàiwèi　　快嘴 kuàizuǐ　　衰退 shuāituì　　外汇 wàihuì
对外 duìwài　　鬼怪 guǐguài　　追怀 zhuīhuái　　毁坏 huǐhuài

(三) 鼻韵母辨正

1. an、ang

扳 bān 手－帮 bāng 手　　女篮 lán－女郎 láng　　反 fǎn 问－访 fǎng 问
担 dān 心－当 dāng 心　　唐 táng 宋－弹 tán 送　　水干 gān－水缸 gāng
看 kān 家－康 kāng 佳　　战 zhàn 防－账 zhàng 房　　赏 shǎng 光－闪 shǎn 光
冉冉 rǎn－嚷嚷 rǎng　　土壤 rǎng－涂染 rǎn　　张 zhāng 贴－粘 zhān 贴

2. an、ang

担当 dāndāng　　班长 bānzhǎng　　繁忙 fánmáng　　反抗 fǎnkàng　　擅长 shàncháng
商贩 shāngfàn　　当然 dāngrán　　傍晚 bàngwǎn　　方案 fāng'àn　　账单 zhàngdān

3. ian、iang

演讲 yǎnjiǎng　　现象 xiànxiàng　　坚强 jiānqiáng　　绵羊 miányáng　　岩浆 yánjiāng
镶嵌 xiāngqiàn　　香甜 xiāngtián　　想念 xiǎngniàn　　两面 liǎngmiàn　　量变 liàngbiàn

4. uan、uang

观光 guānguāng　　宽广 kuānguǎng　　观望 guānwàng　　万状 wànzhuàng　　端庄 duānzhuāng
光环 guānghuán　　狂欢 kuánghuān　　双关 shuāngguān　　王冠 wángguān　　壮观 zhuàngguān

5. en、eng

陈 chén 旧—成 chéng 就　　真 zhēn 气—蒸 zhēng 汽　　整 zhěng 段—诊 zhěn 断
上身 shēn—上升 shēng　　人参 shēn—人生 shēng　　针 zhēn 眼—睁 zhēng 眼
成 chéng 风—晨 chén 风　　同门 mén—同盟 méng　　瓜分 fēn—刮风 fēng
出生 shēng—出身 shēn　　粉 fěn 刺—讽 fěng 刺　　花盆 pén—花棚 péng
分 fēn 子—疯 fēng 子　　深耕 shēn gēng—生根 shēng gēn
正 zhèng 中—震 zhèn 中　　分针 fēn zhēn—风筝 fēng zheng
审 shěn 视—省 shěng 市　　深沉 shēn chén—生成 shēng chéng

6. 读准 en 和 eng

真诚 zhēnchéng　　本能 běnnéng　　奔腾 bēnténg　　神圣 shénshèng　　人生 rénshēng
成本 chéngběn　　承认 chéngrèn　　风尘 fēngchén　　证人 zhèngrén　　登门 dēngmén

7. in、ing 对比辨音练习

红心 xīn—红星 xīng　　人民 mín—人名 míng　　信 xìn 服—幸 xìng 福
劲 jìn 头—镜 jìng 头　　婴 yīng 儿—因 yīn 而　　海滨 bīn—海兵 bīng
零 líng 食—临 lín 时　　静 jìng 止—禁 jìn 止　　谈情 qíng—弹琴 qín
印 yìn 象—映 yìng 像　　冰 bīng 棺—宾 bīn 馆　　频频 pín—平平 píng
今 jīn 天—惊 jīng 天　　亲近 qīnjìn—清静 qīngjìng
竞 jìng 赛—禁 jìn 赛　　金银 jīnyín—晶莹 jīngyíng

8. 读准 en 和 eng

心情 xīnqíng　　品行 pǐnxíng　　心灵 xīnlíng　　民兵 mínbīng　　金星 jīnxīng
灵敏 língmǐn　　清音 qīngyīn　　平民 píngmín　　精心 jīngxīn　　定亲 dìngqīn

【思考】

(1) 熟读和默写普通话韵母表。

(2) 单韵母与复韵母的发音有什么特点？试举例说明。

(3) 复韵母可以分为哪几类？鼻韵母可以分为哪几类？

【训练】

1) 单音节词语练习

打 我 替 字 诗 波 拔 哥 盒 墨 揣 夹 绩 侥 绕 饶 挠 蝻 虻 掳 庸 匦
琶 欢 水 翁 吕 化 这 载 召 颇 凹 脆 复 内 满 怒 琴 憎 炙 掏 眼 赛
尚 后 泼 饿 兔 骨 圾 梧 挟 拙 防 润 播 钩 弦 剑 剡 颇 绝 列 瓜 落
铐 矮 替 撑 顺 日 口 娶 糙 驳 帆 平 贫 略 纸 怀 凉 券 卷 巷 灭 吊
酥 史 暖 戚 蔼 呆 秦 俗 酿 吞 谙 鱼 瓦 绣 学 境 为 日 总 好 方 笑
走 装 白 挥 厨 晕 夜 滴 庸 匦 匹 纠 矜 较 傍 白 因 除 灰 击 疾 劣
括 慨 概 捞 难 兵 凸 沓 佻 摄 憪 娲 朽 悉 穴 理 福 词 丝 书 曲 知
耳 居 聍 桦 俊 李 呕 怛 旋 菊 递 穿 坡 旱 窄 斜 毁 软 掐 甩 嫩 质
踝 掠 馁 剖 膝 漆 折 搭 摸 虽 葱 实 淘 渣 球 翁 仁 排 信 颛 鄙 胞
掀 伐 增 鸟 纫 犬 漱 鬼 肺 谱 隋 弱 闩 颇 奴 努 防 捅 池 挑 孔 负
拐 蛋 非 鹤 逮 邹 槽 砝 郓 粟 栗 灶 揉 踹 别 披 伍 佩 臀 耀 仆 示
项 背 嚼 捆 惹 牌 划 傀 余 军 闷 捏 忍 版 段 棵 寿 臂 替 些 菲
粤 晕 素 恻 溶 挽 咬 啄 苣 粳 娩 橄 唯 首 添 享 液 廉 铡 松 猫 努
妊 扔 纱 推 动 障 痉 拷 膜 娠 惋 辟 僻 夭 芒 叶 丛 犷 即 良 肉 扇
译 藻 卑 蚌 浸 拈 挈 戊 戍 缚 韦 多 瘦 掏 显 凶 异 幢 熏 操 述 炎
允 瘆 肤 浣 绩 做 胚 填 斜 醒 距 如 伞 闪 钻 革 绮 嗅 验 予 寨 埠
踱 荬 拚 坯 虽 锯 蜷 脂 保 参 翅 德 裹 若 鸠 善 微 灼 邹 泣 瞟 叫
浒 贩 鳄 倦 比 材 充 岛 服 钢 晒 任 竖 綮 崖 椁 呇 删 捺 皿 韭 痱

2) 双音节词语练习

发誓 伯伯 折射 提议 孤独 薄弱 残酷 悲惨 胳膊 伺候 呼吁 应届 着急 着手 剽窃
愚昧 摇曳 沼气 僻静 播种 贝壳 浪漫 雾霭 巡捕 处理 青春 胆怯 光泽 球场 雄伟
卓越 流水 考察 非常 迷惑 茶几 窘迫 结婚 卡通 模式 嫉妒 徘徊 间接 烙印 按摩
蛮横 横行 夹杂 关卡 分娩 当差 广场 倘若 胆怯 瀑布 党校 湍急 副食 隔阂 国货
道喜 抵达 恒温 居室 扑灭 倒置 缔结 轰鸣 举止 信号 当众 颠簸 核准 集邮 协调
掉头 典范 合资 含蓄 机警 冬至 悍然 奖惩 惧怕 创举 电梯 行情 绝技 墨汁 潜伏
肩胛 决断 蔬菜 遭受 能手 锦绣 龅齿 绝迹 团体 恢复 水流 暗淡 鄙视 谎言 觉醒
指示 疤痕 富庶 吝啬 祈祷 手术 探测 修改 许多 要求 弥漫 内讧 磨坊 心血 事先
翅膀 发酵 仅有 创伤 芥菜 清晰 支撑 佐证 是非 欣赏 蠕动 纠错 思维 旋转 依赖
特殊 血管 有利 照片 搜集 得救 干瘪 公仆 怪异 光束 附和 个别 瑰丽 雇主 好似
婀娜 反省 师范 容纳 祖国 斗殴 缥缈 综合 土著 燃烧 模样 风靡 宁可 遮掩 粘贴
确实 恐惧 敏捷 衰弱 取得 蔑视 儿童 愉快 杂技 价格 供给 检查 迟到 酝酿 响应

缥缈 恳请 摧毁 幼儿 纤绳 空闲 背叛 飞行 解放 原则 热敷 砍伐 抵押 矩形 细菌
耳机 旅居 互助 诗词 誓师

3) 韵母辨正训练

发达 打靶 喇叭 砝码 大妈 哈达 爸爸 拉萨 沙发 薄膜 磨破
伯伯 婆婆 默默 菠萝 薄弱 破获 萝卜 泼墨 特赦 折合 特色
客车 色泽 割舍 合格 苛刻 隔阂 瑟瑟 笔记 地理 机器 激励
霹雳 袭击 离奇 立即 秘密 起义 突出 互助 图书 出路 读书
糊涂 出租 孤独 补助 粗鲁 扶助 沮丧 莴苣 语句 区域 豫剧
序曲 儿女 而且 耳朵 儿戏 二十 二胡 儿童 而后 耳语 洱海
彩排 开采 买卖 灾害 海带 白菜 晒台 拍卖 拆台 配备 肥美
蓓蕾 黑煤 妹妹 背煤 北美 贝类 假牙 加价 夏家 恰恰 下车
假设 报告 高潮 逃跑 高考 早操 号召 照抄 劳保 报道 贴切
借鞋 结业 斜街 姐姐 节烈 铁鞋 谢谢 结节 趔趄 花袜 耍滑
挂花 娃娃 瓜分 挂画 刷牙 抓紧 着落 蹉跎 哆嗦 过错 没落
错过 活泼 硕果 作战 夺取 巧妙 苗条 逍遥 小鸟 教条 脚镣
娇小 吊桥 月缺 乐章 悦耳 雪夜 学界 决策 跃进 约束 月亮
绣球 牛油 悠久 舅舅 求救 优秀 妞妞 外快 怀揣 摔坏 乖乖
甩卖 率领 衰败 外宾 脚踝 揣摩 快乐 回归 回味 摧毁 溃退
水位 翠微 垂危 醉鬼 汗衫 展览 散漫 漫谈 淡蓝 感染 反叛
难堪 深沉 认真 根本 愤恨 人参 振奋 分神 本人 本分 审慎
沉闷 电线 简便 偏见 年限 鲜艳 牵连 减免 亲近 拼音 信心
濒临 尽心 金银 亲信 殷勤 贫民 民心 音信 近亲 亲情 贯穿
软缎 乱窜 专断 转弯 婉转 专款 转换 传唤 春笋 馄饨 温顺
昆仑 论文 温存 滚滚 吞吐 春色 村庄 困难 混淆 尊敬 准备
源泉 圆圈 全权 渊源 愿望 捐献 劝说 宣传 选择 冤枉 渲染
军训 均匀 云雀 询问 熏陶 寻衅 运动 军队 群体 功勋 寻找
迅速 晕倒 长江 厂房 沧桑 帮忙 盎然 昂贵 肮脏 昂扬 烫伤
当场 风筝 猛增 更生 逞能 猛烈 增加 生产 乘风 丰收 丰盛
风声 鹏程 笼罩 隆冬 洪钟 共同 隆重 苍龙 交通 东西 农民
工作 中国 宗派 匆忙 松柏 想象 两样 向阳 将相 亮相 湘江
强将 像样 强项 长江 香料 宁静 倾听 晶莹 明星 英明 兵变
乒乓 叮咛 聆听 青年 星空 明镜 状况 双簧 狂妄 黄光 双手
庄重 荒野 光芒 汪洋 往返 忘怀 渔翁 蓊郁 嗡嗡 水瓮 身份
八面玲珑 跋山涉水 茶余饭后 大有作为 大智若愚 煞有介事
飒爽英姿 马不停蹄 莫名其妙 莫逆之交 默默无闻 模棱两可

博学多才	博古通今	迫在眉睫	破涕为笑	破釜沉舟	迫不及待
刻骨铭心	和盘托出	和颜悦色	何乐不为	何去何从	隔岸观火
革故鼎新	各行其是	立竿见影	地大物博	避难就易	取而代之
比比皆是	毕恭毕敬	疲于奔命	低声下气	鸡犬不宁	疾言厉色
岌岌可危	急中生智	急起直追	济济一堂	出类拔萃	顾此失彼
入情入理	聚集聚居	举目无亲	举棋不定	举世无双	举一反三
局促不安	举足轻重	据理力争	聚精会神	屈指可数	曲尽其妙
旭日东升	嘘寒问暖	虚有其表	与世无争	耳濡目染	耳听八方
耳熟能详	耳闻目睹	尔虞我诈	接二连三	出尔反尔	爱莫能助
爱屋及乌	塞翁失马	爱憎分明	拍手称快	哀鸿遍野	开诚布公
开门见山	开天辟地	黑白分明	飞黄腾达	飞沙走石	飞扬跋扈
费尽心机	劳而无功	老成持重	老生常谈	老态龙钟	饱食终日
报仇雪恨	草草了事	草木皆兵	操之过急	稍胜一筹	少见多怪
少年老成	踌躇不前	臭名远扬	手疾眼快	手忙脚乱	手舞足蹈
愁眉不展	厚古薄今	血口喷人	虚有其表	手无寸铁	后继无人
首当其冲	守口如瓶	驾轻就熟	嫁祸于人	价值连城	价廉物美
正中下怀	恰如其分	恰到好处	狭路相逢	下里巴人	走马观花
虾兵蟹将	瑕瑜互见	家喻户晓	假仁假义	铁面无私	夜长梦多
别出心裁	锲而不舍	喋喋不休	切磋琢磨	切齿痛恨	别具一格
别开生面	别有天地	借题发挥	借花献佛	解甲归田	解放思想
画龙点睛	抓耳挠腮	华而不实	花好月圆	画饼充饥	哗众取宠
夸夸其谈	寡见少闻	瓜田李下	脱颖而出	如火如荼	如获至宝
落井下石	落落大方	落花流水	络绎不绝	脱口而出	过河拆桥
过目成诵	胡作非为	缩手缩脚	多多益善	多快好省	多愁善感
绝无仅有	却之不恭	狭路相逢	确凿不移	学以致用	雪上加霜
学而不厌	雪中送炭	穴居野处	血案如山	血口喷人	血流成河
血流如注	血气方刚	血肉横飞	血肉相连	表里如一	标新立异
雕虫小技	咬文嚼字	调兵遣将	调虎离山	交头接耳	摇摇欲坠
焦头烂额	脚踏实地	妖言惑众	挑肥拣瘦	跳梁小丑	摇旗呐喊
丢卒保车	流芳百世	流连忘返	咎由自取	流言飞语	休戚与共
求全责备	救死扶伤	求同存异	袖手旁观	朽木粪土	有口皆碑
有声有色	有气无力	有始有终	歪风邪气	外强中干	拐弯抹角
快马加鞭	宽大为怀	脍炙人口	对答如流	推陈出新	归心似箭
绘声绘色	回头是岸	回味无穷	威武不屈	危在旦夕	安居乐业
暗箭伤人	按兵不动	暗送秋波	半路出家	半信半疑	闪闪发光

昙花一现	三言两语	三位一体	攀龙附凤	磐石之固	分门别类
耐人寻味	门户之见	门庭若市	分道扬镳	分工合作	分秒必争
纷至沓来	奋不顾身	身不由己	身临其境	身心交病	年富力强
坚持不懈	颠沛流离	点石成金	天造地设	天涯海角	先礼后兵
先声夺人	四面楚歌	恋恋不舍	见利忘义	箭在弦上	变幻莫测
鞭长莫及	饮水思源	引人注目	引人入胜	引经据典	隐姓埋名
引古证今	彬彬有礼	宾至如归	心心相印	心神不宁	心血来潮
心猿意马	心照不宣	心直口快	心口如一	心余力拙	欢天喜地
欢欣鼓舞	缓兵之计	关门大吉	冠冕堂皇	官样文章	轩然大波
环环相扣	川流不息	穿云裂石	短兵相接	完璧归赵	专心致志
焕然一新	顿开茅塞	魂飞胆裂	浑然一体	混淆视听	温文尔雅
文过饰非	闻过则喜	滚瓜烂熟	寸草春晖	寸步不离	寸步难行
稳扎稳打	全力以赴	全神贯注	全心全意	卷土重来	原封不动
循序渐进	寻根究底	群魔乱舞	群龙无首	运用自如	群策群力
惹是生非	寻死觅活	寻章摘句	循规蹈矩	循名责实	循循善诱
训练有素	不卑不亢	不上不下	长歌当哭	长期共存	长生不老
畅所欲言	胆大妄为	大张旗鼓	当机立断	当务之急	当之无愧
纲举目张	孤掌难鸣	不成体统	不可胜数	不声不响	不胜枚举
瞠目结舌	成败利钝	成年累月	成人之美	承上启下	成竹在胸
乘人之危	称王称霸	耸人听闻	洪水猛兽	百孔千疮	不共戴天
不动声色	不痛不痒	动人心弦	功德无量	供过于求	来龙去脉
烘云托月	弄假成真	荣辱与共	将功折罪	将错就错	将计就计
江河日下	两全其美	量力而行	量入为出	两败俱伤	良药苦口
枪林弹雨	强弩之末	强词夺理	强人所难	相去无几	相提并论
想入非非	兵贵神速	兵荒马乱	冰清玉洁	并驾齐驱	病入膏肓
听其自然	听天由命	明争暗斗	名不虚传	大庭广众	道听途说
倒行逆施	鼎鼎大名	顶天立地	定时炸弹	惊涛骇浪	惊天动地
兢兢业业	精打细算	井底之蛙	另眼相看	令人发指	萍水相逢
评头论足	平分秋色	仁至义尽	应有尽有	应接不暇	迎头痛击
痴心妄想	盖世无双	旷日持久	亡羊补牢	狂风暴雨	既往不咎
光怪陆离	望尘莫及				

4）儿歌、绕口令

ai：买白菜，搭海带，不买海带就别买大白菜。买卖改，不搭卖，不买海带也能买到大白菜。(《白菜和海带》)

ei：贝贝飞纸飞机，菲菲要贝贝的纸飞机，贝贝不给菲菲自己的纸飞机，贝贝教菲菲自

己做能飞的纸飞机。(《贝贝和菲菲》)

　　ai-ei：大妹和小妹，一起去收麦。大妹割大麦，小妹割小麦。大妹帮小妹挑小麦，小妹帮大妹挑大麦。大妹小妹收完麦，噼噼啪啪齐打麦。(《大妹和小妹》)

　　ao：　隔着墙头扔草帽，也不知草帽套老头儿，也不知老头儿套草帽。(《扔草帽》)

　　ou：忽听门外人咬狗，拿起门来开开开；拾起狗来打砖头，又被砖头咬了手；从来不说颠倒话，口袋驮着骡子走。(《忽听门外人咬狗》)

　　an：出前门，往正南，有个面铺面冲南，门口挂着蓝布棉门帘。摘了它的蓝布棉门帘，面铺面冲南，给它挂上蓝布棉门帘，面铺还是面冲南。(《蓝布棉门帘》)

　　en：小陈去卖针，小沈去卖盆。俩人挑着担，一起出了门。小陈喊卖针，小沈喊卖盆。也不知是谁卖针，也不知是谁卖盆。(《小陈和小沈》)

　　ang：海水长，长长长，长长长消。(《海水长》)

　　eng：郑政捧着盏台灯，彭澎扛着架屏风，彭澎让郑政扛屏风，郑政让彭澎捧台灯。(《台灯和屏风》)

　　ang—an：张康当董事长，詹丹当厂长，张康帮助詹丹，詹丹帮助张康。(《张康和詹丹》)

　　eng—en：陈庄程庄都有城，陈庄城通程庄城。陈庄城和程庄城，两庄城墙都有门。陈庄城进程庄人，陈庄人进程庄城。请问陈程两庄城，两庄城门都进人，哪个城进陈庄人，程庄人进哪个城？(《陈庄城和程庄城》)

　　ang—eng：长城长，城墙长，长长长城长城墙，城墙长长城长长。(《长城长》)

第三节　声　调　训　练

一、声调的性质及作用

　　一个汉字就是一个音节，音节是语言中最小使用单位。构成音节的有三种成分，起头的音是声母，其余的是韵母，构成整个音节的音调高低升降叫声调。声调区别音节的功能完全和声母、韵母一样重要。

　　声调就是物理声学上的"基频"，它是由声振动频率决定的。声调的高低升降就是音高的高低升降。它可以表现出音节的高低抑扬变化。普通话语音把音高分成"低、半低、中、半高、高"五度。阴平声高而平，阳平声是中升调，上声是降升调，去声是全降调。

　　同样是变化，但人与人的嗓音高低是不一样的，这种高低叫音域，因此男性与女性的音域是不同的。同性别人群中，音域的宽窄有差别。声调高低并不是要求人人都发得同样高。要了解相对音高的意义，这就是在个人有限的音域范围内做到音调高低升降的有序变化，这样我们就会更好地去掌握声调和利用声调去练习自己的声音，纠正自己的字音，使自己发音更符合规范的要求。

　　声调是音节的重要组成部分，是音节中具有区别意义作用的音高变化。例如：

ma 妈 麻 马 骂
zhu zi 珠子 竹子 主子 柱子

音高有绝对音高和相对音高之分。声调的音高是相对音高。

声调除了有区别意义的作用，还可用来增强语言的韵律，尤其是近体诗讲究平仄，也就是讲究声调的运用。由于一个音节基本上就是一个汉字，所以声调又叫字调。

二、普通话的调类及调值

声调包括调值和调类两个方面。调值指声调的实际读法，也就是高低升降变化的具体形式。调值是由音高决定的，音乐的音阶也是由音高决定的，但是调值和音阶不同。音阶的高低是绝对的，调值的高低是相对的。在音乐里，如 C 调的 1，不管谁来唱，也不管用什么乐器来演奏，音高都是一样的；调值则不同，用普通话读"天"字，成年男人的调值比女人和小孩儿的低，同一个人情绪平静时的调值比情绪激动时低。

描写调值常用五度制声调表示法。把一条竖线四等分，得到五个点，自下而上定为五度：1 度是低音，2 度是半低音，3 度是中音，4 度是半高音，5 度是高音。一个人所能发出的最低音是 1 度，最高音是 5 度，中间的音分别是 2 度、3 度和 4 度。一个音如果又高又平，就是由 5 度到 5 度，简称为 55，是个高平调；如果从最低升到最高，就是由 1 度到 5 度，简称为 15，是个低升调；如果由最高降到最低，就是由 5 度降到 1 度，简称为 51，是个全降调。

五度制声调表示法如图 2-1 所示。

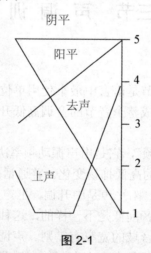

图 2-1

调类指声调的类别，就是把调值相同的音归纳在一起建立起来的声调的类别。例如普通话的"去、替、废、动、恨"调值相同，都是由 5 度到 1 度，就属于同一个调类。古代汉语的声调有四个调类，古人叫做平声、上声、去声、入声，合起来叫做四声。现代汉语普通话和各方言的调类都是从古代的四声演变来的。在演变的过程中有分有合，形成非常复杂的局面。

三、声调辨正训练

普通话有四种基本调值，可以归并为四个调类。根据古今调类演变的对应关系，定名为阴平、阳平、上声和去声。

(一)阴平

普通话的阴平是高平调，从5度到5度，调值记作55。山东大部分地区，如济南、青岛、泰安、潍坊等地将其读为降升调213，例如"高"、"江山多娇"；烟台、威海等地则多读为低降调31或中降调42，例如"回家"、"平平安安"、"普通话"。辨正时应把方言中阴平的降升调一律改为高平55调。训练时可利用阳平的高音顺势带阴平。

【训练】

节约　农村　年轻　孪生
甜酸　提出　难听　浮雕
阳光　崇高　时间　台阶
石碑　皮靴　牙刷　国家
长江　云梯　平安　回家
明白人　常学习
红旗扬　原则强
洪泽湖　联合国
园林局　儿童节

(二)阳平

普通话的阳平是高升调，调值记作35。在山东的大多数方言中，阳平读降调，调值都是42(枣庄、临沂、滨州等地除外)。所以山东人学习普通话的阳平，首先要把握其上升的特点。另外，阳平的起点要适中，不能过高或过低；终点则与普通话阴平的起点相同。

【训练】

(1) 练习时可在阳平后紧接一个阴平字，以免尾音升不到位。如：
直接　回声　国家　杰出　农村　阳光
(2) 也可利用夸张的方法进行。如：
人民团结　儿童文学
和平繁荣　闻名全球
严格执行　豪情昂扬

(三)上声

普通话的上声是降升调,调值记作 214。山东方言在读上声时一般有以下几种问题:①只降不升,如 21 调;②升了但不到位,如 213、212 调;③读成降升降调,如 2143 调。可采用拖长低音区发音的方法,拖长一两倍,以便更好地感受低音。

【训练】

怂獭拣犷洗蛹
吮圃拟酪酊藻
枣倘腐毁腼哺
土特产　　展览馆
洗脸水　　讲演稿
手写体　　小拇指
纸老虎　　厂党委

(四)去声

普通话的去声是全降调,调值记作 51。山东方言中的去声有三种基本调型,绝大多数是降调,但主要是低降调 31 或 21,其次是中降调 42,个别的读全降调 51;另外有的方言区读成降升降调,如 312 或 412 等。辨正时,注意把去声的坡度拉大,从最高降到最低。

(五)总结

经过反复听辨与练习,能听辨出四声的调值特点:一声平;二声扬;三声曲折;四声降。二声、三声是声调中的难点,要反复体会。 普通话的二声柔美动听,自然上扬,起音时不要用力过猛,要轻轻中度扬,中途不能下降再扬。普通话的三声舒缓轻柔,曲折好听,读时半低度起,先降到低度而后转弯上扬,尾音不能波折。

(六)强化训练

1. 同调与异调

1) 两字同调

阴平:高音——音箱——箱中——中心——心声——声腔
阳平:和平——平常——常年——年轮——轮流——流行
上声:选举——举手——手指——指导——导演——演讲
去声:大会——会议——议事——事变——变动——动态

2) 两字异调

阴平+阳平:

新闻　　　　　青年　　　　　　非常

科学	丘陵	方言
推辞	知足	包赔
私盐	诗人	单纯
收集	通达	忠诚
支持	登台	鲜明

阴平+上声：

清早	山水	开始
根本	生产	花草
金属	多少	星体
标本	高雅	发展
思考	风景	夸奖
春水	捐款	施展

阴平+去声：

沙漠	车站	当代
开阔	阶段	生命
需要	关键	公布
空气	心脏	肌肉
科技	书面	拍摄
督促	压迫	脱落

阳平+阴平：

时间	提出	难听
台阶	云梯	浮雕
石碑	红灯	毛衣
皮靴	农村	节约
牙刷	国家	崇高
年轻	长江	阳光

阳平+上声：

识谱	描写	合理
传统	儿女	留影
浏览	良好	没有
雄伟	球场	狭窄
牛奶	长短	群岛
结尾	媒体	苹果

阳平+去声：

实验	颜色	同志
活动	环境	结构
提示	详细	明确

节日　　　　云雾　　　　茶叶
沉重　　　　疲倦　　　　怀念
狂妄　　　　流畅　　　　累赘
上声+阴平：
股东　　　　厂家　　　　老翁
可惜　　　　解剖　　　　导师
火车　　　　普通　　　　有关
领先　　　　表彰　　　　展出
手工　　　　起飞　　　　小说
首都　　　　早操　　　　远方
上声+阳平：
草原　　　　美德　　　　此时
散文　　　　法则　　　　解答
语言　　　　美元　　　　紧急
女儿　　　　否决　　　　腐蚀
管辖　　　　可能　　　　旅行
选择　　　　以前　　　　小时
上声+去声：
晚会　　　　主动　　　　恼怒
口试　　　　忍耐　　　　讽刺
敏锐　　　　养分　　　　宇宙
涨价　　　　纽扣　　　　软弱
朗诵　　　　简要　　　　脑力
恳切　　　　喜悦　　　　转变
去声+阴平：
用心　　　　召开　　　　内科
电灯　　　　窃听　　　　印刷
夏天　　　　化妆　　　　画家
外资　　　　电梯　　　　放松
害羞　　　　不通　　　　外边
衬衫　　　　扩充　　　　称心
去声+阳平：
洽谈　　　　太阳　　　　蕴藏
问题　　　　灭亡　　　　政权
下旬　　　　谢绝　　　　富强
确实　　　　化学　　　　质疑
自由　　　　内容　　　　论文

路途	阅读	送行

去声+上声：
夜晚	跳舞	大嫂
进取	借口	酗酒
特此	废品	色彩
况且	恰好	瑞雪
刻苦	物理	破产
带领	饲养	外语

3) 四字同调

阴平：春天花开	居安思危	东风飘香	珍惜光阴
阳平：提前完成	豪情昂扬	回国华侨	轮船直达
上声：党委领导	理想美好	产品展览	请你指导
去声：创造世界	日夜变化	运动大会	胜利闭幕

4) 四声顺序

诗文笔记	珍藏史料	天然景象	非常美丽
英雄好汉	身强体壮	争前恐后	积极努力

5) 四声逆序

背井离乡	智勇无双	妙手回春	四海为家
万古长青	大显神通	逆水行舟	驷马难追
兔死狐悲	痛改前非	调虎离山	覆水难收
字里行间	具体而微	大有文章	寿比南山
刻苦读书	万古流芳	倒果为因	暮鼓晨钟

6) 四声交错

百炼成钢	满园春色	龙飞凤舞	气壮山河
排山倒海	鸟语花香	不堪回首	万马齐喑
集思广益	不胫而走	所向无敌	高瞻远瞩
超群绝伦	班门弄斧	始终不渝	和风细雨

7) 多字同调

阴平：三将军张飞揭发……

阳平：河南宜阳的王文文常常学习辽宁人……

上声：我请种马场鲁场长选五百匹好母马，买九把好雨伞给酒厂郝厂长。

去声：第二次世界大战变幻莫测，就为背信弃义、意气用事，最后牺牲性命数量巨大。

2．听教师领读下列词语，对比记忆汉字声调

截击－阶级	春节－纯洁	字母－字模	松鼠－松树	会意－回忆
长方－厂房	裁决－采掘	突然－徒然	指示－致使	土地－徒弟
枝叶－职业	肇事－找事	导演－导言	几时－计时	朱姨－竹椅

新意－信义　鲜鱼－闲语　佳节－假借　整洁－政界　从师－从事
鸳鸯－远洋　指导－知道　展览－湛蓝　冲锋－重逢　孤立－鼓励
贺信－核心　中华－种花　面前－棉签　灰白－回拜　吴叔－武术
题材－体裁　乘法－惩罚　天才－甜菜　无疑－武艺　河水－喝水
司机－四季　医务－遗物　艰巨－检举　化学－滑雪　管理－惯例
时节－使节　实施－事实　主体－主题　大雪－大学　完了－晚了
申请－深情　籍贯－机关　捂住－物主　百年－拜年
大力士－大理石　　书记－书脊－书籍　　通知－统治－同志
竹子－珠子－主子－柱子　　忧郁－由于－犹豫－鱿鱼
语言－寓言－预演－预言

    3．绕口令训练(先由教师示范朗读)

（1）一领细席，席上有泥，溪边去洗，溪洗细席。

（2）石室诗士施氏，嗜狮，誓食十狮。适施氏时时适市视狮。十时，适十狮适市。是时，适施氏适市，氏视是十狮，恃矢势，使十狮逝世。氏拾是十狮尸，适石室。石室湿，氏使侍拭石室。石室拭，氏始试食十狮尸。食时，始识十狮尸，实十石狮尸。试释是事。(赵元任《施氏食狮史》)

（3）姥姥喝酪，酪落姥姥捞酪；
　　　舅舅捉鸠，鸠飞舅舅揪鸠；
　　　妈妈骑马，马慢妈妈骂马；
　　　妞妞扭牛，牛拗妞妞拧牛。

（4）山前有个严圆眼，山后有个严眼圆，二人山前来比眼。不知是严圆眼的眼比严眼圆的眼圆，还是严眼圆的眼比严圆眼的眼圆。

（5）一葫芦酒，九两六；一葫芦油，六两九。六两九的油要换九两六的酒，九两六的酒不换六两九的油。

（6）一个大嫂子，一个大小子，二人比赛包饺子。不知是大嫂子包的饺子不如大小子，还是大小子包的饺子不如大嫂子。

（7）小猫毛长，大猫毛短，大猫毛比小猫毛短，小猫毛比大猫毛长。

    4．读下面材料，注意读准声调(可由教师领读)

（1）八字成语歌：

流水不腐，户枢不蠹　　路不拾遗，夜不闭户　　路见不平，拔刀相助
皮之不存，毛将焉附　　无源之水，无本之木　　衣不蔽体，食不果腹
不经一事，不长一智　　不入虎穴，焉得虎子　　将欲取之，必先与之
两刃相割，利钝乃知　　蓬生麻中，不扶自直　　前事不忘，后事之师
欲加之罪，何患无辞　　差之毫厘，谬之千里　　持之有故，言之成理
非我族类，其心必异　　鞠躬尽瘁，死而后已　　烈士暮年，壮心不已
日月经天，江河行地　　庆父不死，鲁难未已　　食不甘味，卧不安席

事不关己，高高挂起　　投我以桃，报之以李　　一波未平，一波又起
比上不足，比下有余　　城门失火，殃及池鱼　　大辩若讷，大智若愚
呼之即来，挥之即去　　棋逢对手，将遇良才　　一夫当关，万夫莫开
逢山开路，遇水架桥　　茕茕孑立，形影相吊　　头痛医头，脚痛医脚
人为刀俎，我为鱼肉　　人无远虑，必有近忧　　螳螂捕蝉，黄雀在后
天网恢恢，疏而不漏　　同声相应，同气相求　　兵来将挡，水来土掩
放龙入海，纵虎归山　　管中窥豹，略见一斑　　韩信将兵，多多益善
前车之覆，后车之鉴　　星星之火，可以燎原　　学而不厌，诲人不倦
言之无文，行而不远　　一叶障目，不见泰山　　有则改之，无则加勉
只此一家，别无分店　　只可意会，不可言传　　惩前毖后，治病救人
青山不老，绿水长存　　毫不利己，专门利人　　上天无路，入地无门
舍生取义，杀身成仁　　十年生聚，十年教训　　十年树木，百年树人
视而不见，听而不闻　　知无不言，言无不尽　　只见树木，不见森林
百足之虫，死而不僵　　尺有所短，寸有所长　　道高一尺，魔高一丈
两虎相斗，必有一伤　　明修栈道，暗度陈仓　　前门拒虎，后门进狼
前人栽树，后人乘凉　　三天打鱼，两天晒网　　顺之者昌，逆之者亡
嬉笑怒骂，皆成文章　　八仙过海，各显神通　　败军之将，不敢言勇
豹死留皮，人死留名　　不塞不流，不止不行　　当局者迷，旁观者清

(2) 中国十大风景名胜：
万里长城——气势雄伟，是世界历史上伟大工程之一，称得上是中华民族的象征。
桂林山水——风景秀丽，早有"桂林山水甲天下"的称誉。
杭州西湖——湖色景物有"淡妆浓抹总相宜"的美称。
北京故宫——我国现存的规模最大、最完整的宫殿建筑，标志着我国悠久的文化传统。
苏州园林——以曲径通幽、巧夺天工的名园著称于世。
安徽黄山——以奇松、怪石、云海、温泉为最有名的景致。
长江三峡——水险山雄、涛飞浪卷，使人叹为观止。
台湾日月潭——湖光山色像一颗璀璨的明珠。
避暑山庄——以秀美雄浑的自然景观和不同风格的寺庙宅院作为自己的"装束"。
秦陵兵马俑——具有历史价值和艺术价值，被誉为"世界第八大奇迹"。

(3) 中国十大元帅： 朱德、彭德怀、林彪、刘伯承、贺龙、陈毅、罗荣桓、徐向前、聂荣臻、叶剑英。

(4) 十大传统名花：牡丹、菊花、梅花、茶花、兰花、杜鹃、月季、桂花、荷花、水仙。

(5) 明代文学家、书画家徐文长告诫后辈的对联：
好读书，不好读书；
好读书，不好读书。

(6) 姓氏辨音：

包—鲍　　边—卞　　福—府　　伏—甫　　邰—昊　　戈—葛

火—霍　　牟—穆　　宿—许　　吴—武　　黎—李　　王—汪

颜—晏—燕

(7) 十天干：甲、乙、丙、丁、戊、己、庚、辛、壬、癸。

(8) 十二地支生肖：(子)鼠、(丑)牛、(寅)虎、(卯)兔、(辰)龙、(巳)蛇、(午)马、(未)羊、(申)猴、(酉)鸡、(戌)狗、(亥)猪。

(9) 古代年龄称谓：二十"弱冠"，三十"而立"，四十"不惑"，五十"知命"，六十"花甲"，七十"古稀"，八十九十"耄耋"，百年"期颐"。

(10) 我国的珍稀动物：大熊猫、东北虎和华南虎、亚洲象、穿山甲、梅花鹿、白鳍豚、儒艮、朱鹮、扬子鳄、金丝猴。

【思考】

(1) 什么是声调？声调有什么作用？

(2) 什么是调值？什么是调类？两者的关系怎样？

(3) 比较自己家乡话和普通话的调值、调类的异同和对应关系。

【训练】

1) 单音节字词练习

妈-麻-马-骂　　坡-婆-叵-破　　青-情-请-庆　　香-祥-响-向

衣-移-已-亿　　知-直-止-治　　夫-服-府-富　　抛-刨-跑-炮

蛙-娃-瓦-袜　　欢-环-缓-换　　乌-吴-五-务　　央-羊-氧-样

2) 双音节词语练习

(1) 阴平+阴平　声音　师专　教书　阴间　书桌　中央　飞机
　　阴平+阳平　新闻　交钱　欢迎　山羊　升旗　科学　青年
　　阴平+上声　息影　浇水　山岭　声母　争取　钢铁　分手
　　阴平+去声　黑夜　声调　师范　真正　尖叫　发动　希望

(2) 阳平+阴平　年轻　南京　来宾　读书　人生　原因　文章
　　阳平+阳平　人才　联合　实习　羊毛　连年　同学　完全
　　阳平+上声　绳索　十里　牛奶　词典　杂草　男女　还手
　　阳平+去声　环境　盲目　学校　神圣　文化　年度　群众

(3) 去声+阴平　圣经　卫生　孝心　爱惜　大约　必须　路灯
　　去声+阳平　问题　纵情　化学　测量　自由　应急　暂时
　　去声+上声　要领　贺喜　物理　外语　贷款　送礼　市场
　　去声+去声　任命　旷课　宿舍　电话　擅自　放假　逝世

3) 同调相连的四字词语练习

春天花开　江山多娇　居安思危　人民团结　提前完成
闻名全球　变幻莫测　胜利闭幕　意气用事

4) 两调重叠的四字词语练习

初出茅庐　忧心如焚　生机勃勃　悲欢离合
全民皆兵　拳拳忠心　神情专一　疲劳身心
岁月年轮　任性胡为　斗志昂扬　暴跳如雷
豪情壮志　仁人志士　横行霸道　垂头丧气

5) 四声顺序音节练习

花红柳绿　山明水秀　飞檐走壁　光明磊落
千锤百炼　深谋远虑　风调雨顺　中流砥柱
高朋满座　心灵感应　积极肯干　中华伟大

6) 四声逆序音节练习

兔死狐悲　墨守成规　袖手旁观　视死如归
妙手回春　字里行间　弄巧成拙　信以为真
逆水行舟　大显神通　梦想成真　万里长征

7) 四声交错音节练习

忠言逆耳　和风细雨　天南地北　英勇不屈
耳聪目明　轻描淡写　耀武扬威　五光十色

8) 词语辨析练习

题材——体裁　通知——同志　松树——松鼠　一致——医治
中心——重心　艰巨——检举　化学——滑雪　无疑——武艺
奇遇——气宇　实施——逝世　边界——辩解　支书——植树

9) 绕口令练习

李李和丽丽，学栽李和梨，李李李上嫁接梨，丽丽梨上嫁接李，果子像李又像梨，像李有梨味儿，像梨有李味儿，不知是李还是梨。

第四节　音节训练

一、音节的结构

音节是听觉能感受到的最自然的语音单位，有一个或几个音素按一定规律组合而成。除个别情况外，普通话里，一个汉字就是一个音节。

普通话音节由声母、韵母和声调三个部分构成，韵母内部又可分为韵头、韵腹、韵尾。从表 2-3 普通话音节结构表可以看出，普通话音节结构有以下特点。

(1) 每个音节最少要由三个成分组成，即声母、韵母、声调。它的声母可以是零声母，韵母中可以没有韵头、韵尾，但必须有韵腹。例如："吴(ú)"由零声母、韵腹 u 和阳平声调组成。

(2) 一个音节最多可以由五个成分组成，例如："娟"(juān)，由声母 j、韵头 ü、韵腹 a、韵尾 n 和阴平声调组成。

(3) 音节中必须有元音因素，至少一个，最多有三个，而且连续排列，分别充当韵母的韵头、韵腹和韵尾。

(4) 韵头只能由 i、u、ü 充当，韵尾由原因 i、o、u 或鼻辅音 n、ng 充当。各元音都能充当韵腹，如果韵母不止一个元音时，由开口度较大、舌位较低、发音较响亮的元音充当韵腹。

(5) 辅音音素只出现在音节的开头(作声母)或末尾(作韵尾)，没有辅音连续排列的情况。

(6) 单韵母(除舌尖韵母-i 前、-i 后外)，腹韵母和鼻韵母(除 eng、ong 外)都能自成音节，其声母是零声母。

表2-3　普通话音节结构表

结构成分	1	2	3	4	5
例字	声母	韵头	韵腹	韵尾	声调
权	q	u	a	n	／
威	w		e	i	―
桃	t		a	o	／
花	h	u	a		―
藕			o	u	∨
叶			i	e	＼
马	m		a		∨
鹅			e		／
昂			a	ng	／

二、普通话声母和韵母的配合规律

普通话音节有完整的系统。构成普通话音节的 21 个辅音声母和 39 个韵母有机地拼合成 400 多个基本音节，加上 4 个声调的配合，则可组成 1200 多个音节。普通话声韵调的配合，有一定的规律性，其中声母和韵母的拼合规律最为明显，主要表现在声母的发音部位和韵母的四呼关系上，依据这一关系，可将普通话声母和韵母的配合规律列成普通话声韵配合关系表(见表 2-4)。

表 2-4　普通话声韵配合关系表

	开口呼	齐齿呼	合口呼	撮口呼
舌根音 g、k、h	有	无	有	无
舌尖前音 z、c、s	有	无	有	无
舌尖后音 zh、ch、sh、r	有	无	有	无
舌面音 j、q、x	无	有	无	有
零声母	有	有	有	有

从表中可以归纳出普通话声韵配合的主要规律。
(1) 开口呼韵母除了不与舌尖音 j、q、x 相拼外，能与其他各类声母相拼。
(2) 齐齿呼韵母不与唇齿音、舌根音、舌尖前音、舌尖后音相拼。
(3) 合口呼韵母不与舌面音 j、q、x 相拼，可以与其他各类声母相拼，但与双唇音和唇齿音相拼时，只限于单韵母 u。
(4) 撮口呼韵母只与舌尖中音 n、l 和舌面音 j、q、x 相拼，不与其他各类声母相拼。

上述四条规律中，凡属某类声母与某类韵母不能相拼的，概无例外；能相拼的，则并非指全部能相拼，还可以存在特殊情况。例如，一般来说，开口呼韵母能与舌面音以外的声母相拼，但其中的 ê、er 这两个韵母就不与任何辅音相拼，还有 -i(前)、-i(后)这两个韵母分别不与舌尖前、舌尖后以外的辅音声母相拼。

三、声韵配合关系辨正

(一)不要把 bo、po、mo、fo 读成 be、pe、me、fe

bo
拨弄 bōnòng　　播送 bōsòng　　波涛 bōtāo　　剥落 bōluò
渤海 bóhǎi　　　博览 bólǎn　　　厚薄 hòubáo　柏林 bólín
帛画 bóhuà　　　驳船 bóchuán　　簸荡 bǒdàng　跛子 bǒzi

po
湖泊 húpō　　　坡度 pōdù　　　偏颇 piānpō　　泼墨 pōmò
鄱阳 póyáng　　叵测 pǒcè　　　破除 pòchú　　体魄 tǐpò

mo
磨炼 móliàn　　摩托 mótuō　　魔力 mólì　　　摹刻 mókè
抹黑 mǒhēi　　茉莉 mòli　　　莫非 mòfēi　　漠视 mòshì
陌生 mòshēng　墨鱼 mòyú　　　默许 mòxǔ　　没收 mòshōu

fo
佛教 fójiào

(二)不要把 beng、peng、meng、feng 读成 bong、pong、mong、fong

beng
崩塌 bēngtā　　蹦跶 bèngda　　绷带 bēngdài
迸裂 bèngliè　　水泵 shuǐbèng　　蚌埠 bèngbù

peng
澎湃 péngpài　　膨胀 péngzhàng　　蓬松 péngsōng
篷车 péngchē　　朋友 péngyou　　捧腹 pěngfù

meng
蒙骗 mēngpiàn　　蒙眬 ménglóng　　萌芽 méngyá
盟友 méngyǒu　　懵懂 měngdǒng　　梦乡 mèngxiāng

feng
丰硕 fēngshuò　　封面 fēngmiàn　　烽烟 fēngyān　　蜂拥 fēngyōng
锋利 fēnglì　　风趣 fēngqù　　枫树 fēngshù　　重逢 chóngféng
缝补 féngbǔ　　讽喻 fěngyù　　奉陪 fèngpéi　　凤蝶 fèngdié

1) 朗读下列语句

当我们第一遍读一本好书的时候，我们仿佛觉得找到了一个朋友；当我们再一次读这本好书的时候，仿佛又和老朋友重逢。

Dāng wǒmen dìyī biàn dú yìběn hǎoshū de shíhou, wǒmen fǎngfú juéde zhǎodào le yíge péngyou; dāng wǒmen zàiyícì dú zhèběn hǎoshū de shíhou, fǎngfú yòuhé lǎopéngyou chóngféng.

(法国哲学家伏尔泰)

2) 朗读下列诗歌

杜鹃盛开的时候，Dùjuān shèngkāi de shíhou,
那和煦的春风轻拂心头。Nà héxù de chūnfēng qīngfú xīntóu.
我们在阳光下畅叙友情，Wǒmen zài yángguāng xià chàngxù yǒuqíng,
就像那久别重逢的朋友。Jiù xiàng nà jiǔbiéchóngféng de péngyou.
朋友啊朋友，Péngyou ā péngyou,
快敞开那朝气蓬勃的歌喉，Kuài chǎngkāi nà zhāoqìpéngbó de gēhóu,
唱一曲友谊之歌。Chàng yì qǔ yǒuyì zhīgē.

(三)不要把 fei 读成 fi

1. 读准下列词语

非常 fēicháng　　扉页 fēiyè　　芳菲 fāngfēi　　咖啡 kāfēi　　飞语 fēiyǔ
飞翔 fēixiáng　　绯色 fēisè　　肥壮 féizhuàng　　诽谤 fěibàng
费解 fèijiě　　废除 fèichú　　肺叶 fèiyè　　沸热 fèirè

2. 朗读下列诗歌

我爱家乡的山和水，Wǒ ài jiāxiāng de shān hé shuǐ,

山水映朝晖。Shānshuǐ yìng zhāohuī。
花果园飘芳菲，Huāguǒyuán piāo fāngfēi，
池清鱼儿肥。Chíqīng yú'er féi。
沃野千里泛金浪，Wòyě qiānlǐ fàn jīnlàng，
稻香诱人醉。Dàoxiāng yòu rénzuì。
山笑水笑人欢笑，Shānxiào shuìxiào rén huānxiào，
歌声绕云飞。Gēshēng rào yún fēi。
实现四个现代化，Shíxiàn sìge xiàndàihuà，
家乡更秀美。Jiāxiāng gèng xiùměi。

(四) 不要把 ji、qi、xi 读成 gi、ki、hi

1) 读准下列词语

g→j

检验 jiǎnyàn	经济 jīngjì	杰作 jiézuò
剧本 jùběn	觉悟 juéwù	杜鹃 dùjuān

k→q

巧合 qiǎohé	请求 qǐngqiú	桥梁 qiáoliáng
缺点 quēdiǎn	歌曲 gēqǔ	劝告 quàngào

h→x

朽木 xiǔmù	歇息 xiēxi	显著 xiǎnzhù
拂晓 fúxiǎo	许多 xǔduō	功勋 gōngxūn

2) 朗读下列语句和诗歌

(1) 戒骄戒躁，永远保持谦虚进取的精神。(毛泽东. 毛泽东选集. 北京：人民出版社，1977年，第152页)

Jièjiāo jièzào, yǒngyuǎn bǎochí qiānxū jìnqǔ de jīngshén。

(2) 学习这件事情不在于有没有人教你，最重要的是在于你自己有没有觉悟和恒心。(英国科学家法拉第)

Xuéxí zhè jiàn shìqing bú zàiyú yǒu méiyǒu rén jiāo nǐ, zuì zhòngyào de shì zàiyú nǐ zìjǐ yǒu méiyǒu juéwù hé héngxīn。

(3) 人闲桂花落，Rén xián guìhuā luò，
夜静春山空。Yè jìng chūnshān kōng。
月出惊山鸟，Yuè chū jīng Shānniǎo，
时鸣春涧中。Shí míng chūnjiàn zhōng。(唐朝诗人王维的《鸟鸣涧》)

四、音节的拼读和拼写

(一)音节的拼读

1．拼音的方法

普通话音节常用的拼音方法有四种：两拼法、三拼法、声介合拼法和整体认读法。

1) 两拼法

两拼法是把声母和韵母直接拼合起来的方法。如：m+a→mǎ(马)；h+ong→hóng(虹)。

2) 三拼法

三拼法是拼音时，把音节分成声母、韵头、韵身(韵腹或韵腹+韵尾)三部分进行连接。也叫"三拼连读法"。如：j+i+ao→jiào(教)；n+u+an→nuǎn(暖)。

3) 声介合拼法

声介合拼法是把声母和介音(韵头)先拼读成一个音节，再用这一个音节作为拼音的部件，去同后边的韵身相拼。如：n+i+an→ni+an→nián(年)；k+u+an→ku+an→kuān(宽)

4) 整体认读法

整体认读法，又叫音节直呼法，就是直接读出音节，不需要用声母去拼韵母，这种方法要以熟悉400多个基本音节为基础。

2．定调的方法

1) 数调法

数调法是先把声母和韵母拼合在一起，依阴平、阳平、上声、去声的次序逐个儿数，直到要读的声调。

2) 韵母定调法

韵母定调法是用声母和带声调的韵母相拼，直接读出音节的声调。如：q+iǎng→qiǎng(抢)

3) 音节定调法

音节定调法是先把声母和韵母拼合在一起，在直接呼出音节时定调。如：b+a→bǎ(把)

(二)常用音节拼读列表

ai

b-ái→bái 白菜	b-ǎi→bǎi 一百	p-āi→pāi 拍手	p-ái→pái 排队
m-ǎi→mǎi 买卖	d-ài→dài 带来	t-āi→tāi 轮胎	t-ài→tài 太阳
n-ǎi→nǎi 奶奶	l-ái→lái 来去	g-ǎi→gǎi 改正	k-āi→kāi 开车
h-ái→hái 孩子	zh-āi→zhāi 摘花	ch-āi→chāi 出差	sh-ài→shài 日晒
z-āi→zāi 栽种	c-āi→cāi 猜谜	c-ài→cài 蔬菜	w-āi→wāi 歪了
w-ài→wài 外面			

ei
b-ēi→bēi 水杯　　b-ěi→běi 北风　　b-èi→bèi 被子　　p-éi→péi 陪伴
m-ěi→měi 美丽　　m-èi→mèi 妹妹　　f-ēi→fēi 飞机　　f-éi→féi 肥胖
l-èi→lèi 劳累　　g-ěi→gěi 送给　　h-ēi→hēi 黑白　　w-ēi→wēi 微风
w-éi→wéi 围巾　　w-ěi→wěi 伟大　　w-èi→wèi 因为

üe
n-üè→nüè 虐待　　l-üè→lüè 掠过　　j-ué→jué 决定　　j-uè→juè 倔强
q-uē→quē 缺少　　q-uè→què 麻雀　　x-uē→xuē 靴子　　x-ué→xué 穴位
x-uě→xuě 下雪　　x-uè→xuè 出血

er
ér 儿子　　　　　ěr 耳朵　　　　　èr 第二

an
b-ān→bān 上班　　m-àn→màn 快慢　　t-án→tán 弹琴　　g-ān→gān 干净
h-ǎn→hǎn 喊叫　　zh-àn→zhàn 站立　sh-àn→shàn 风扇　c-ān→cān 早餐
w-ǎn→wǎn 晚上　　p-án→pán 盘子　　f-àn→fàn 饭菜　　n-án→nán 困难
g-ǎn→gǎn 赶快　　h-àn→hàn 汗水　　ch-án→chán 缠绕　r-ǎn→rǎn 染色
s-ān→sān 三个　　m-án→mán 馒头　　d-àn→dàn 鸡蛋　　l-án→lán 蓝色
k-àn→kàn 看见　　zh-ān→zhān 粘贴　ch-ǎn→chǎn 产生　z-àn→zàn 赞叹
y-àn→yàn 大雁

【思考】

(1) 汉语的音节结构有些什么特点？
(2) 熟读普通话声韵配合表，熟记普通话声母和韵母的配合规律。
(3) 汉语拼读的方法有哪些？试举例说明。

【训练】

1) 单音节字词训练

昼　八　迷　先　毡　皮　幕　美　彻　飞　鸣　破　掼　风　豆　蹲　霞　掉　桃
定　官　铁　翁　念　劳　天　旬　垢　狼　口　靴　娘　嫩　机　蕊　家　跪　绝
趣　全　瓜　穷　屡　知　狂　正　裘　中　恒　社　槐　事　轰　竹　掠　茶　肩
常　概　虫　皇　水　君　人　伙　自　滑　早　涓　足　炒　次　渴　酸　勤　鱼
筛　院　腔　暖　鳖　袖　濒　竖　搏　刷　瞟　帆　彩　愤　司　滕　寸　峦　岸
勒　歪　饵　雄　妥　风　迭　庚　咬　插　是　颇　扛　嘴　膜　昭　赛　高　裙
恐　麻　竖　德　许　团　摺　远　非　货　瞥　滑　僵　杂　败　峦　隶　盆　歪
略　拐　贼　粉　丢　案　征　草　君　卤　嫡　烤　杨　举　翁　囊　醋　址　妙

普通话口语教程

寝 鼾 爽 昧 盒 歹 匣 二 瓶 吞 耍 弦 土 次 星 水 兽 梭 肉
犬 溶 医 瘸 霸 送 耐 鹅 既 帆 蠢 内 编 朽 涡 斩 掐 艇 谢
仲 丑 字 床 晋 挥 弱 扯 用 猜 斐 膜 税 腌 用 辞 梧 秋 加
襄 发 苦 秦 纲 狠 尺 啪 若 凸 胆 硬 喘 宋 撤 摇 君 习 找 标
坏 恐 诈 穷 颇 瘫 共 雷 怎 而 涩 克 就 荒 舔 屉 跨 辈 饶 付
口 岁 邹 扫 原 名 杀 剁 训 拈 槛 高 篇 剖 在 皿 晾 伦 润 翁 锋
凑 掘 子 馆 拽 囊 霜 纫 拈 志 颇 梦 掐 尝 许 暖 别
略 揣 呱 同 盯 枕 呆 掉 女 判

2) 双音节词语训练

玻璃	明年	谈话	肯定	风景	便宜	剧场	合作	超过	小孩儿	
我们	动员	工人	军队	才干	平方	姿态	口号	气象	老头儿	
摩擦	扭转	墙壁	路程	侵犯	选手	创建	寻求	审批	霸占	
顺序	准则	日夜	装饰	庸俗	疟疾	宽广	揣测	贼心	藕节儿	
刺耳	森严	加法	迥然	亚麻	翠鸟	刷洗	内河	酸枣	旦角儿	
友谊	暂时	衙内	恶霸	暗语	嘴巴	少爷	坠落	湍急	锅贴儿	
应酬	一阵	渲染	垂涎	玉坠	翁婿	囤积	雷霆	下榻	地摊儿	
虽然	琼浆	牦牛	屡次	荠荞	累计	旷日	渴求	竭诚	身板儿	
光明	琥珀	抬杠	抚恤	陡峭	村寨	悲怆	稠密	澄清	嗔怪	
拌蒜	不怕	猖獗	忾目	葱绿	怠慢	炙热	播音	牛奶	写字儿	
打听	产品	奋斗	可爱	旁边	创造	名字	农民	整理	天真	
学费	位置	毕业	全体	迅速	铁路	招呼	破坏	群众	人缘儿	
偶尔	规矩	火山	挂念	摩擦	内脏	此时	亮光	审查	恰当	
仍旧	热带	冷饮	测算	纽扣	困守	被窝	卷尺	送信儿	找碴儿	
胶鞋	回家	月牙	宽窄	花腔	用语	论语	论说	能人	碎步儿	
火车	投入	环境	允许	激烈	暖和	控制	冷却	抓紧	天儿	
口语	煤气	思想	损失	品种	矛盾	田野	商量	儿子	爆肚儿	
用功	迫切	人类	桑树	扭转	能源	增加	拼命	宣传	墨水儿	
外电	感慨	烦躁	恰巧	采集	发愁	插嘴	脆弱	丢人	女士	
合并	抚育	拜会	云彩	床铺	衰退	爱情	雄壮	化学	纳闷儿	
捷报	噪音	肚脐	结实	组长	黑色	烦恼	迟钝	恻隐	电影儿	
撮合	牛虻	诊所	真诚	慷慨	秩序	展览	搜集	嘴巴	上座儿	
争论	村庄	酿造	鲜嫩	佛教	容易	足球	削弱	巡逻	产品	
蓬勃	忍耐	法律	挫折	纺织	打算	窗户	庄稼	量筒		
蒙骗	烹饪	热闹	磋商	请柬	呕血	快活	窝囊	抓紧		

附录1　易读错的字

【D】
呆　dāi　不读 ái：呆板。
殚　dān　不读 dàn：殚精竭虑。
档　dàng　不读 dǎng：档案｜档次｜存档｜低档。
蹈　dǎo　不读 dào：重蹈覆辙｜循规蹈矩。
悼　dào　不读 dǎo：悼词｜悼念｜哀悼｜追悼会。
堤　dī　不读 tí：堤岸｜堤坝｜堤防。
吊　diào　不读 diāo：吊车｜塔吊。
订　dìng　不读 dīng：订正｜装订。

【F】
珐　fà　不读 fǎ：珐琅。
梵　fàn　不读 fán：梵文｜梵呗(bài)。
沸　fèi　不读 fú：沸点。
氛　fēn　不读 fèn：氛围｜气氛。
汾　fén　不读 fēn：汾酒。
敷　fū　不读 fú 或 pū：敷衍｜敷粉｜敷设。
拂　fú　不读 fó：拂晓｜拂袖｜拂煦｜吹拂。
符　fú　不读 fǔ：符合｜不符｜相符。
辐　fú　不读 fǔ：辐射｜辐条。
甫　fǔ　不读 pǔ：杜甫｜台甫。
讣　fù　不读 pǔ 或 pù：讣告｜讣闻。
阜　fù　不读 bù 或 fǔ：物阜民丰。
复　fù　不读 fǔ：复杂。
腹　fù　不读 fǔ：腹地｜腹背受敌｜腹泻｜心腹。

【G】
尬　gà　不读 gǎ：尴尬。
冈　gāng　不读 gǎng：山冈｜景阳冈。
睾　gāo　不读 gǎo：睾丸。
戈　gē　不读 gé 或 gě：戈壁｜干戈。
犷　guǎng　不读 kuàng：粗犷。
瑰　guī　不读 guì：瑰宝｜瑰丽。
皈　guī　不读 bǎn：皈依。

刽 guì 不读 kuài：刽子手。

【H】

罕 hǎn 不读 hān：罕见｜罕闻｜罕有。

桦 huà 不读 huá：白桦林。

踝 huái 不读 luǒ 或 guǒ：踝骨。

肓 huāng 不读 máng：病入膏肓。

诲 huì 不读 huǐ：诲人不倦｜教诲｜训诲。

晦 huì 不读 huǐ：晦暗｜晦气｜晦涩｜晦朔。

【J】

畸 jī 不读 qí：畸变｜畸形。

即 jí 不读 jì：即便｜即将｜即日｜即使｜即兴｜当即｜立即。

疾 jí 不读 jī：疾病｜疾苦｜疾驶｜大声疾呼。

棘 jí 不读 jī、jì 或 là：棘手｜荆棘。

嫉 jí 不读 jì：嫉妒｜嫉恨｜愤世嫉俗。

脊 jí 不读 jí：脊背｜脊梁｜脊椎｜书脊｜屋脊。

绩 jì 不读 jī：成绩｜功绩｜伟绩｜业绩｜战绩。

迹 jì 不读 jī：迹象｜陈迹｜古迹｜轨迹｜奇迹。

寂 jì 不读 jí：寂静｜寂寞｜孤寂。

戛 jiá 不读 gá：戛然而止。

胛 jiǎ 不读 jiá：肩胛。

歼 jiān 不读 qiān：歼击｜歼灭｜围歼。

较 jiào 不读 jiǎo：较量｜较真｜比较｜计较。

酵 jiào 不读 xiào：酵母｜发酵。

津 jīn 不读 jīng：津津有味｜津梁｜问津。

浸 jìn 不读 qìn：浸泡｜浸透｜沉浸。

茎 jīng 不读 jìng：根茎。

粳 jīng 不读 gěng：粳稻｜粳米。

痉 jìng 不读 jīng：痉挛。

疚 jiù 不读 jiū：负疚｜内疚｜歉疚。

咎 jiù 不读 jiū：咎由自取｜既往不咎｜引咎。

狙 jū 不读 jǔ 或 zǔ：狙击手。

矩 jǔ 不读 jù：矩尺｜矩形｜循规蹈矩。

俊 jùn 不读 zùn：俊杰｜俊美｜俊俏｜俊秀｜英俊。

【K】

揩 kāi 不读 kǎi：揩油｜揩拭。

框 kuàng 不读 kuāng：框架｜条条框框。
忾 kài 不读 qì：同仇敌忾。

【L】

琅 láng 不读 lǎng：书声琅琅。
蕾 lěi 不读 léi：蓓蕾｜花蕾。
敛 liǎn 不读 liàn：聚敛｜收敛。
殓 liàn 不读 liǎn：殓葬｜装殓｜入殓。
寥 liáo 不读 liǎo：寥寥｜寥落｜寥若晨星。
劣 liè 不读 lüè：劣等｜劣迹｜劣绅｜劣势｜劣质。
趔 liè 不读 liē：趔趄。
拎 līn 不读 līng：拎包｜拎东西。
虏 lǔ 不读 luǒ：虏获｜俘虏。
掳 lǔ 不读 luǒ：掳掠｜掳走。
闾 lú 不读 lǚ：闾里｜闾巷。
榈 lú 不读 lǚ：棕榈。
掠 lüè 不读 luě：掠夺｜掠美｜掠取｜掠影｜抢掠。

【M】

牤 māng 不读 máng：牤牛。
芒 máng 不读 wáng：麦芒。
虻 méng 不读 máng：牛虻。
娩 miǎn 不读 wǎn：分娩。

【N】

讷 nè 不读 nà：讷讷｜木讷。
馁 něi 不读 lěi：冻馁｜气馁｜自馁。
拟 nǐ 不读 ní：拟订｜拟人｜比拟｜草拟｜模拟。
拈 niān 不读 nián、diān 或 zhān：拈花惹草｜拈轻怕重。
酿 niàng 不读 rǎng 或 liàng：酿酒｜酿造｜酝酿。
泞 nìng 不读 níng：泥泞。
脓 nóng 不读 néng：脓包｜化脓。

附录2 易读错的成语

例字	应读	误读	例字	应读	误读	例字	应读	误读
佶屈聱牙	áo	ǎo	捕风捉影	bǔ	pǔ	春意盎然	àng	yàng

例字	应读	误读	例字	应读	误读	例字	应读	误读
稗官野史	bài	bēi	豺狼成性	chái	cái	便宜行事	biàn	pián
瞠目结舌	chēng	táng	各奔前程	bèn	bēn	如愿以偿	cháng	shǎng
鹬蚌相争	bàng	bèng	称心如意	chèn	chèng	刚愎自用	bì	fù
谄上媚下	chǎn	xiàn	日薄西山	bó	báo	为虎作伥	chāng	chàng
一箪一瓢	dān	dàn	相形见绌	chù	zhuó	度德量力	duó	dù
一差二错	chà	chā	咄咄逼人	duō	duó	忧心忡忡	chōng	zhōng
有的放矢	dì	de	差强人意	chā	chāi	以升量石	dàn	shí
差可告慰	chā	chāi	审时度势	duó	dù	阿谀逢迎	ē	ā
怙恶不悛	hù	gǔ	蛊惑人心	gǔ	mín	春华秋实	huā	huá
忐忑不安	tǎntè	shàng	莘莘学子	shēn	xīng	倜傥不羁	tì	zhōu
闭目塞听	sè	sài	暴殄天物	tiǎn	zhēn	相濡以沫	rú	rù
半身不遂	suí	suì	觥筹交错	gōng	guāng	好大喜功	hào	hǎo
言简意赅	gāi	hài	洁身自好	hào	hǎo	宵衣旰食	gàn	gān
曲高和寡	hè	hé	直言贾祸	gǔ	jiǎ	随声附和	hè	hé
不假思索	jiǎ	jiā	一倡百和	hè	hé	既往不咎	jiù	jiū
引吭高歌	háng	kàng	咎由自取	jiù	jiū	不落窠臼	kē	guó
佶屈聱牙	jí	jiē	功亏一篑	kuì	guì	咬文嚼字	jiáo	jué
同仇敌忾	kài	qì	汗流浃背	jiá	jiā	振聋发聩	kuì	guì
敷衍塞责	sè	sài	抱关击柝	tuò	xiǔ	请君入瓮	wèng	wēng
唾手可得	tuò	chuí	运筹帷幄	wò	wù	耳提面命	tí	tī
为虎添翼	wèi	wéi	提纲挈领	tí	dī	箪食壶浆	sì	shí
醍醐灌顶	tí	dī	鬼鬼祟祟	suì	chóng	乌烟瘴气	zhàng	zhāng
戎马倥偬	zǒng	cōng	载歌载舞	zài	zǎi	草长莺飞	zhǎng	cháng
恬不知耻	tián	sé	草菅人命	jiān	guǎn	筚路蓝缕	lǚ	lǒu
犯而不校	jiào	xiào	丢三落四	là	luò	济济一堂	jǐ	jì
绿林好汉	lù	lǜ	间不容发	jiān	jiàn	不稂不莠	láng	liáng
自给自足	jǐ	jěi	悬崖勒马	lè	lēi	挑拨离间	jiàn	jiān
暴戾恣睢	lì	fù	家给不足	jǐ	jì	未雨绸缪	móu	miù

例字	应读	误读	例字	应读	误读	例字	应读	误读
弱不禁风	jīn	jìn	质疑问难	nàn	nán	战战兢兢	jīng	jìng
一曝十寒	pù	bào	不求甚解	jiě	xiè	一叶扁舟	piān	biǎn
废寝忘食	qǐn	qǐng	心怀叵测	pǒ	pō	怙恶不悛	quān	jùn
大腹便便	pián	biàn	强词夺理	qiǎng	qiáng	否极泰来	pǐ	fǒu
面面相觑	qù	xū	如法炮制	páo	pào	切肤之痛	qiè	qiē
心广体胖	pán	pàng	杞人忧天	qǐ	jí	老妪能解	yù	ōu
暴戾恣睢	suī	zhún	暴虎冯河	píng	féng	塞翁失马	sài	sè
被发文身	pī	bèi	屡见不鲜	lǚ	lǔ	不稂不莠	yǒu	xiù
相机行事	xiàng	xiāng	断壁颓垣	yuán	huán	长吁短叹	xū	yū
负隅顽抗	yú	ǒu	寡廉鲜耻	xiǎn	xiān	苦心孤诣	yì	zhǐ
图穷匕见	xiàn	jiàn	封妻荫子	yìn	yīn	不肖子孙	xiào	xiāo
垂涎三尺	xián	yán	生杀予夺	yǔ	yù	发人深省	xǐng	shěng
罪有应得	yīng	yìng	桤腹从公	xiāo	háo	万马齐喑	yīn	àn
惟妙惟肖	xiào	xiāo	揠苗助长	yà	yàn	徇私舞弊	xùn	xún
鹬蚌相争	yù	jù	乳臭未干	xiù	chòu	身陷囹圄	yǔ	wú
浑身解数	xiè	jiě	虚与委蛇	yí	shé	卷帙浩繁	zhì	zhēn
暴风骤雨	zhòu	còu	奄奄一息	yān	yǎn	自怨自艾	yì	ài
无可訾议	zǐ	zī	风光旖旎	yǐ	qí	暴戾恣睢	zì	cì
良莠不分	yǒu	yòu	恶言中伤	zhòng	zhōng	洞见症结	zhēng	zhèng

附录3 容易误读的多音字

【A】

阿 1. a 阿姨 阿訇 阿罗汉　　　　　　2. e 阿谀 阿胶 阿弥陀佛

挨 1. ai 挨次 挨门挨户　　　　　　　2. ai 挨时间 挨冻 挨打

艾 1. ai 艾草 方兴未艾 期期艾艾　　　2. yi 自怨自艾 怨艾

熬 1. ao 熬粥 熬药 煎熬　　　　　　　2. ao 熬白菜 熬粉丝

拗 1. ao 拗口 拗口令　　　　　　　　 2. niu 执拗 拗脾气

【B】

把 1. ba 把关 把门 车把 火把 投机倒把　2. ba 刀把儿 话把儿 茶壶把儿

柏 1. bai 柏树 松柏 柏油　　　　　　　2. bo 柏林

磅 1. bang 磅秤 过磅　　　　　　　　　2. pang 磅礴

堡 1. bao 堡垒 碉堡 桥头堡　　　　2. bu 堡子　　3. pu 十里铺
暴 1. bao 暴露 暴躁 粗暴 暴风骤雨　2. pu 一暴十寒
曝 1. bao 曝光　　　　　　　　　　2. pu 一曝十寒
背 1. bei 背包 背负 背包袱 背黑锅　2. bei 背心 背面 背道而驰
裨 1. bi 裨益 裨补　　　　　　　　2. pi 裨将
辟 1. bi 复辟　　　　　　　　　　　2. pi 开辟 辟谣
臂 1. bi 手臂 振臂 三头六臂 螳臂当车　2. bei 胳臂
柏 1. bo 柏林　　　　　　　　　　　2. bai 柏树 松柏 柏油
伯 1. bo 伯父 伯母 伯伯 老伯　　　2. bai 叔伯 大伯子
泊 1. bo 漂泊 落泊 泊位 淡泊 停泊　2. po 湖泊 血泊 梁山泊 罗布泊
膊 1. bo 赤膊 臂膊　　　　　　　　2. bo 胳膊
簸 1. bo 颠簸　　　　　　　　　　　2. bo 簸箕
卜 1. bu 占卜 未卜先知 姓卜　　　　2. bo 萝卜 胡萝卜

【C】

藏 1. cang 藏书 矿藏 埋藏 收藏 贮藏　2. zang 西藏 宝藏 藏青 三藏
长 1. chang 长城 长处 长寿 天长地久　2. zhang 生长 县长 揠苗助长
场 1. chang 操场 市场 场合　　　　2. chang 场院 打场　3. chang 排场
颤 1. chan 颤抖 颤动 发颤　　　　　2. zhan 颤栗(战栗) 打颤(打战)
称 1. cheng 称赞 称霸 称谢 称病 称职　2. chen 匀称 对称 称心如意
匙 1. chi 汤匙 茶匙　　　　　　　　2. shi 钥匙
冲 1. chong 冲刺 冲破 冲力 怒发冲冠　2. chong 冲床 水势很冲 冲劲儿
臭 1. chou 臭气 臭味 臭氧 遗臭万年　2. xiu 铜臭 乳臭 无色无臭
创 1. chuang 创造 创作 创举　　　　2. chuang 创伤 创口 重创敌人
处 1. chu(动作义)处分 处置 处理 处女　2. chu 处所 长处 益处四处
畜 1. chu(名词义)畜力 家畜 牲畜 种畜　2. xu(动作义)畜牧 畜养 畜产品
伺 1. ci 伺候　　　　　　　　　　　2. si 伺机 窥伺
攒 1. cuan 攒电视机 万头攒动　　　2. zan 积攒 攒钱
撮 1. cuo 一小撮 一撮盐　　　　　　2. zuo 一撮毛

【D】

答 1. da 答案 答复 报答 回答 应答　2. da 答应 答腔(搭腔) 答理 羞答答
打 1. da 打击 打水 打粮食　　　　　2. da 一打 苏打
大 1. da 大夫(古官名) 大王(如钢铁大王)　2. dai 大夫(医生) 大王(头子)
倒 1. dao 跌倒 倒车 颠三倒四 颠倒是非　2. dao 倒流 倒车 倒装 本末倒置
的 1. de 好的 我的 是的　　　　　　2. di 目的 无的放矢　3. di 的确
调 1. diao 调查 调派 调子 南腔北调　2. tiao 调处 调和 调理 风调雨顺
都 1. dou 都是 全都　　　　　　　　2. du 都市 首都 都督

【F】

度 1. du 风度 过度 欢度 难度 置之度外　　2. duo 猜度 揣度 忖度 度德量力
发 1. fa 发白 发生 容光焕发 振聋发聩　　2. fa 理发 白发 怒发冲冠 间不容发
佛 1. fo 佛教　　2. fu 仿佛
服 1. fu 服从 服药 说服 制服 心悦诚服　　2. fu 一服药

【G】

干 1. gan 干脆 晒干 外强中干　　2. gan 干部 干事 精明强干
给 1. gei 送给 让给 献给　　2. ji 给养 供给 补给 配给 给予 自给自足 目不暇给
更 1. geng 更加 更重要 更好 更进一步　　2. geng 更换 五更 更改 自力更生
供 1. gong 供给 提供 供销　　2. gong 口供 上供 翻供
枸 1. gou 枸杞　　2. gou 枸橘　　3. ju 枸橼(yuan)
冠 1. guan 鸡冠 桂冠 怒发冲冠 张冠李戴　　2. guan 冠军 弱冠 沐猴而冠
龟 1. gui 乌龟 龟缩 海龟 龟甲　　2. jun 龟裂
估 1. gu 估计 估价 低估　　2. gu 估衣
谷 1. gu 谷子 五谷 布谷鸟　　2. yu 吐谷浑(古代少数民族)
骨 1. gu 骨头 骨肉　　2. gu 骨朵 骨碌

【H】

哈 1. ha 哈哈 哈欠 哈腰　　2. ha 哈达 哈巴狗
巷 1. hang 巷道　　2. xiang 巷战 街巷 街头巷尾 大街小巷
行 1. hang 银行 行情 字里行间 一目十行　　2. xing 行走 行道树 倒行逆施
汗 1. han 汗珠 汗毛 汗水 挥汗成雨　　2. han 可汗
号 1. hao 称号 号召 乘号 发号施令　　2. hao 号叫 号哭 哀号 号啕
喝 1. he 吃喝 喝醉 大吃大喝　　2. he 喝彩 吆喝 喝令 当头棒喝
貉 1. he(书面语)一丘之貉　　2. hao(口语)貉子 貉绒
会 1. hui 会议 一会儿 会师　　2. kuai 会计 财会

【J】

监 1. jian 监督 监视 监牢 监守　　2. jian 太监 监生 总监 国子监
脚 1. jiao 手脚 脚步 脚跟 脚注 脚本　　2. jue 脚儿(角儿)
校 1. jiao 校对 校样 校正 校阅 校订　　2. xiao 学校 少校 校舍
夹 1. jia 夹板 夹生 夹攻 夹缝 夹角　　2. jia 夹袄 夹被 夹衣
茄 1. jia 雪茄　　2. qie 茄子 番茄 颠茄
结 1. jie 结婚 结合 结局 结冰 结果　　2. jie 结巴 结实 开花结果
劲 1. jin 劲头 差劲 松劲 干劲 猛劲　　2. jing 刚劲 强劲 苍劲 疾风劲草
几 1. ji 茶几 几乎 几率 庶几　　2. ji 几个 几年 几多 所剩无几
济 1. ji 救济 周济 扶危济困 同舟共济　　2. ji 济南 济济一堂 人才济济
菌 1. jun 细菌 病菌 杆菌　　2. jun 菌子 香菌

【K】

看 1. kan 看见 看病 看望 观看 查看　　2. kan 看守 看护 看管 看家 看门 看押

壳 1. ke 蛋壳 蚌壳 贝壳 外壳 卡壳　　2. qiao 地壳 甲壳 金蝉脱壳

【L】

烙 1. lao 烙饼 烙铁 烙印　　2. luo 炮烙(古代的一种酷刑)

乐 1. le 快乐 乐趣 安居乐业 喜闻乐见　　2. yue 音乐 乐团 管弦乐 交响乐

擂 1. lei 擂鼓 自吹自擂 大吹大擂　　2. lei 打擂 擂台

笼 1. long 笼子 牢笼 灯笼 笼屉 鸡笼　　2. long 笼统 笼罩 笼络 箱笼

偻 1. lou 佝偻　　2. lu 伛偻

碌 1. lu 忙碌 碌碌无为　　2. liu 碌碡

绿 1. lu 绿色 绿化 绿豆 青山绿水　　2. lu 绿林 绿营 鸭绿江

捋 1. lu 捋胡子　　2. luo 捋袖子 捋虎须 捋胳膊

【M】

脉 1. mai 脉搏 命脉 一脉相承 来龙去脉　　2. mo 温情脉脉 含情脉脉

靡 1. mi 奢靡 靡费(糜费)　　2. mi 披靡 风靡 萎靡 靡靡之音

眯 1. mi 眯缝着眼 眯了一会儿　　2. mi 眯眼(灰尘入目)

秘 1. mi 秘密 便秘 神秘 秘方　　2. bi 秘鲁

模 1. mo 模范 规模 模仿 模糊 模特 楷模　　2. mu 模子 模具 模样 铜模 装模作样

【N】

尿 1. niao 尿布 尿血 排尿 泌尿 糖尿病　　2. sui (口语)尿尿(niaosui)

宁 1. ning 安宁 宁静 宁日　　2. 宁 ning 宁可 宁肯 不宁唯是 宁死不屈 宁缺毋滥 宁愿

弄 1. nong 玩弄 愚弄 弄巧成拙　　2. long 弄堂 里弄 梅花三弄

娜 1. nuo 袅娜 婀娜多姿　　2. na 娜(人名，多用于外国女人名)

【P】

迫 1. pai 迫击炮　　2. po 迫切 迫害 从容不迫 饥寒交迫

胖 1. pang 胖子 肥胖 虚胖　　2. pan 心广体胖

喷 1. pen 喷气 香喷喷 血口喷人　　2. pen 喷香　　3. pen 嚏喷

片 1. pian 图片 影片 相片 片刻　　2. pian 唱片儿 相片儿 画片儿

撇 1. pie 撇嘴 撇砖头 两撇儿胡子　　2. pie 撇开 撇油 撇弃

屏 1. ping 屏风 屏障 屏幕 荧光屏　　2. bing 屏除 屏气 屏弃 屏息

仆 1. pu 仆倒 前仆后继　　2. pu 仆人 公仆 仆从 风尘仆仆
3. piao 朴(姓)

朴 1. pu 朴素 朴实 俭朴 纯朴 质朴　　2. piao(姓)　　3. 朴 po 朴刀

【Q】

奇 1. qi 奇怪 稀奇 珍奇 新奇 出奇制胜　　2. ji 奇数 奇蹄目

荨 1. qian 荨麻　　2. xun 荨麻疹

纤 1. qian 拉纤 纤夫　　　　　　　　　2. xian 纤维 纤弱 纤细 纤小
悄 1. qiao 悄悄 静悄悄　　　　　　　　2. qiao 悄然 悄没声儿的
亲 1. qin 亲人 亲切 事必躬亲 沾亲带故　2. qing 亲家 亲家母
曲 1. qu 弯曲 曲折 曲径通幽 曲突徙薪　2. qu 曲调 歌曲 舞曲 曲高和寡

【S】

丧 1. sang 丧事 治丧 吊丧 奔丧 丧乱　　2. sang 丧失 丧气 丧权辱国
散 1. san 散漫 散文 散装 丸散 零零散散　2. san 分散 解散 散布 失散 烟消云散
扫 1. sao 打扫 扫描 扫盲 扫兴 威信扫地　2. sao 扫帚 扫帚星
色 1. se 颜色 变色 红色 染色 古色古香　2. shai(口语)掉色 褪色 配色
煞 1. sha 煞车 煞尾 煞笔 收煞　　　　　2. sha 煞白 凶煞 像煞有介事 煞费苦心
厦 1. sha 大厦 高楼大厦　　　　　　　　2. xia 厦门 噶厦
杉 1. shan 红杉 水杉 铁杉 冷杉　　　　2. sha 杉木 杉篙
省 1. sheng 节省 俭省 省略 省事 省得再来　2. xing 反省 省悟 省亲 不省人事
什 1. shen 什么　　　　　　　　　　　　2. shi 什锦 素什锦 什物
识 1. shi 常识 识别 识字 远见卓识　　　2. shi 知识 认识　　3. zhi 博闻强识
说 1. shuo 说话 说法 说客 道听途说　　2. shui 游说
熟 1. shu 熟练 熟手 熟悉 眼熟 滚瓜烂熟　2. shou(口语)饭熟了 面熟
属 1. shu 属于 属性 附属 亲属 下属　　2. zhu 属文 属望 前后相属
似 1. si 相似 似乎 类似 归心似箭　　　2. shi 似的
遂 1. sui 遂意 未遂 毛遂自荐　　　　　2. sui 半身不遂

【T】

提 1. ti 提出 提倡 提拔 提高 相提并论　2. di 提防

【W】

委 1. wei 委员 委托 委曲求全　　　　　2. wei 委蛇(同"逶迤")

【X】

虾 1. xia 鱼虾 虾仁 虾皮 龙虾　　　　2. ha 虾(蛤)蟆
吓 1. xia 吓唬 吓倒 惊吓 吓人 杀鸡吓猴　2. he 恐吓 恫吓 威吓
鲜 1. xian 鲜红 鲜明 屡见不鲜 数见不鲜　2. xian 朝鲜族
吁 1. xu 长吁短叹　　　　　　　　　　　2. yu 呼吁 吁请

【Y】

轧 1. ya 倾轧 轧棉花 轧花机　　　　　　2. zha 轧钢 轧辊 冷轧
要 1. yao 要求 要挟　　　　　　　　　　2. yao 要好 要害 要紧 提要 险要 要言
　　　　　　　　　　　　　　　　　　　　　不烦
掖 1. ye 把书掖在怀里　　　　　　　　　2. ye 奖掖 扶掖
殷 1. yin 殷实 殷切 殷勤　　　　　　　2. yan 殷红　　3. yin 殷殷(拟声词)
佣 1. yong 女佣 雇佣 佣工　　　　　　2. yong 佣金 佣钱

【Z】

择 1. ze 选择 择要 抉择 择优录取 饥不择食 2. zhai 择菜
涨 1. zhang 涨价 涨潮 高涨 水涨船高　　2. zhang 头昏脑涨 脸涨红了
种 1. zhong 种子 种族 品种 配种 谬种流传 2. zhong 种地 耕种 点种 栽种
钻 1. zuan 钻研 钻探 钻营 刁钻　　　　2. zuan 钻孔 钻床 钻头 金刚钻

第五节　音变训练

一、轻声

(一)轻声及轻声的调值和作用

在语音序列中有许多音节常常失去原有的声调，而读成一个又轻又短的调子，它不是四声之外的第五种声调，而是四声的一种特殊音变，在物理上表现为音长变短，音强变弱。轻声没有固定的调值，一般要根据前一个字的声调来确定，所以不标声调。

1. 读轻声的八种情况

(1) 语气词"吧，吗，啊，阿，呢"等读轻声；
(2) 助词"着，了，过，地，得，们"等读轻声；
(3) 名词后缀"头，子"等读轻声；
(4) 重叠词或重叠双音节动词读轻声，如"走走"；
(5) 表趋向的动词做补语时读轻声，如"太阳升起来了"中的"来"读轻声；
(6) 方位词，例如"上，下，左，右，前，后"等读轻声；
(7) 量词，例如"那个，那次，那盘"等读轻声；
(8) 作宾语的代词，例如"有人找你"中的"你"读轻声。

例如：地道(di 第四声 dao 第四声)——《地道战》是一部反映我抗日军民抗日故事的电影，电影中与日本鬼子的斗争在地道里展开。
地道(di 第四声 dao 平舌)——不错啊！北京土话说得还挺地道！
照应(zhao 第四声 ying第四声)——文中这两段是相互照应的关系。
照应(zhao 第四声 ying平舌)——两人一块出门，相互好有个照应。
东西(xi 一声，指方向)——在野外，看日出日落是辨别东西方向最基本的方法。
东西(xi 轻声，指物品)——人家在医院里躺着，好歹也该买点东西去看看啊！
兄弟(di 第四声)——好兄弟！咱人穷志可不能短啊！
兄弟(di 轻声)——我说兄弟，你这样的带这么多钱出门可得注意着点。
对头(tou 二声)——对头！你这个答案和我心里想的一模一样！
对头(tou 轻声)——他两个是对头，早年两家有过矛盾。

2．轻声音节调值的两种形式

(1) 当前面一个音节的声调是阴平、阳平、去声的时候，后面一个轻声音节的调形是短促的低降调，调值为31。例如：

(阴平轻声)他的　桌子　说了　先生　休息　玻璃　姑娘　清楚　家伙　庄稼
(阳平轻声)红的　房子　晴了　婆婆　活泼　泥鳅　粮食　胡琴　萝卜　行李
(去声轻声)坏的　扇子　睡了　弟弟　丈夫　意思　困难　骆驼　豆腐　吓唬

(2) 当前面一个音节的声调是上声的时候，后面一个轻声音节的调形是短促的半高平调，调值为44。例如：

(上声轻声)我的　斧子　起了　姐姐　喇叭　老实　脊梁　马虎　耳朵　使唤

轻声音节的音色也或多或少发生变化，最明显的是韵母发生弱化，例如元音(指主要元音)舌位趋向中央等。声母也可能产生变化，例如：不送气的清塞音、清塞擦音声母变为浊塞音、浊塞擦音声母等。

轻声音节的音节变化是不稳定的。语音训练只要求掌握已经固定下来的轻声现象，例如：助词"的"读，"了"读，缀"子"读，"钥匙"读，"衣裳"读。

实验语音学认为，音强在辨别轻重音方面起的作用很小。在普通话轻声音节中音强不起明显作用。轻声音节听感上轻短模糊，是心理感知作用。由于轻声音节音长短，读音时所需能量明显减少，但音强并不一定比重读音节弱。

(二)轻声的变读规律

轻声的作用主要是区别意义和词性，因而轻声的变读有一定的规律。
(1) 语气助词：啊、呀、哇、哪、吧、呢、吗、啦、呗。例如：
是啊　阿姨呀　好哇　看哪　吃吧　书呢　在家吗　毕业啦　不知道呗
(2) 时态助词：着、了、过。例如：
跪着　吃了　说过
(3) 结构助词：的、地、得。例如：
我的书　迅速地走了　拿得动那个箱子。
(4) 名词的后缀：子、头、们、巴、么。例如：
桌子　本子　孩子　锄头　石头　来头　他们　我们
你们　老师们　干巴　结巴　尾巴　多么　什么　怎么
(5) 方位词或词素：里、上、下、边等。例如：
家里　桌上　地下　那边
(6) 趋向动词：来、起来、去、上来、下去、过去、过来。
(7) 重叠式词的末一个音节。例如：

宝宝　公公　姥姥　叔叔　头头　奶奶　看看　试试　听听　写写　走走

(8) 作宾语的人称代词。例如：

找我　请你　叫他

(9) 口语中常用的双音词的第二个音节。例如：

大夫　编辑　闺女　苍蝇　柴火　打听　忘记　规矩　明白

(三)轻重音格式

在有声语言中，由于词义、词性的不同，或由于感情表达的需要，一个词的几个音节在言语表达中会产生轻重差异，或者是说一个音节在词语结构中并不总是读得一样重，而是有轻重区别的，从而形成了词语的轻重音格式。轻重音格式在普通话语流中非常重要，一个格式错了，要么听感上不顺耳，要么词语的意思表达不准确，甚至导致歧义的理解。

普通话中把音节读法上的轻重差异大致分为重、中、次轻和最轻四个级别。汉语的词可分为单音节词、双音节词、三音节词和四音节词。单音节词绝大多数重读，只有少数助词、语气词读作最轻音(即轻声)。我们需要重点把握好双音节词、三音节词和四音节词的轻重音格式的读法。只要多听、多记、多辨别、多练习，就能逐步形成符合普通话要求的轻重音格式的语感。

1. 双音节词语

1) "中－重"格式

天津　北京　广播　电视　人民　专家　配乐　田野　流水　花草
索要　到达　奉告　白云　正确　远足　清澈　雷锋　决斗　认真

2) "重－中"(即"重－次轻")格式

正月　战士　记者　作家　矛盾　工人　设施　人物　意义　打开
关于　道理　农民　参谋　意志　现象　气氛　编辑　文艺　服务

3) "重－最轻"格式

丈夫　老婆　人们　东西　钥匙　萝卜　丫头　月亮　活泼　牌楼
蘑菇　耳朵　傻子　甘蔗　提防　聪明　风筝　温和　功夫　作坊

2. 三音节词语

1) "中－次轻－重"格式

解放军　文学院　哲学系　邮电局　办公室　红领巾　播音员
日光灯　共产党　控制器　马兰花　展览馆　西红柿　来不及

2) "中－重－最轻"格式

老头子　大姑娘　巧媳妇　花骨朵　胡萝卜　老伙计　打牙祭

3) "重－最轻－最轻"格式
怪不得　朋友们　先生们　姑娘家　喝下去　跳过去　拿起来

3. 四音节词语

1) "中－次轻－中－重"格式
广播电台　高等学校　拖拖拉拉　吃吃喝喝　叽叽喳喳
驷马难追　逆水行舟　江山多娇　百炼成钢　四海为家

2) "中－次轻－重－最轻"格式
半大小子　拜把兄弟　外甥媳妇　闺女女婿　如意算盘

【轻声练习】

A
爱人　案子

B
巴掌　把子　靶子　爸爸　白净　班子　板子　帮手　梆子　膀子　棒槌　棒子
包袱　包涵　包子　豹子　杯子　被子　本事　本子　鼻子　比方　鞭子　扁担
辫子　别扭　饼子　拨弄　脖子　簸箕　补丁　步子　部分

C
裁缝　财主　苍蝇　差事　柴火　肠子　场子　厂子　车子　称呼　池子　尺子
虫子　绸子　除了　锄头　畜生　窗户　窗子　锤子　刺猬　凑合　村子

D
耷拉　答应　打扮　打点　打发　打量　打算　打听　大方　大爷　大夫　带子
袋子　耽搁　耽误　单子　胆子　担子　刀子　道士　稻子　灯笼　提防　笛子
底子　地道　地方　弟弟　弟兄　点心　调子　钉子　东家　东西　动静　动弹
豆腐　豆子　嘟囔　肚子　缎子　对付　队伍　对头　多么

E
蛾子　儿子　耳朵

F
贩子　房子　份子　风筝　疯子　福气　斧子

G
盖子　甘蔗　杆子　干事　杠子　高粱　膏药　稿子　告诉　疙瘩　哥哥　胳膊
鸽子　格子　个子　根子　跟头　工夫　弓子　公公　功夫　钩子　姑姑　姑娘
谷子　骨头　故事　寡妇　褂子　怪物　关系　官司　罐头　罐子　规矩　闺女
鬼子　柜子　棍子　锅子　果子

H

| 蛤蟆 | 孩子 | 含糊 | 汉子 | 行当 | 合同 | 和尚 | 核桃 | 盒子 | 红火 | 猴子 | 后头 |
| 厚道 | 狐狸 | 胡琴 | 糊涂 | 皇上 | 幌子 | 活泼 | 火候 | 伙计 | 护士 | | |

J

机灵	脊梁	记号	记性	夹子	家伙	架势	架子	嫁妆	尖子	茧子	剪子
见识	毽子	将就	交情	饺子	叫唤	轿子	结实	街坊	姐夫	姐姐	戒指
金子	精神	镜子	舅舅	橘子	句子	卷子					

K

| 咳嗽 | 客气 | 空子 | 口袋 | 口子 | 扣子 | 窟窿 | 裤子 | 快活 | 筷子 | 筐子 | 框子 |
| 困难 | 阔气 | | | | | | | | | | |

L

喇叭	喇嘛	篮子	懒得	浪头	老婆	老实	老爷	老子	姥姥	累赘	篱笆
里头	力气	厉害	利落	利索	例子	栗子	痢疾	连累	帘子	凉快	粮食
料子	林子	翎子	领子	溜达	聋子	笼子	炉子	路子	轮子	萝卜	骡子

M

妈妈	麻烦	麻利	麻子	马虎	码头	买卖	麦子	馒头	忙活	冒失	帽子
眉毛	媒人	妹妹	门道	眯缝	迷糊	面子	苗条	苗头	名堂	名字	明白
蘑菇	模糊	木匠	木头								

N

| 那么 | 奶奶 | 难为 | 脑袋 | 脑子 | 能耐 | 你们 | 念叨 | 念头 | 娘家 | 镊子 | 奴才 |
| 女婿 | 暖和 | 疟疾 | | | | | | | | | |

P

| 拍子 | 牌楼 | 牌子 | 盘算 | 盘子 | 胖子 | 狍子 | 盆子 | 朋友 | 棚子 | 脾气 | 皮子 |
| 痞子 | 屁股 | 片子 | 便宜 | 骗子 | 票子 | 漂亮 | 瓶子 | 婆家 | 婆婆 | 铺盖 | |

Q

| 欺负 | 旗子 | 前头 | 钳子 | 茄子 | 亲戚 | 勤快 | 清楚 | 亲家 | 曲子 | 圈子 | 拳头 |

R

| 热闹 | 人家 | 人们 | 认识 | 日子 | 褥子 | | | | | | |

S

塞子	嗓子	嫂子	扫帚	沙子	傻子	扇子	商量	上司	上头	烧饼	勺子
少爷	哨子	舌头	身子	什么	婶子	生意	牲口	绳子	师傅	师父	虱子
狮子	石匠	石榴	石头	时候	实在	拾掇	使唤	世故	似的	事情	柿子
收成	收拾	首饰	叔叔	梳子	舒服	舒坦	疏忽	爽快	思量	算计	岁数

T
他们　它们　她们　台子　太太　摊子　坛子　毯子　桃子　特务　梯子　蹄子
挑剔　挑子　条子　跳蚤　铁匠　亭子　头发　头子　兔子　妥当　唾沫

W
挖苦　娃娃　袜子　晚上　尾巴　委屈　为了　位置　位子　蚊子　稳当　我们
屋子

X
稀罕　席子　媳妇　喜欢　瞎子　匣子　吓唬　下巴　先生　乡下　箱子　相声
消息　小气　小子　笑话　谢谢　心思　星星　惺惺　行李　性子　兄弟　休息
秀才　秀气　袖子　靴子　学生　学问

Y
丫头　鸭子　衙门　哑巴　胭脂　烟筒　眼睛　燕子　秧歌　养活　样子　吆喝
妖精　钥匙　椰子　爷爷　叶子　衣服　衣裳　椅子　意思　银子　影子　应酬
柚子　冤枉　院子　月饼　月亮　云彩　运气

Z
在乎　咱们　早上　怎么　扎实　眨巴　栅栏　宅子　寨子　张罗　丈夫　帐篷
丈人　帐子　招呼　招牌　折腾　这个　这么　枕头　镇子　芝麻　知识　侄子
指甲　指头　种子　珠子　竹子　主意　主子　柱子　爪子　转悠　庄稼　庄子
壮实　状元　锥子　桌子　字号　自在　粽子　祖宗　嘴巴　作坊　琢磨

二、变调

(一)什么是变调

变调又称为连接变调，即是将声调变化之方法使用于字词音节并合上的处理。变调在梵文里意思为"合并在一起"。在所有的声调性语言里改变声调的程序是一种主动形态的作为，不过从某些方面看来也是一种语言上比较普遍的声调并合运作形态。

在中文里，最普通的变调规则即是在一组两个第三声的合音节中，须将合音节中领先的第一个音节提升到第二声。举例来说，nǐhǎo (汉语拼音，汉字的意思即：你好)为最普通的中文问候语，nǐ 与 hǎo 原调都是"第三声"，不过合音节第三声的 nǐ 须提升为"第二声" ní，"你好"要念为 níhǎo。

还有一个我们常用的是"一"，"一"在作为序数词或单独作数的情况或处于词末的情况下读阴平，如：第一、十一、统一。

在"去声"前面应读成"阳平" yí，如：一致、一切。

在"阳平和上声"前应读"去声" yì，如：一杯茶　一丝不苟、一条河、一群羊、一本万利。

在两个相同动词之间读轻声,如:看一看,读一读。

(二)口语的变调

有些多音字的不同读音,分别适用于不同语体。即在书面语言、复音词和成语中是一种读法,在口语中当单音词用,或在反映日常生活事物的某些复音词中,其语调要发生变化。例如:

(1) 差(书)chā:差别　差价　差额　阴差阳错　差强人意
(口)变调为 chà(阴平变去声):差不多　差一块　就差你一个　真差劲儿
(2) 逮(书)dài:逮捕　力有未逮
(口)变调为 dǎi(去声变上声):逮兔子　不知道上哪儿逮他去
(3) 翘(书)qiáo:翘首以待　翘楚　连翘
(口)变调为 qiào(阳平变去声):翘尾巴　翘胡子
(4) 塞(书)sài:要塞　边塞　出塞　塞翁失马,焉知非福
(口)变调为 sāi(去声变阴平):活塞　瓶塞　乱塞一气　塞得严严实实
因此,口语音节语调变化情况大致为阴阳上声与去声的互相转变,大多情况下是阴平、阳平调变化为去声调。

(三)不同语义环境中的变调

由于与不同的字义紧密联系,因此不少多音字的声调会随机发生变化。例如:
(1) 场(书)chǎng:场合　场面　场所　冷场　捧场
其他语境中变调为 cháng(上声变阳平):场院　圩场　外场　一场大雨　一场好戏
(2) 处 chǔ(有动作义):处分　处罚　处置　处理　处女
其他语境中变调为 chù(上声变去声):处长　处所　长处　益处　大处　深处
(3) 创 chuàng:首创　创办　创举　创新
chuāng(去声变阴平):创伤　创口　创(疮)痍
(4) 供 gōng:供应　供养　供求　提供
gòng(阴平变去声):供状　招供　供品　供养　供奉　供职　供认
(5) 量 liáng:量杯　测量　量身高　丈量土地
liàng(阳平变去声):数量　变量　最大限量　量体裁衣　量入为出
(6) 难 nán:难兄难弟(难得的兄弟,含贬义)　困难(可读轻声)　世上无难事
nàn(阳平变去声):难兄难弟(共患难的)　排难解纷　责难　发难
(7) 宁 níng:安宁　宁静　息事宁人
nìng(阳平变去声):宁可　宁愿　宁缺毋滥　宁为玉碎,不为瓦全
(8) 强 qiáng:强制　强渡　强化　强横　博闻强识
qiǎng(阳平变上声):勉强　牵强　强迫　强词夺理　强颜欢笑

可见，不同语义环境中的变调，大致情况也是阴平、阳平与去声调的互变，变为上声的情况相对较少。

(四) 不同语调环境中的变调

这种变调，常常是由后一个音节声调的影响引起的。在普通话中，这类变调又可分为以下几种情况。

1. "一、七、八、不"的变调

汉语中，"一、七、八、不"的变调有相同之处，我们先看例示。
(1) 一律 一处 一派 一岁 一块
本组词中，"一"之后全是去声字，"一"全部由本调阴平(一声)变为阳平(二声)调；
(2) 一番 一端 一庄(阴平字前变去声)；
(3) 一元 一群 一团(阳平字前变去声)；
(4) 一走了之 一两肉 一篓菜(上声字前变去声)；
(5) 七岁 七件 七次 八岁 八件 八次(本组中，"七、八"之后全是去声字，"七、八"全部由本调阴平调变为阳平调)；
(6) 不要 不够 不在(去声字前变阳平)。

为便于掌握，有口诀归纳如下。
"一、七、八、不"的变调同，去声前面变阳平；一字之外还要变，阴、阳、上前变去声。

相对而言，"一"的变调情况多一些，以上面口诀也可轻易掌握。另外，"一、不"还有变调为轻声的情况，其规律是：
相同动词有重叠，"一、不"居中变轻声。
例如：想一想 搞一搞 拉一拉 笑一笑 肯不肯 说不说 在不在 开不开

2. 上声的变调

上声调音节在单独念或在词语末尾、句子末尾的时候，不发生调值变化；除此之外，变调情况如下。
(1) 两个上声相连，前一个上声变得像阳平。
口诀：上上相连前像阳34。
例如：党委 美好 理想 勇敢 鼓舞
但在原为上声改读轻声的字音前，则有两种变调，有的变阳平，有的变"半上声(21)"。
口诀：上轻相连前21。
例如：想起 讲讲(上声变阳平)
姐姐 椅子(上声变半上)

如果连念的上声字不止两个，则可以根据词义适当分类按上述方法变调。快读时，也可只保留最后一个字音读上声，前面一律变阳平。

例如：小组长　讲语法　柳股长　小老虎

永远友好　转眼两载

我给你把雨伞打好　种马场养有五百匹好母马

(2) 在非上声前变为半上声 21(包括原为非上声改读轻声的字音前)。例如：

宝珠　北京　几斤　统一　祖国　海洋　满足　旅行　土地　解放　鼓励　踊跃　尾巴　起来　宝贝

3. 去声的变调

两个去声相连，前一个如果不是重读音节则变为半去声(53)：去去相连前 53。

例如：办事　快速　互助　大会

(五)形容词重叠式的变调

形容词重叠式的变调指的是在重叠式后加儿化尾和形容词后置词重叠以及出现轻读情况时的调值变化情况。例如：

(1) 好好儿的　大大儿的　慢慢儿的

这种加儿化尾情况，重叠式的第二个音节变调为阴平调。

(2) 亮堂堂　红彤彤　慢腾腾

其加点音节如果不是阴平调，一般均要变读为阴平调。

(3) 结结实实　漂漂亮亮　马马虎虎

其加双曲线音节变为轻声调，加点音节变为阴平调。

(六)叹词"啊"的变调

叹词"啊"的基本读音是"a"，但是随着表达感情的不同，也要相应发生变调。

(1) 当表示惊异和赞叹时，变调为阴平。

例如：①啊(ā)，下大雪啦！

②啊(ā)，今晚月色可真美呀！

(2) 当表示追问或难以相信的情感，变调为阳平调。

例如：①啊(á)？你说呀，你为什么回来了？

②啊(á)？这种话是他说出来的？

(3) 表示惊疑、为难时，变为上声调。

例如：①啊(ǎ)？这可怎么办呢？

②啊(ǎ)？让他去合适吗？

(4) 当表示应诺、认可，或表示明白过来了，或表示较强烈的惊异赞叹，变为去声调。

例如：①啊(à)，我是王连长，您是团长吗？

②祖国啊(à)，母亲！

三、儿化

(一)儿化及儿化的性质

儿化是指后缀"儿"的词的韵母带上卷舌音色彩的一种音变现象。被儿化了的韵母叫儿化韵。

"儿"不单独发音，它只提示在发音时候，"儿"字前面的音节带上卷舌音。儿化的规范标志：汉字用"儿"表示，汉语拼音用"r"表示。例如"雨点儿"(yǔdiǎnr)。儿化词中的"儿"没有实在的词汇意义，只是起到提示儿化的作用。非儿化词中的"儿"有实在的词汇意义，例如"婴儿"。

(二)儿化的作用

儿化词具有区分词义和词性的作用。儿化是否使韵母产生了音变，取决于韵母的最末一个音素发音动作是否与卷舌动作发生冲突(即前一个动作是否妨碍了后一个动作的发生)，若两者发生冲突，妨碍了卷舌动作，儿化时韵母发音就必须有所改变。

普通话中除er韵、ê韵外，其他韵母均可儿化。有些不同的韵母经过儿化之后，发音变得相同了，故归纳起来普通话39个韵母中只有26个儿化韵。

在普通话中，儿化具有区别词义、区分词性的功能，如"顶"作动词，"顶儿"作名词；"一点"是名词指时间，"一点儿"作量词，是"少量、少许"的意思。在具有区别词义和辨别词性作用的语境中，该儿化处理的地方一定要儿化，否则就会产生歧义。但在广播语言中尤其是政治类、科学类、学术类的节目中，对语言的严谨程度要求较高，要尽量少用儿化；在书面语言或比较正式的语言环境中也不宜多用儿化。

还有一类儿化是表示喜爱、亲切的感情色彩。如：脸蛋儿、花儿、小孩儿、电影儿。
表示少、小、轻等状态和性质，也常常用到儿化。如：米粒儿、门缝儿、蛋黄儿。

(三)儿化韵的发音

儿化韵的发音有两种情况。一种是韵母的发音同卷舌动作没有冲突，儿化时原韵母不变只加卷舌动作。韵母或韵尾是a、o、e、u、ê的音节属于这种情况。例如：

刀把儿 dāobàr 小猫儿 xiǎomāor
一下儿 yīxiàr 山歌儿 shāngēr
山坡儿 shānpōr 台阶儿 táijiēr
水珠儿 shuǐzhūr

另一种是韵母的发音同卷舌动作有冲突，儿化时要在卷舌的同时变更原来韵母的结构和音色。韵母或韵尾是 i、ü、-i、n、ng 的音节属于这种情况。由于变化情况比较复杂，需要分别加以分析说明。

(1) 韵母是 i、ü 的音节，保留原韵母，加卷舌音 er[r]。例如：

例词　拼写形式　实际读音

小米儿　xiǎomǐr　xiǎomiěr[-mir]

小驴儿　xiǎolǘr　xiǎolüér[-lyr]

(2) 韵母是 in、ün 的音节，去掉韵尾 n，再按韵母是 i、ü 的音节儿化。例如：

例词　拼写形式　实际读音

皮筋儿　píjīnr　píjiěr [-tir]

短裙儿　duǎnqúnr　duǎnquér[-tyr]

(3) 韵母是 -i 的音节，-i 失落，变成 er[r]。例如：

例词　拼写形式　实际读音

棋子儿　qízǐr　qízěr[-tsr]

树枝儿　shùzhīr　shùzhēr[-r]

(4) 韵尾是 i、n(in、ün 除外)的音节，去掉 i 或 n，在韵腹上加卷舌动作。例如：

例词　拼写形式　实际读音

蛋白儿　dànbáir　dànbár[-pr]

刀背儿　dāobèir　dāobèr[-pr]

同伴儿　tóngbànr　tóngbàr[-pr]

花脸儿　huāliǎnr　huāliǎr[-lir]

书本儿　shūběnr　shūběr[-pr]

(5) 韵尾是 ng 的音节，去掉 ng，主要元音鼻化。韵腹是 a、o、e 的，直接加卷舌动作；韵腹是 i 的，加[e]鼻化，同时加卷舌动作。例如：

例词　拼写形式　实际读音

鞋帮儿　xiébāngr　xiébr[-pr]

板凳儿　bǎndèngr　bǎndr[-t r]

药瓶儿　yàopíngr　yàopir[-pi ～ r]

需要说明的是，用拼音字母标注的儿化韵的"实际读音"，是示意性的，仅仅用以说明儿化以后韵母结构的变化，不是准确描写儿化以后的音值，原因在于汉语拼音字母对于描述音位的条件变体无能为力。儿化以后的读音要参照标注的国际音标来掌握。例如：

根gen　根儿ger[kr]

歌ge　歌儿ger[kr]

【儿化训练】

1) 朗读下列儿化词语

那儿	这儿	哪儿	把儿	字儿	水儿	事儿
词儿	盆儿	坠儿	准儿	错儿	子儿	座儿
叶儿	信儿	气儿	腿儿	调儿	瓷儿	尖儿
味儿	顺儿	伴儿	掉渣儿	号码儿	盖盖儿	
抽签儿	鞋带儿	下坡儿	门槛儿	脸蛋儿	人缘儿	
快板儿	笔杆儿	下班儿	小车儿	豆芽儿	面条儿	
药方儿	一下儿	小辫儿	一撇儿	差点儿	纽扣儿	
沿边儿	聊天儿	土豆儿	雨点儿	凉席儿	麦芒儿	
书本儿	有事儿	一片儿	拐弯儿	圆圈儿	小院儿	
大婶儿	火星儿	心眼儿	压根儿	打盹儿	三轮儿	
对门儿	电影儿	半道儿	自个儿	大伙儿	酒窝儿	
模特儿	多会儿	八成儿	没法儿	一对儿	秦桧儿	
干活儿	喜字儿	旁边儿	花瓣儿	串门儿	手印儿	
早早儿	年头儿	跟前儿	熊猫儿	松子儿	窍门儿	
绕远儿	半截儿	使劲儿				

2) 儿化音绕口令练习

进了门儿，倒杯水儿，喝了两口儿运运气儿，顺手儿拿起小唱本儿，
唱一曲儿，又一曲儿，练完了嗓子我练嘴皮儿，绕口令儿，练字音儿，
还有单弦牌子曲儿，小快板儿，大鼓词儿，越说越唱我越带劲儿。

(四)儿化应注意的问题

　　由于人口的流动和社会文化水准的提高，北京话里的儿化词有减少的趋势。处于较高文化层次的人，口语里的儿化现象越来越少，只在市井口语中还保留较多的儿化词。普通话以北京语音为标准音，应考虑到这一变化的趋势。那些在北京话里可儿化可不儿化的词，如"帮忙儿"、"凉席儿"之类，不宜作为儿化词吸收到普通话里来。

　　前边所说的"儿化韵"书写形式中的"儿"，并不代表一个单独的音节，而是就记录口语而言的。在朗读作品(诗歌、小说、散文等)过程中，除了人物对话中的和已经定型化了的儿化词以及上述有区别词义、词性作用的儿化词以外，非儿化词中的"儿"仍然要单独读作一个音节。例如："花儿为什么这样红"、"星儿闪闪"、"孤儿"、"男儿志在四方"、"女儿"、"幼儿"、"混血儿"等。

【思考】

(1) 什么是音变？普通话有哪些音变现象？
(2) 什么叫轻声？习惯上读轻声有哪几种情况？举例说明轻声的作用。
(3) 什么叫变调？普通话的变调有哪些？举例说明。
(4) 什么叫儿化？举例说明儿化的作用。

【训练】

1) 轻声词训练

爱人	案子	巴掌	把子	爸爸	白净	班子	板子	帮手	梆子	膀子	棒槌
棒子	包袱	包涵	包子	豹子	杯子	被子	本事	本子	鼻子	比方	鞭子
扁担	鞭子	别扭	饼子	拨弄	脖子	簸箕	补丁	步子	尺子	虫子	部分
裁缝	财主	苍蝇	差事	柴火	肠子	厂子	场子	车子	称呼	池子	绸子
除了	锄头	畜生	窗户	窗子	锤子	刺猬	凑合	村子	耷拉	答应	打扮
打点	打发	打量	打算	打听	大方	大爷	大夫	带子	袋子	耽搁	耽误
单子	胆子	担子	刀子	道士	稻子	灯笼	提防	笛子	底子	地道	地方
弟弟	弟兄	点心	调子	钉子	东家	东西	动静	动弹	豆腐	豆子	

肚子	库子	缎子	对付	对头	队伍	多么	蛾子	儿子	耳朵	贩子	房子
份子	风筝	疯子	福气	斧子	盖子	甘蔗	杆子	干事	杠子	高粱	膏药
稿子	告诉	疙瘩	哥哥	胳膊	鸽子	格子	个子	根子	跟头	工夫	弓子
公公	功夫	钩子	姑姑	姑娘	谷子	骨头	故事	寡妇	褂子	怪物	关系
官司	罐头	罐子	规矩	闺女	鬼子	柜子	棍子	锅子	果子	蛤蟆	孩子
含糊	汉子	行当	合同	和尚	核桃	盒子	红火	猴子	后头	厚道	狐狸
胡琴	糊涂	皇上	幌子	活泼	火候	伙计	护士	机灵	脊梁	记号	记性
夹子	家伙	架势	架子	嫁妆	尖子	茧子	剪子	见识	键子	将就	

轿子	结实	街坊	姐夫	姐姐	戒指	金子	精神	镜子	舅舅	橘子	句子
卷子	咳嗽	客气	空子	口袋	口子	扣子	窟窿	裤子	快活	筷子	框子
困难	阔气	喇叭	喇嘛	篮子	懒得	浪头	老婆	老实	老爷	老子	姥姥
累赘	篱笆	里头	力气	厉害	利落	利索	例子	栗子	痢疾	连累	帘子
凉快	粮食	料子	林子	翎子	领子	溜达	聋子	笼子	炉子	路子	轮子
萝卜	骡子	骆驼	妈妈	麻烦	麻利	麻子	马虎	码头	买卖	麦子	馒头
忙活	冒失	帽子	眉毛	媒人	妹妹	门道	眯缝	迷糊	面子	苗条	苗头
名堂	名字	明白	蘑菇	模糊	木匠	木头	那么	奶奶	难为	脑袋	脑子

你们	念叨	念头	娘家	镊子	奴子	女婿	暖和	疟疾	拍子	牌楼	牌子
盘算	盘子	胖子	狍子	盆子	朋友	棚子	脾气	皮子	痞子	屁股	片子
便宜	骗子	票子	漂亮	瓶子	婆家	婆婆	铺盖	欺负	旗子	前头	钳子
茄子	亲戚	勤快	清楚	亲家	曲子	圈子	拳头	裙子	热闹	人家	人们
认识	日子	褥子	塞子	嗓子	嫂子	扫帚	沙子	傻子	扇子	商量	上司
上头	烧饼	勺子	少爷	哨子	舌头	身子	什么	婶子	生意	牲口	绳子
师父	师傅	虱子	狮子	石匠	石榴	石头	时候	实在	拾掇	使唤	世故
似的	事情	柿子	收成	收拾	首饰	叔叔	梳子	舒服	舒坦	疏忽	爽快

他们	它们	她们	台子	太太	摊子	坛子	毯子	桃子	特务	梯子	蹄子
挑剔	挑子	条子	跳蚤	铁匠	亭子	头发	头子	兔子	妥当	唾沫	挖苦
娃娃	袜子	晚上	尾巴	委屈	为了	位置	位子	蚊子	稳当	我们	屋子
稀罕	席子	媳妇	喜欢	瞎子	匣子	下巴	吓唬	先生	乡下	箱子	相声
消息	小伙子	小气	小子	笑话	谢谢	心思	星星	猩猩	行李	性子	兄弟
休息	秀才	秀气	袖子	靴子	学生	学问	丫头	鸭子	衙门	哑巴	胭脂
烟筒	眼睛	燕子	秧歌	养活	样子	吆喝	妖精	钥匙	椰子	爷爷	叶子
衣服	衣裳	椅子	意思	银子	影子	应酬	柚子	冤枉	院子	月饼	月亮
咱们	早上	怎么	扎实	眨巴	栅栏	宅子	寨子	张罗	丈夫	帐篷	丈人
帐子	招呼	招牌	折腾	这个	这么	枕头	镇子	芝麻	知识	侄子	指甲
指头	种子	珠子	竹子	主意	主子	柱子	爪子	转悠	庄稼	庄子	壮实

洒脱	嫂嫂	山药	晌午	上边	烧麦	芍药	舍得	身份	身量	神甫	约莫
婶婶	生分	牲口	绳子	省得	尸首	师爷	时辰	使得	使唤	事情	寿数
书记	叔伯	熟识	属相	数落	刷子	摔打	爽快	顺当	说合	说和	思量
松快	俗气	素净	算计	随和	岁数	姨夫	已经	义气	益处	意思	硬朗
用处	油水	冤家									

2) 儿化音训练

a→ar	刀把儿	号码儿	戏法儿	在哪儿	找碴儿	打杂儿
板擦儿						
ai→ar	名牌儿	鞋带儿	壶盖儿	小孩儿	加塞儿	
an→ar	快板儿	老伴儿	蒜瓣儿	脸盘儿	脸蛋儿	收摊儿
	栅栏儿	包干儿	笔杆儿	门槛儿		
ang→ar(鼻化)	药方儿	赶趟儿	香肠儿	瓜瓢儿		
ia→iar	掉价儿	一下儿	豆芽儿			
ian→iar	小辫儿	照片儿	扇面儿	差点儿	一点儿	雨点儿

	聊天儿	拉链儿	冒尖儿	坎肩儿	牙签儿	露馅儿
	心眼儿					
iang→iar(鼻化)	鼻梁儿	透亮儿	花样儿			
ua→uar	脑瓜儿	大褂儿	麻花儿	笑话儿	牙刷儿	
uai→uar	一块儿					
uan→uar	茶馆儿	饭馆儿	火罐儿	落款儿	打转儿	拐弯儿
	好玩儿	大腕儿				
uang→uar(鼻化)	蛋黄儿	打晃儿	天窗儿			
üan→üar	烟卷儿	手绢儿	出圈儿	包圆儿	人缘儿	绕远儿
	杂院儿					
ei→er	刀背儿	摸黑儿				
en→er	老本儿	花盆儿	嗓门儿	把门儿	哥们儿	纳闷儿
	后跟儿	别针儿	一阵儿	走神儿	大婶儿	杏仁儿
	刀刃儿	高跟儿鞋	小人儿书			
eng→er(鼻化)	钢镚儿	夹缝儿	脖颈儿	提成儿		
ie→ier	半截儿	小鞋儿				
üe→üer	旦角儿	主角儿				
uei→uer	跑腿儿	一会儿	耳垂儿	墨水儿	围嘴儿	走味儿
uen→uer	打盹儿	胖墩儿	砂轮儿	冰棍儿	没准儿	开春儿
ueng→uer(鼻化)	小瓮儿					
-i(前)→er	瓜子儿	石子儿	没词儿	挑刺儿		
-i(后)→er	墨汁儿	锯齿儿	记事儿			
i→ier	针鼻儿	垫底儿	肚脐儿	玩意儿		
in→ier	有劲儿	送信儿	脚印儿			
ing→ier(鼻化)	花瓶儿	打鸣儿	图钉儿	门铃儿	眼镜儿	
	蛋清儿	火星儿	人影儿			
ü→üer	毛驴儿	小曲儿	痰盂儿			
ün→üer	合群儿					
e→er	模特儿	逗乐儿	唱歌儿	挨个儿	打嗝儿	饭盒儿
	在这儿					
u→ur	碎步儿	没谱儿	梨核儿	儿媳妇儿	泪珠儿	有数儿
ong→or(鼻化)	果冻儿	门洞儿	胡同儿	抽空儿	酒盅儿	
	小葱儿					
iong→ior(鼻化)	小熊儿					
ao→aor	红包儿	灯泡儿	半道儿	手套儿	跳高儿	叫好儿
	口罩儿	绝招儿	哨儿	蜜枣儿		

iao→iaor	鱼漂儿	火苗儿	跑调儿	面条儿	豆角儿	开窍儿	
ou→our	衣兜儿	老头儿	年头儿	小偷儿	门口儿	纽扣儿	
	线轴儿	小丑儿	加油儿				
iou→iour	顶牛儿	抓阄儿	棉球儿				
uo→uor	火锅儿	做活儿	大伙儿	邮戳儿	小说儿	被窝儿	
(o)→or	耳膜儿	粉末儿					

附录4 常用双音节轻声词语表

【A】
爱人
【B】
八哥 巴结 扒拉 爸爸 白净 摆布 扳手 棒槌 包袱 包涵 报酬 辈分 本子 蹦跶
鼻子 比方 比量 鞭子 扁担 辫子 便当 憋闷 别扭 拨拉 拨弄 伯伯 脖子 簸箕
补丁 部分 步子
【C】
财主 苍蝇 差事 柴火 掺和 颤悠 长处 厂子 车子 称呼 尺寸 虫子 抽搭 抽屉
出落 出息 锄头 畜生 窗户 窗子 伺候 刺猬 凑合 村子 错处
【D】
耷拉 答理 答应 打扮 打发 打量 打听 大爷 大夫 耽搁 耽误 胆子 担子 叨唠
刀子 倒腾 道士 灯笼 凳子 提防 嘀咕 底下 弟弟 弟兄 掂掇 点心 钉子 东边
懂得 动静 动弹 兜肚 斗篷 豆腐 嘟噜 嘟囔 肚子 队伍 对付 多么
【E】
恶心 儿子 耳朵
【F】
法子 房子 风筝 疯子 奉承 扶手 福分 福气 斧头 斧子 富余
【G】
盖子 干巴 甘蔗 高粱 膏药 稿子 告示 疙瘩 胳膊 哥哥 个子 跟头 根子 功夫
勾搭 估摸 姑姑 姑娘 谷子 骨头 故事 寡妇 官司 棺材 管子 罐头 逛荡 归置
规矩 闺女 棍子
【H】
哈欠 孩子 害处 含糊 寒碜 行当 好处 合同 和气 和尚 核桃 盒子 后头 厚道
厚实 狐狸 胡琴 胡子 葫芦 糊涂 护士 花哨 坏处 黄瓜 晃荡 晃悠 活泛 活计
活泼 火烧 伙计

【J】

叽咕　饥荒　机灵　脊梁　记得　记号　记性　嫉妒　家伙　价钱　架势　架子　嫁妆　奸细
煎饼　见识　将就　缰绳　讲究　交情　娇嫩　搅和　饺子　叫唤　结巴　结实　街坊　节气
姐夫　姐姐　芥末　戒指　进项　镜子　舅舅　橘子　句子　觉得

【K】

考究　磕打　咳嗽　客气　窟窿　苦处　裤子　快当　快活　筷子　宽敞　宽绰　框子　亏得
困难　阔气

【L】

拉扯　喇叭　喇嘛　来路　篮子　懒得　烂糊　牢靠　老婆　老实　老爷　累赘　冷清　篱笆
里头　力气　厉害　利落　利索　例子　莲蓬　链子　凉快　粮食　铃铛　菱角　领子　笼子
萝卜　骆驼　落得

【M】

妈妈　麻烦　麻利　马虎　码头　买卖　卖弄　麦子　馒头　忙乎　帽子　玫瑰　眉毛　妹妹
门路　门面　眯缝　迷糊　密实　棉花　免得　苗条　名堂　名字　明白　模糊　磨蹭　蘑菇
牡丹　木匠　木头

【N】

那么　奶奶　难为　脑袋　脑子　闹腾　能耐　你们　腻烦　年成　年月　黏糊　念叨　念头
娘家　扭搭　扭捏　奴才　女婿　暖和　疟疾　挪动

【P】

拍打　牌楼　牌子　盘缠　盘算　炮仗　朋友　皮匠　皮实　疲沓　脾气　屁股　篇幅　便宜
漂亮　苤蓝　瓶子　婆家　婆婆　笸箩　铺子

【Q】

欺负　漆匠　旗子　气性　前头　俏皮　亲戚　勤快　清楚　情形　亲家　圈子　拳头

【R】

热乎　热和　热闹　人们　认得　认识　任务　日子　软和

【S】

洒脱　嗓子　嫂嫂　嫂子　扫帚　沙子　山药　晌午　上边　上司　上头　烧饼　烧麦　芍药
少爷　舌头　舍得　身份　身量　身子　神甫　什么　婶婶　生分　牲口　绳子　省得　尸首
师父　师傅　师爷　狮子　石榴　石头　时辰　时候　拾掇　使得　使唤　事情　势力　收成
收拾　寿数　书记　叔伯　叔叔　舒服　舒坦　疏忽　熟识　属相　数落　刷子　摔打　爽快
顺当　说合　说和　思量　松快　俗气　素净　算计　随和　岁数

【T】

他们　踏实　摊子　抬举　态度　太太　梯子　踢腾　嚏喷　添补　笤帚　铁匠　停当　亭子
头发　唾沫　妥当

【W】
娃娃 瓦匠 袜子 外甥 外头 晚上 王爷 忘性 尾巴 委屈 位置 味道 温和 稳当
蚊子 窝囊 窝棚 我们

【X】
稀罕 席子 喜欢 虾米 下巴 吓唬 先生 显得 箱子 响动 相公 相声 消息 小气
晓得 笑话 歇息 鞋匠 谢谢 心思 薪水 星星 猩猩 腥气 行李 休息 秀才 秀气
絮烦 玄乎 学生 学问

【Y】
鸭子 牙碜 牙口 衙门 哑巴 雅致 胭脂 烟筒 严实 阎王 眼睛 砚台 燕子 央告
秧歌 养活 痒痒 样子 吆喝 妖精 钥匙 爷爷 衣服 衣裳 姨夫 已经 椅子 义气
益处 意思 影子 应酬 硬朗 用处 油水 冤家 冤枉 院子 约莫 月饼 月亮 月钱
云彩 匀溜 匀实

【Z】
杂碎 再不 在乎 咱们 早晨 早上 造化 怎么 扎实 咋呼 栅栏 张罗 丈夫 丈母
帐篷 招呼 招牌 找补 折腾 这么 针脚 枕头 芝麻 知识 直溜 指甲 指头 种子
主意 柱子 转悠 庄稼 壮实 状元 桌子 字号 祖宗 嘴巴 作坊 琢磨 做作

附录5　"重·次轻"格式词语表

【A】
阿门 爱护 爱惜 安顿 安排 安生 安慰 安稳 安置 暗下 傲气

【B】
巴望 把柄 把握 霸气 白菜 白露 摆弄 拜望 斑鸠 搬弄 办法 扮相 帮助 包庇
宝贝 报务 倍数 鼻涕 比喻 编辑 便利 表示 别是 病人 博士 布置

【C】
才气 材料 财神 参与 操持 岔口 差役 产物 产业 长度 敞亮 车钱 成绩 成全
承应 乘务 程度 程序 尺度 充裕 仇人 臭虫 处分 处置 春天 绰号 次数 次序
刺激 聪明 错误

【D】
答复 打开 待遇 担待 倒换 倒是 敌人 嫡系 地步 地势 地位 冬瓜 冬天 董事
动物 动作 斗笠 督促 读物 肚量 度量

【E】
恩人

【F】
翻译 反映 犯人 方便 方式 防备 分析 风气 凤凰 缝隙 伏天 服务 福利 富裕

【G】
干预 干部 根据 工程 购置 估计 观望

【H】
寒战(寒颤) 行业 和睦 会务 贿赂 货物 豁亮

【J】
吉他 纪律 技术 季度 家务 家业 价目 建筑 将军 讲求 匠人 将士 交代 交待
交际 交涉 较量 教育 接济 节目 节日 解释 界线 界限 今天 进度 进士 近视
经济 韭菜 救济 局势 剧目 觉悟 爵士 军人 军事

【K】
刊物 控制

【L】
老虎 礼数 里面 力度 利益 利用 联络 烈士 猎物 邻居 吝惜 灵气 零碎 伦巴

【M】
埋怨 面积 名分 命令 摩托 模样 目的

【N】
男士 男子 南瓜 南面 能手 女儿 女士 女子

【O】
偶尔

【P】
牌坊 喷嚏 批评 僻静 篇目 破费 菩萨

【Q】
蹊跷 气氛 气候 气量 气质 器物 器重 恰当 迁就 牵涉 牵制 前天 轻便 轻快
清静 请示 穷人 秋季 秋千 秋天 去处 趣味 权利 权力 劝慰

【R】
人物 荣誉 容易 若是

【S】
杀气 伤势 商议 设计 设置 射手 深度 甚至 生计 生物 声势 声音 省份 圣人
诗人 时务 实惠 食物 士气 世道 事故 事务 适应 嗜好 手气 手势 手艺 熟悉
树木 数目 耍弄 税务 顺序 硕士 私下 素质 速度 算是

【T】
太监 太阳 探戈 堂上 体会 天气 天上 添置 条理 调剂 统计 痛处 头目 腿脚
退伍 托福(~考试)

【W】
威风 围裙 维护 卫士 文凭 文书 文艺 武士 物质 误会 西瓜
【X】
习气 席位 媳妇 戏弄 系数 细致 下午 嫌弃 显示 羡慕 乡里 乡亲 香椿 项目
销路 孝敬 孝顺 效率 效益 效应 心计 信任 信用 信誉 刑具 刑事 形式 形势
兴致 性质 休克 序数 学问
【Y】
烟囱 延误 盐分 掩饰 样式 药材 药物 要不 业务 医务 仪器 仪式 贻误 遗弃
义务 艺术 意气 印台 印象 影壁 应承 勇士 犹豫 油性 右面 幼稚 于是 院士
愿望 月份 月季 乐器 运动(物质～、体育～)
【Z】
杂货 杂种 责任 债务 战士 账目 障碍 招待 这里 这样 珍惜 政治 职务 植物
制度 质量 秩序 智慧 智力 重量 重视 装饰 装置 壮士 姿势 滋味 字据 组织
左面 作物 作用

附录6 常用儿化词语表

【A】
挨个儿 挨门儿 矮凳儿 暗处儿 暗号儿 暗花儿 熬头儿
【B】
八成儿 八字儿 疤瘌眼儿 拔火罐儿 拔尖儿 白案儿 白班儿 白干儿
白卷儿 白面儿 百叶儿 摆谱儿 摆设儿 败家子儿 班底儿 板擦儿 半边儿
半道儿 半点儿 半截儿 半路儿 帮忙儿 绑票儿 傍晚儿 包干儿 宝贝儿
饱嗝儿 北边儿 背面儿 背气儿 背心儿 背影儿 贝壳儿 被单儿 被窝儿
本家儿 本色儿 奔头儿 鼻梁儿 笔调儿 笔架儿 笔尖儿 笔套儿 边框儿
变法儿 便门儿 便条儿 标签儿 别名儿 鬓角儿 冰棍儿 病根儿 病号儿
不大离儿 不得劲儿 不是味儿 布头儿
【C】
擦黑儿 猜谜儿 彩号儿 菜单儿 菜花儿 菜子儿 蚕子儿 藏猫儿 草底儿
草帽儿 茶馆儿 茶花儿 茶几儿 茶盘儿 茶座儿 差不离儿 差点儿 岔道儿
长短儿 长袍儿 敞口儿 唱本儿 唱高调儿 唱片儿 抄道儿 趁早儿 成个儿
秤杆儿 吃喝儿 吃劲儿 尺码儿 虫眼儿 抽筋儿 抽空儿 抽签儿 筹码儿
出活儿 出门儿 出名儿 出数儿 橱柜儿 雏儿 窗洞儿 窗花儿 窗口儿
窗帘儿 窗台儿 床单儿 吹风儿 槌儿 春卷儿 春联儿 戳儿 瓷瓦儿

词儿	葱花儿	从头儿	从小儿	凑热闹儿	凑数儿	粗活儿	醋劲儿	搓板儿

【D】

搭伴儿	答茬儿	搭脚儿	打蹦儿	打盹儿	打嗝儿	打滚儿	打晃儿	打价儿
打愣儿	打鸣儿	打谱儿	打挺儿	打眼儿	打杂儿	打转儿	大褂儿	大伙儿
大婶儿	带劲儿	带儿	单调儿	单个儿	单间儿	蛋黄儿	当面儿	当票儿
刀把儿	刀背儿	刀片儿	刀刃儿	道口儿	倒影儿	得劲儿	灯泡儿	底儿
底稿儿	底座儿	地方儿	地面儿	地盘儿	地皮儿	地摊儿	踮脚儿	点儿
点头儿	垫圈儿	电影儿	调号儿	调门儿	掉包儿	钓竿儿	碟儿	丁点儿
顶牛儿	顶事儿	顶针儿	定弦儿	动画片儿	兜儿	斗嘴儿	豆花儿	豆角儿
豆芽儿	逗乐儿	逗笑儿	独院儿	对过儿	对号儿	对口儿	对劲儿	对联儿
对门儿	对面儿	对味儿	对眼儿	多半儿	多会儿	朵儿		

【E】

摁钉儿	摁扣儿	耳垂儿	耳朵眼儿	耳根儿

【F】

发火儿	翻白眼儿	翻本儿	反面儿	饭馆儿	饭盒儿	饭碗儿	房檐儿	肥肠儿
费劲儿	坟头儿	粉末儿	粉皮儿	粉条儿	封口儿	风车儿	风儿	缝儿

【G】

旮旯儿	盖戳儿	盖儿	赶早儿	干劲儿	干活儿	高调儿	高招儿	稿儿
个儿	个头儿	各行儿	各样儿	跟班儿	跟前儿	工夫儿	工头儿	勾芡儿
钩针儿	够本儿	够劲儿	够数儿	够味儿	瓜子儿	挂名儿	乖乖儿	拐棍儿
拐角儿	拐弯儿	管儿	管事儿	罐儿	光板儿	光杆儿	光棍儿	鬼脸儿
蝈蝈儿	锅贴儿	过门儿						

【H】

哈哈儿	行当儿	好好儿	好天儿	好玩儿	好性儿	好样儿	号码儿	号儿
河沿儿	合股儿	合伙儿	合身儿	盒儿	黑道儿	红人儿	猴儿	后边儿
后跟儿	后门儿	胡同儿	花边儿	花卷儿	花瓶儿	花儿	花纹儿	花样儿
花园儿	花招儿	滑竿儿	话茬儿	画稿儿	还价儿	环儿	慌神儿	黄花儿
回话儿	回信儿	魂儿	豁口儿	火锅儿	火候儿	火炉儿	火苗儿	火星儿

【J】

鸡杂儿	急性儿	记事儿	家底儿	夹缝儿	夹心儿	加油儿	价码儿	假条儿
肩膀儿	箭头儿	讲稿儿	讲价儿	讲究儿	胶卷儿	胶水儿	脚尖儿	较真儿
叫好儿	叫座儿	接班儿	接头儿	揭底儿	揭短儿	解闷儿	解手儿	借条儿
紧身儿	劲头儿	镜框儿	酒令儿	酒窝儿	就手儿	卷儿	诀窍儿	绝招儿

【K】

开春儿	开花儿	开火儿	开窍儿	开头儿	坎肩儿	开小差儿	靠边儿	磕碰儿

科班儿 科教片儿 壳儿 可口儿 吭气儿 吭声儿 空手儿 空地儿 空格儿
空心儿 抠门儿 抠字眼儿 口袋儿 口风儿 口哨儿 口味儿 口信儿 口罩儿
扣儿 苦头儿 裤衩儿 裤兜儿 裤脚儿 裤腿儿 挎包儿 块儿 快板儿
快手儿 筐儿 葵花子儿

【L】
拉呱儿 拉链儿 拉锁儿 腊八儿 腊肠儿 来回儿 来劲儿 来头儿 篮儿
滥调儿 捞本儿 老伴儿 老本儿 老底儿 老根儿 老话儿 老脸儿 老人儿
老样儿 泪花儿 泪人儿 泪珠儿 累活儿 冷门儿 冷盘儿 愣神儿 离谱儿
里边儿 理儿 力气活儿 连襟儿 脸蛋儿 凉粉儿 凉气儿 两截儿 两口儿
两头儿 亮光儿 亮儿 聊天儿 裂缝儿 裂口儿 零花儿 零活儿 零碎儿
零头儿 领儿 领头儿 溜边儿 刘海儿 留后路儿 柳条儿 遛弯儿 篓儿
露面儿 露馅儿 露相儿 炉门儿 路口儿 轮儿 罗锅儿 落脚儿 落款儿
落音儿

【M】
麻花儿 麻绳儿 麻线儿 马竿儿 马褂儿 买好儿 卖劲儿 满分儿 满座儿
慢性儿 忙活儿 毛驴儿 毛衫儿 冒火儿 冒尖儿 冒牌儿 帽儿 帽檐儿
没词儿 没地儿 没法儿 没劲儿 没门儿 没谱儿 没趣儿 没事儿 没头儿
没样儿 没影儿 煤球儿 媒婆儿 美人儿 美术片儿 谜儿 门洞儿 门房儿
门槛儿 门口儿 门帘儿 猛劲儿 米粒儿 蜜枣儿 猕猴儿 面条儿 面团儿
苗儿 瞄准儿 明情理儿 明儿 名词儿 名单儿 名片儿 摸黑儿 模特儿
末了儿 墨盒儿 墨水儿 墨汁儿 模样儿 木头人儿

【N】
那会儿 哪儿 哪样儿 纳闷儿 奶名儿 奶皮儿 奶嘴儿 南边儿 南面儿
脑瓜儿 脑门儿 闹病儿 闹气儿 泥人儿 拟稿儿 年根儿 年头儿 念珠儿
鸟儿 牛劲儿 纽扣儿 农活儿 努嘴儿 挪窝儿

【O】
藕节儿

【P】
拍儿 牌号儿 牌儿 派头儿 盘儿 旁边儿 胖墩儿 刨根儿 跑堂儿
跑腿儿 配对儿 配件儿 配角儿 喷嘴儿 盆景儿 皮猴儿 皮夹儿 皮儿
偏方儿 偏旁儿 偏心眼儿 片儿 票友儿 拼盘儿 瓶塞儿 平手儿 评分儿
坡儿 破烂儿 铺盖卷儿 蒲墩儿 蒲扇儿 谱儿

【Q】
漆皮儿 旗袍儿 棋子儿 起劲儿 起名儿 起头儿 起眼儿 气球儿 汽水儿
签儿 千层底儿 前边儿 前脚儿 前面儿 前儿 前身儿 钱串儿 钱票儿

枪杆儿 枪眼儿 枪子儿 腔儿 墙根儿 墙头儿 抢先儿 桥洞儿 瞧头儿
悄没声儿 巧劲儿 俏皮话儿 亲嘴儿 轻活儿 球儿 蛐蛐儿 取乐儿 曲儿
圈儿 缺口儿 缺嘴儿

【R】
瓤儿 让座儿 绕道儿 绕口令儿 绕圈儿 绕弯儿 绕远儿 热门儿 热闹儿
热天儿 热心肠儿 人家儿 人头儿 人味儿 人样儿 人影儿 人缘儿 日记本儿
日月儿 绒花儿 绒球儿 肉包儿 肉片儿 肉脯儿 肉丝儿 褥单儿 入门儿
入味儿

【S】
撒欢儿 撒娇儿 撒酒疯儿 撒手儿 塞儿 三弦儿 嗓门儿 沙果儿 沙瓤儿
砂轮儿 傻劲儿 色儿 山根儿 闪身儿 扇面儿 上班儿 上辈儿 上边儿
上火儿 上劲儿 上款儿 上联儿 上面儿 上身儿 上座儿 捎脚儿 哨儿
伸腿儿 身板儿 身量儿 身子骨儿 神儿 婶儿 实心儿 石子儿 使劲儿
市面儿 事儿 事由儿 是味儿 收口儿 收条儿 手边儿 手戳儿 手绢儿
手套儿 手头儿 手腕儿 手心儿 手印儿 书本儿 书签儿 书桌儿 熟道儿
熟人儿 树梢儿 树荫儿 数码儿 耍心眼儿 双料儿 双响儿 双眼皮儿 水饺儿
水牛儿 水印儿 顺便儿 顺道儿 顺脚儿 顺口儿 顺路儿 顺手儿 顺嘴儿
说话儿 说情儿 说头儿 说闲话儿 撕票儿 丝儿 死胡同儿 死心眼儿 死信儿
四边儿 四合院儿 松劲儿 松紧带儿 松仁儿 松子儿 送信儿 俗话儿 酸枣儿
蒜瓣儿 蒜黄儿 蒜泥儿 算盘儿 算数儿 随大溜儿 随群儿 碎步儿 岁数儿
孙女儿 榫儿 锁链儿

【T】
台阶儿 抬价儿 摊儿 痰盂儿 谈天儿 糖葫芦儿 趟儿 挑儿 桃仁儿
讨好儿 套间儿 套儿 蹄筋儿 提成儿 提花儿 替班儿 替身儿 天边儿
天窗儿 天儿 天天儿 甜头儿 挑刺儿 条儿 跳高儿 跳绳儿 跳远儿
贴身儿 帖儿 听信儿 同伴儿 铜子儿 筒儿 偷空儿 偷偷儿 头儿
头头儿 图钉儿 土豆儿 土方儿 腿儿 脱身儿 托儿

【W】
娃儿 袜套儿 袜筒儿 外边儿 外号儿 外间儿 外面儿 外甥女儿 外套儿
弯儿 玩儿 玩意儿 腕儿 围脖儿 围嘴儿 卫生球儿 味儿 纹路儿
窝儿 物件儿

【X】
西边儿 稀罕儿 媳妇儿 戏班儿 戏本儿 戏词儿 戏法儿 细活儿 虾仁儿
下巴颏儿 下半天儿 下边儿 下联儿 下手儿 弦儿 闲话儿 闲空儿 闲篇儿
闲气儿 显形儿 现成儿 线头儿 馅儿 香肠儿 香瓜儿 香火儿 香水儿

箱底儿	响动儿	相片儿	像样儿	橡皮筋儿	消食儿	小白菜儿	小半儿	小辈儿
小辫儿	小不点儿	小菜儿	小抄儿	小车儿	小丑儿	小葱儿	小调儿	小工儿
小褂儿	小孩儿	小脚儿	小锣儿	小帽儿	小米儿	小名儿	小跑儿	小钱儿
小曲儿	小人儿	小嗓儿	小舌儿	小市儿	小说儿	小偷儿	小性儿	小灶儿
笑话儿	笑脸儿	笑窝儿	楔儿	歇腿儿	邪道儿	邪门儿	斜纹儿	斜眼儿
鞋帮儿	蟹黄儿	心肝儿	心坎儿	心路儿	心窝儿	心眼儿	信皮儿	信儿
杏儿	杏仁儿	胸脯儿	袖口	袖儿	袖筒儿	绣花儿	旋涡儿	

【Y】

鸭子儿	牙口儿	牙签儿	牙刷儿	芽儿	雅座儿	压根儿	烟卷儿	烟头儿
烟嘴儿	言声儿	沿儿	眼角儿	眼镜儿	眼皮儿	眼圈儿	眼儿	眼神儿
眼窝儿	羊倌儿	腰板儿	腰花儿	咬舌儿	咬字儿	药方儿	药面儿	药片儿
药水儿	药丸儿	药味儿	要价儿	爷们儿	页码儿	衣料儿	一半儿	一边儿
一道儿	一点儿	一会儿	一块儿	一溜烟儿	一溜儿	一气儿	一身儿	一手儿
一顺儿	一下儿	一早儿	一阵儿	一总儿	音儿	因由儿	阴凉儿	月牙儿
阴影儿	瘾头儿	印花儿	印儿	应声儿	营生儿	迎面儿	影片儿	影儿
应景儿	硬面儿	硬手儿	油饼儿	油花儿	油门儿	油皮儿	邮包儿	邮戳儿
有点儿	有门儿	有趣儿	有数儿	右边儿	榆钱儿	鱼虫儿	鱼漂儿	雨点儿
原封儿	原主儿	圆圈儿	院儿	约会儿	约数儿	月份儿		

【Z】

咂嘴儿	杂牌儿	杂耍儿	杂院儿	脏字儿	枣儿	早早儿	渣儿	栅栏儿
宅门儿	沾边儿	掌勺儿	掌灶儿	长相儿	账本儿	账房儿	找茬儿	罩儿
照面儿	照片儿	照样儿	这会儿	这儿	这样儿	针鼻儿	针箍儿	针眼儿
枕席儿	阵儿	整个儿	正座儿	汁儿	支招儿	枝儿	直溜儿	直心眼儿
侄儿	侄女儿	纸钱儿	指名儿	指望儿	指印儿	中间儿	盅儿	钟点儿
种花儿	重活儿	轴儿	皱纹儿	珠儿	猪倌儿	竹竿儿	主角儿	主心骨儿
住家儿	抓阄儿	爪尖儿	爪儿	转角儿	转脸儿	转弯儿	装相儿	坠儿
准儿	桌面儿	滋味儿	滋芽儿	字面儿	字儿	字帖儿	字眼儿	走板儿
走道儿	走调儿	走神儿	走味儿	走样儿	嘴儿	昨儿	作料儿	左边儿
坐垫儿	座儿	座位儿	做伴儿	做活儿	做声儿			

附录7 上声相连变调双音节词语表

【A】

矮小

【B】
把柄 靶场 把守 百感 板斧 板眼 版本 绑腿 宝塔 保管 保举 保姆 保守 保险
保养 堡垒 饱满 北纬 本领 本色儿 本土 绷脸 彼此 笔法 笔挺 笔筒 笔洗
笔者 匕首 比拟 比武 扁柏 表尺 表姐 表土 表演 补给 补角 补考 补品 补养
补语

【C】
采访 采暖 采取 采种 踩水 彩礼 草本 草草 草稿 草莽 草拟 草体 草写 草纸
产品 场景 场所 厂长 炒米 吵嚷 吵嘴 扯谎 耻骨 耻辱 尺码 楚楚 处理 处女
处暑 处死 蠢蠢

【D】
打靶 打倒 打赌 打盹儿 打鼓 打滚 打扰 打扫 打铁 打响 打眼 胆敢 胆管
党委 党羽 倒把 倒手 捣鬼 捣毁 导管 导体 导演 岛屿 底稿 诋毁 抵挡 点火
典礼 典雅 碘酒 顶点 顶嘴 斗胆 抖擞 赌本 短跑 短少 短语 躲闪

【E】
耳语

【F】
法宝 法网 法语 砝码 反比 反悔 反感 反响 反省 仿古 匪首 粉笔 辅导 府邸
俯角 腐乳 腐朽 抚养 辅佐

【G】
改悔 改口 改写 改选 改组 赶紧 赶巧 赶走 感慨 感染 感想 港口 搞鬼 稿纸
给以 耿耿 梗死 梗阻 拱手 苟且 枸杞 鼓手 鼓舞 鼓掌 古板 古典 古董 古老
古朴 骨髓 谷雨 拐角 管保 管理 广场 鬼脸 滚滚 滚筒 果脯 果敢 果品

【H】
海产 海岛 海底 海港 海里 海马 海米 海藻 好比 好感 好久 好手 好转 虎口
缓缓 悔改 火把 火海 火警 火腿 火种

【J】
济济 脊髓 给养 给予 甲板 假使 假死 检举 检讨 简短 简谱 剪彩 剪影 剪纸
减产 减法 减免 减少 检点 俭朴 俭省 奖品 奖赏 讲稿 讲解 讲理 讲演 搅扰
脚本 脚掌 解渴 解体 仅仅 尽管 警犬 警醒 酒鬼 久仰 久远 举止 矩尺 圈尺

【K】
卡尺 咯血 楷体 坎坷 考场 考古 考取 拷打 可鄙 可耻 可好 可口 可巧 可取
可体 可喜 可以 恳请 口齿 口角 口紧 口水 口吻 口语 苦楚 苦胆 苦海 苦恼
苦水 傀儡 捆绑

【L】
懒散 朗朗 老板 老虎 老茧 老手 老鼠 老小 冷场 冷暖 冷水 冷眼 冷饮 理睬

理解　理想　礼品　脸谱　两可　两手　了解　凛凛　领导　领海　领口　领取　领土　笼统
鲁莽　旅馆

【M】
马脚　玛瑙　蚂蚁　美感　美好　美满　米酒　勉强　腼腆　渺小　敏感　母语　拇指

【N】
奶粉　奶水　奶嘴　脑海　脑髓　恼火　拟稿　扭转　女子　努嘴

【O】
偶尔　藕粉

【P】
跑表　跑马　跑腿儿　捧场　漂染　撇嘴　品种　谱表　谱曲　谱写　普选

【Q】
启齿　乞讨　起笔　起草　起点　起稿　起火　起码　起跑　起早　浅显　遣返　抢险　抢嘴
襁褓　请柬　请帖　取保　取景　取暖　取巧　取舍　龋齿　曲谱　犬齿　犬马

【R】
染指　乳母　软骨

【S】
洒扫　扫尾　傻眼　闪闪　赏脸　少礼　少许　审处　审理　审美　婶母　省俭　省长　使馆
使者　矢口　始祖　守寡　手笔　手表　手法　手感　手稿　手鼓　手脚　手紧　手巧　手软
手写　手癣　手语　手掌　手纸　手指　首府　首肯　首领　首脑　首尾　首长　守法　数九
甩手　爽口　爽朗　水笔　水表　水彩　水草　水产　水果　水火　水碱　水饺　水井　水鸟
水手　水塔　水桶　水土　水藻　水肿　水准　死板　死党　死角　死守　死水　榫眼　索取
索引　所属　所以　所有　锁骨

【T】
倘使　躺椅　讨好　讨巧　体检　体统　体癣　铁板　铁笔　铁饼　铁甲　铁水　铁索　铁塔
挺举　统属　统统　土产　土法　土匪　土改　土壤　吐口　腿脚

【W】
瓦解　婉转　晚场　晚点　晚景　枉法　往返　往往　萎靡　委婉　猥琐　尾骨　稳妥　武打
五彩　舞场　舞蹈　舞女　舞曲　五谷　侮辱　五指

【X】
洗澡　喜酒　喜雨　洗礼　洗手　洗雪　显眼　显影　险阻　想法　享有　小产　小丑　小鬼
小脚　小姐　小楷　小米　小脑　小跑　小品　小巧　小曲儿　小写　小雨　小组　写法
醒酒　许久　许可　选本　选举　选取　选手　选种　雪耻

【Y】
哑场　演讲　掩体　眼底　眼睑　眼角　养老　仰角　仰泳　窈窕　野火　野史　也许　以免
以往　以远　饮水　引导　引起　隐语　影响　永久　永远　勇敢　勇猛　有底　有点儿

有理 有请 有喜 友好 予以 雨点 雨伞 雨水 语法 远古 远景 远祖 允许

【Z】
早产 早场 早点 早晚 早已 早早 眨眼 斩首 展览 辗转 掌管 掌嘴 长老 长者
长子 诊所 整理 整体 整整 趾甲 咫尺 纸板 纸捻 指导 指点 指使 指引 只管
只好 只有 种种 主笔 主导 主管 主讲 主考 主使 主体 主演 主语 主宰 主旨
转角 转脸 转手 转眼 转载 准保 准许 准予 子女 总得 总揽 总理 总体 总统
总长 走板 走访 走狗 走火 走眼 走嘴 组稿 组曲 组长 祖母 阻挡 嘴角 嘴紧
嘴脸 左手

第六节 语调训练

一、停顿

(一)什么是停顿

停顿是指朗读过程中声音的断和连。我们在朗读时,既不能一字一停,断断续续地进行,也不能字字相连,一口气念到底,无论是朗读者还是听众,无论是生理要求,还是心理要求,朗读中的停顿都是必不可少的,它既是显示语法结构的需要,更是明晰表达、传达感情的需要。

(二)停顿与标点符号的关系

1. 一致关系

书面语中的标点符号有着不可忽视的作用,朗读的停顿必须服从标点符号,多数情况下,书面语中有标点符号的地方同朗读时的需要有停顿的地方是一致的。

一般地说,句号、问号、感叹号的停顿比分号长些;分号的停顿要比逗号长些;逗号的停顿比顿号长些;而冒号的停顿则有较大的伸缩性,它的停顿有时相当于句号,有时相当于分号,有时只相当于逗号。例如:

正像达尔文发现有机界发展规律一样,马克思发现了人类历史发展规律,即历来为纷繁芜杂的意识形态所掩盖的一个简单事实:///人们首先必须吃、喝、住、穿,/然后才能从事政治、科学、艺术、宗教等;//所以,直接的物质生活资料的生产,从而一个民族或一个时代的一定的经济阶段,便构成了基础,人们的国家制度、法的观点、艺术以至宗教观念,/就是从这个基础上发展起来的,因而也必须由这个基础来解释。而不是像过去那样做得相反。(恩格斯《在马克思墓前的讲话》)

这段话中凡是有标点的地方,朗读时都必须停顿,而且要根据不同的点号,实行长短不同的停顿。

2. 不一致关系

有时，书面语的标点同朗读中的停顿也有不一致的地方。可以分为两种情况：①没有标点却要停顿。例如：被你从你的公馆门口/一脚踢开的/那个讨钱的老太婆//现在怎么样了？(马克·吐温《竞选州长》)朗读这句话时，必须在"老太婆"后作一停顿，才能将语意比较明晰地传达给听众。如果一口气念下去，中间不作停顿，则必然混沌一片，模糊不清。再如：始终微笑的和蔼的刘和珍君//确是//死掉了。(鲁迅《记念刘和珍君》)②句中有标点，却不停顿。试看下面一段话： 桌子放在堂屋中央，系长桌帏，她还记得照旧去分配酒杯和筷子。"祥林嫂，你放着吧，我来摆。"四婶慌地忙说。她讪讪地缩了手，又去取烛台。"祥林嫂，你放着吧，我来拿。"四婶又慌忙地说。 (鲁迅《祝福》) 在句中画线的地方可以不停顿，一气读出，这样处理，可以突出四婶的紧张心理——"千万不要碰！"反映出对吃人的封建礼教的深刻揭露和鞭挞。

(三)各种不同性质的停顿

(1) 顺应语法的停顿。这类停顿可以依据标点来处理，有时也可以突破标点的限制。

(2) 显示层次的停顿。文章的层次可以借助于朗读者的停顿得到显示。一般说来，文章中的节(段)这样的大层次比较容易划分，而一节(或一段)文字，甚至一句话中，也往往有更小更细的层次，划分这些层次并用朗读中的停顿表现出来，就不是一件容易的事。如：①头上扎着白头绳，/乌裙，蓝夹袄，月白背心，//年纪大约二十六七，///脸色青黄，但两颊却还是红的。(鲁迅《祝福》)②她一手提着竹篮，/内中一个破碗，/空的；//一手拄着一支比她更长的竹竿，/下端开了裂：///她分明已经纯乎是一个乞丐了。(鲁迅《祝福》)

(3) 体现呼应的停顿。文章中的呼应关系在朗读时主要通过停顿来体现的。全篇整体性的呼应较易把握，而文章中局部的呼应关系往往由于朗读者的忽略而造成中断，或呼应模糊，因此影响了语意的表达。如：①在建设工作中，犯一些错误，有一些缺点，是难免的。问题在/于对待缺点错误的态度。(吴晗《论谦虚》)②这小燕子，便是我们故乡的那/一对，两对么？(郑振铎《海燕》)

(4) 指向强调的停顿。为了突出句中某些重要词语，引起听众的注意，加深听众的印象，可以在这些词语的前面或后面稍加停顿，这便是强调性的停顿。如：惨象，已使我目不忍视了；流言，尤使我耳不忍闻。我还有什么话可说呢？我懂得衰亡民族之所以默无声息的缘由了。沉默呵，沉默呵！不在沉默中/爆发，就在沉默中/灭亡。(鲁迅《记念刘和珍君》)朗读最后一句时，如果在"爆发"和"灭亡"的前面作一停顿，就可以使听众充分感受到这里发出了"不爆发即灭亡"的呼告及对读者投入斗争的召唤。再如：有的人活着 / 他已经死了； / 有的人死了 / 他还活着。

(5) 表达音节的停顿。朗读诗词时，必须用停顿来表达音节，以加强节奏感。如：①白发/三千丈，缘愁/似个长。不知/明镜里，何处/得秋霜？(二三式)②竹外/桃花/三两枝，春江/

水暖/鸭先知。蒌蒿/满地/芦芽短，正是/河豚/欲上时。(二二三式)③北国/风光，千里/冰封，万里/雪飘。望/长城内外，帷余/莽莽；大河/上下，顿失/滔滔。山舞/银蛇，原驰/蜡象，欲与/天公/试比高。须/晴日，看/红装素裹，分外/妖娆。(毛泽东《沁园春·雪》)

(6) 区别语意的停顿。书面语中的某些歧义短语和句子，可以用朗读的停顿来揭示其不同的语法结构，从而表达不同的意义。如：

①A. 改正/错误的意见(动宾短语) B. 改正错误的/意见(偏正短语)

②A. 通知到了(补充短语) B. 通知/到了(主谓短语)

③A. 我不相信他是坏人(他不是坏人) B. 我不相信/他是坏人(他是坏人)

(7) 避免误读的停顿朗读中，停顿还有一种区别意义的作用。如：魂灵的有无，我不知道；然而在现世，则无聊生者/不生，即使厌见者/不见，为人为己，也还都不错。(鲁迅《祝福》)

二、重音

(一)什么是重音

在朗读中，为了准确地表达语意和思想感情，有时强调那些起重要作用的词或短语，被强调的这个词或短语通常叫重音，或重读。

在由词和短语组成的句子中，组成句子的词和短语在表达语意和思想感情的时候，不是平列地处在同一个地位上。有的词、短语在表达语意和思想感情上显得十分重要，而与之相比较，另外一些词和短语就处于一个较为次要的地位上，所以有必要采用重音。

同样一句话，如果把不同的词或短语确定为重音，整个句子的意思也就发生了很大的变化，如：

A. 我请你跳舞(请你跳舞的不是别人)

B. 我请你跳舞(怎么样，给面子吧)

C. 我请你跳舞(不请别人)

D. 我请你跳舞(不是请你唱歌)

(二)确定重音的依据

(1) 依据结构。有些句子，平平常常，没有特殊的感情色彩，也没有什么特别强调的意味。这种句子的重音可以依据其语法结构来确定。一般地，需要重读的有短句中的谓语、宾语、定语、状语、补语、有些代词，这类重音叫做语法重音或意群重意音。这类重音在朗读时不必过分强调，只要比其他音节读得重些就可以了。

(2) 依据语意和感情。有些句子或由于构造复杂，或由于表意曲折，或由于感情特殊，它的重音往往不能一下子确定，必须联系上下文，对它细加观察，进行认真推敲，尤其要把它放到特定的语言环境中加以考察，才能确定其重音，通常把这类重音叫做逻辑重音(强调重音)或感情重音。它同语法重音有时是一致的，有时则是不一致的。当逻辑重音(感情重音)或语法重音不一致时，后者必须服从前者。

(三)各种类型的重音

1. 突出语意区别的重音

这类重音意在显示语意中的某些差异，这些差异往往是句意的重心所在，必须加以强调。其中有：

1) 并列性的重音

当然，能够只是送出去，也不算坏事情，一者见得丰富，二者见得大度。(鲁迅《拿来主义》)

2) 对比性重音

我爱热闹，也爱冷静，爱群居，也爱独处。(朱自清《荷塘月色》)

2. 突出句子关系的重音

这类重音意在表现句子(特别是复句)中的各种不同的语法关系，以此来强调句子是某种内在的逻辑关系。其中有：

1) 转折性的重音

他们可以承担一个浩大的战争，可以承担重建家园的种种艰辛，可是却承担不了如此沉重的离情。(魏巍《依依惜别的深情》)

2) 呼应性的重音

文章中某些体现呼应关系的词语要重读。如：

用什么来表达自己的心意呢？战士们又有什么呢，他们只有一双结着硬茧的手，一颗赤诚的心。(魏巍《依依惜别的深情》)

3. 突出修辞色彩的重音

这类重音意在鲜明体现句子中某些修辞现象，这些不同的修辞色彩的语言表现力最强的地方，最能体现文章的旨意。其中有：

(1) 词语的锤炼。如：

真的猛士，敢于直面惨淡的人生，敢于正视淋漓的鲜血。(鲁迅《纪念刘和珍君》)

(2) 比喻。

重读文章中的比喻性词语，可以使被比喻的事物生动形象，加深对所描写事物或阐明道理的理解。但要注意，有比喻词的比喻句，不要重读比喻词"像"、"好像"、"仿佛"等。如：

如果说瞿塘峡像一道闸门，那么巫峡简直像江上一条迂回曲折的画廊。(刘白羽《长江三日》)

三、升降

升降是句调的主要内容。句调是指贯穿全句的音高模式,主要是升降,另外还有平调和曲调。音高模式又称旋律模式,即全句的乐调。汉语由于有字调(音节的四声和轻声,以及连续变调)又有句调,不同于西方语言的只有句调,所以乐调特别著名。语调则包括轻重音、停连和句调,这是广义的。狭义的语调单指句调。普通话测试中主要是广义的。

升降的功能类别。

(1) 陈述语气用正常句调,其特征是三四个音节的短句,没有特殊的变化。比较长的句子,有句末略微降低的趋势。如:

小猫儿没捉着蜻蜓,空着手回到河边来。

(2) 先扬后抑:即先升后降,它的幅度大于正常语调。如:

说起游泳啊,我忘了带游泳衣来了。

(3) 典型的降尾。如:

那地方啊,有山,有湖,有水,有树。(表示热烈)

你不懂,我讲给你听。(叫对方注意)

先生!(意思是:你错了,先生!)

先生!(后字轻,正常语调,表示客气)

真聪明!(末字轻声,实为否定)

真聪明!(正常语调,表赞扬)

(4) 疑问句的句尾不一定都是升调,主要取决于句子里有没有表示疑问的代词和语气词。如果有,往往不用升调;如果没有,需用升调。如:

你怎么了?(特指问)

我没怎么。/我没什么。(陈述)

(5) 典型的升尾。如:

一定得上山?

那儿没人?

不能不走?

不是?

(6) 加大音程的高低幅度:高的更高,低的更低。如:

行啦,进来吃饭吧!

我不明白你是什么意思。

(7) 平调:多用在思索等场合。如:

对啦,让我想一想,我是1988年认识他的。

要说奖赏嘛,我就想要一块祖国解放纪念章。

【思考】

(1) 什么是停顿？停顿一般分哪几类？

(2) 什么是重音？确定重音的依据是什么？重音分哪几类？

【综合练习一】

一、填空题

1. 不同的音色至少是由以下三方面原因之一造成的：A.＿＿＿＿＿＿＿＿ B.＿＿＿＿＿＿＿＿ C.＿＿＿＿＿＿＿＿＿＿＿＿。

2. 元音和辅音的主要区别在于：发元音时，＿＿＿＿＿＿＿＿＿＿＿＿＿＿＿；发辅音时，＿＿＿＿＿＿＿＿＿＿＿＿＿＿。

3. 音节是＿＿＿＿＿＿单位，也是听觉上自然感到的＿＿＿＿＿＿＿＿＿。

二、单项选择题

1. 声调的基本性质取决于＿＿＿＿＿＿＿。
   A. 音高　　　B. 音强　　　C. 音色　　　D. 音长

2. 不同的音素取决于＿＿＿＿＿＿＿。
   A. 音高　　　B. 音强　　　C. 音色　　　D. 音长

3. 不同的元音取决于＿＿＿＿＿＿＿。
   A. 发音体　　B. 发音方法　C. 共鸣器形状　D. 音长

4. 几个性别相同、年龄相仿的熟人在隔壁说话，能听得出说话人是张三还是李四，这主要是由于各人的＿＿＿＿＿＿＿＿。
   A. 音高不同　B. 音强不同　C. 音长不同　D. 音色不同

5. 男子和女子声音差别取决于＿＿＿＿＿＿＿。
   A. 发音方法　B. 共鸣器　　C. 发音体　　D. 用力大小

6. 语音的本质属性是＿＿＿＿＿＿＿＿。
   A. 生理性　　B. 物理性　　C. 社会性　　D. 自然性

7. 发音器官中起共鸣作用的是＿＿＿＿＿＿＿。
   A. 肺和气管　B. 喉头和声带　C. 口腔和鼻腔

8. 汉语拼音字母 b、d、g 发音不同是由于＿＿＿＿＿＿＿。
   A. 发音体不同　　　　B. 发音方法不同
   C. 共鸣器形状不同　　D. 发音部位

9. 说话声音大小属于语音四要素中的＿＿＿＿＿＿＿。

A. 音高　　　B. 音强　　　C. 音色　　　D. 音长
10. 说话快慢属于语音要素中的＿＿＿＿＿＿。
A. 音高　　　B. 音强　　　C. 音色　　　D. 音长

三、判断题

1. 人的发音器官发出的声音就是语音。（　　）
2. 没有发音器官，人类就不能说话，因此，生理性是语音的本质属性。（　　）
3. 说话声音大小和声音高低其实是一回事。（　　）
4. 语音的社会性使得语音有别于自然界的声音。因此，社会性是语音的本质属性。（　　）
5. 音高在语音中表现为声调和句调。（　　）
6. 音强在语音中表现为轻声和重音。（　　）
7. 音色在语音中表现为区别元音和辅音。（　　）
8. 音长在语音中表现为重音和句调。（　　）
9. 说话声音粗细属于语音四要素中的音色。（　　）
10. 说话快慢属于语音四要素中的音长。（　　）
11. 声音是一种物理现象，语音是一种声音。因此，物理性是语音的本质属性。（　　）
12. 男子和女子说话声音不同是因为声带这个发音体有差异。（　　）
13. 在语音的四要素中，音色对任何语言来说都是最重要的要素。（　　）
14. 不同的语言或方言在语音上有种种差异，这是因为不同的民族或不同的地区的人在生理上(发音器官)有差异。（　　）
15. 音素相当于汉语拼音字母，一个音节有几个字母就是几个音素。（　　）
16. zhuāng(装)这个音节应该分析为 z.h u.a.n.-六个音素。（　　）
17. 音节是最小的语音单位。（　　）
18. 普通话音节包括声母、韵母、声调三个组成部分。（　　）
19. 音素是按语音的生理性质划分出来的最小的语音单位。（　　）
20. 音强取决于发音体振动的频率。（　　）
21. 人类语言与"动物语言"的本质区别是人类语言有生理属性。（　　）
22. l 和 r 的发音不同是由于发音时共鸣器的形状不同造成的。（　　）
23. can 和 chang 所包含的音素数目完全相同。（　　）
24. 音强取决于发音体振动的幅度。（　　）
25. 人类语言与"动物语言"的本质区别是人类语言有社会属性。（　　）

四、名词解释

1. 语音　　2. 元音　　3. 辅音　　4. 音素　　5. 音色　　6. 音高
7. 音强　　8. 音长　　9. 声母　　10. 韵母　　11. 声调　　12. 发音器官

13. 音节 _____

五、简答题

1. 什么是语音？它具备哪些性质？
2. 语音与自然界的一切声音相比，有什么异同？
3. 声音的四要素是什么？语音的四要素在汉语中的具体体现是什么？
4. 怎样理解语音的社会性？
5. 什么是音素？什么是音节？音节与音素的关系是怎样的？
6. 什么是元音？什么是辅音？元音和辅音如何区分？

【综合练习二】

一、填空题

1. 声母是音节开头的 _____，普通话中共有_____个辅音声母。
2. 辅音声母的分类依据是_____和_____。
3. 发音部位是指_____，按照发音部位的不同，普通话声母可以分为_____、_____、_____、_____、_____、_____、_____七类。
4. 发音方法是指_____，按照发音方法的不同，普通话声母可以分为_____、_____、_____、_____、_____五类。
5. 根据发音时声带是否颤动，普通话声母可以分为_____和_____两类。
6. 根据发音时呼出的气流的强弱，普通话声母可以分为_____和_____两类。
7. 普通话声母中的塞音有_____，它们之间有_____和_____的区别。
8. 普通话声母中的塞擦音有_____，它们之间有_____和_____的区别。
9. 普通话声母中的擦音有_____，其中_____是清音，_____是浊音。
10. 按照发音方法分类,l是_____,n是_____。
11. 普通话声母中的浊音有_____。

12. 普通话声母中的送气音有_____，与其对应的不送气音是_____。

13. 普通话中有一些音节的开头没有辅音，这叫做_____。

14. 韵母是_____。韵母的结构可以由_____、_____、_____三部分组成。

15. 由_____充当的韵母叫单韵母，普通话的单韵母共有_____个。

16. 根据发音时舌头的部位状态，单韵母可以分为_____、_____、_____三类。

17. 普通话共有_____个韵母，按照构成成分分为_____、_____、_____三类。

18. 韵腹是韵母的_____，又叫_____，位置在韵腹前面的是_____，在韵腹后面的是_____，一个韵母可以没有_____、_____，但是一定要有韵腹。

19. 所有的元音都可以充当韵腹，而能作韵头的只有_____；能作韵尾的只有_____三个元音和_____两个辅音。

20. 没有韵头，而韵腹又不是i、u、ü的韵母，叫做_____，韵头或韵腹是i的韵母，叫做_____，韵头或韵腹是u的韵母，叫做_____，韵头或韵腹是ü的韵母，叫做_____。

21. i在拼音方案中代表了_____这三个不同的音素，其中_____只在z、c、s后出现，_____只在zh、ch、sh、r后出现，按照四呼归类，z、zh这两组声母后的i应该属于_____。

22. 普通话的韵母除了按照韵腹的特点分类外，还可以按照韵头的情况分类，这叫做_____。

23. 声调是贯串于整个音节的具有_____作用的_____变化。

24. 声调是构成汉语音节的三要素之一，它同声母韵母一样具有_____的作用。

25. 调值就是声调的_____，也就是_____。

26. 调类就是声调的_____，也就是根据_____。

27. 音节就是语音的_____单位，也是听觉上自然感到的_____语音片段。

28. 在普通话中，音节与汉字基本是_____的关系，但是_____例外。

29. 对普通话音节结构作深层次分析，一般一个完整的音节应该具备_____、_____、_____、_____、_____五个部分。

30. 常见的拼音方法主要有_____、_____、_____

_____等。

31. 只能与齐齿呼、撮口呼韵母相拼的声母是_____。
32. 不能与开口呼、合口呼韵母相拼的声母是_____。
33. 与四呼都能相拼的声母是_____。
34. 齐齿呼韵母自成音节时，原来韵母有两个或两个以上元音时要_____；原来韵母只有一个元音时应该_____。
35. 合口呼韵母自成音节时，原来韵母有两个或两个以上元音时要_____；原来韵母只有一个元音时应该_____。

二、单项选择题

1. 普通话声母有_____。
   A. 20个　　　B. 21个　　　C. 22个　　　D. 23个
2. 舌面音是指_____。
   A. z、c、s　　B. j、q、x　　C. zh、ch、sh　　D. b、d、g
3. 发音时两个部位完全闭合，阻住气流，然后突然打开，让气流迸裂而出，爆发成声的音是_____。
   A. 塞音　　　B. 擦音　　　C. 塞擦音　　　D. 边音
4. 发音时两个发音部位靠近，形成窄缝，让气流从窄缝中挤出的音是_____。
   A. 塞音　　　B. 擦音　　　C. 塞擦音　　　D. 边音
5. 发音时两个部位完全闭合，阻住气流，然后放开一条窄缝让气流从窄缝中挤出的音是_____。
   A. 塞音　　　B. 擦音　　　C. 塞擦音　　　D. 边音
6. 发音时舌尖抵住上齿龈，同时软腭上升，堵住鼻腔通道，让气流从舌头两边出来的音是_____。
   A. 塞音　　　B. 擦音　　　C. 塞擦音　　　D. 边音
7. zh、ch、sh、r的发音部位是_____。
   A. 舌尖前　　B. 舌尖中　　C. 舌尖后　　D. 舌面
8. -i(前)是_____。
   A. 舌尖、前、高、不圆唇单韵母　　B. 舌面、前、高、不圆唇单韵母
   C. 舌面、前、高、圆唇单韵母　　　D. 舌尖、前、高、圆唇单韵母
9. -i(后)是_____。
   A. 舌尖、后、高、不圆唇单韵母　　B. 舌面、后、高、不圆唇单韵母
   C. 舌面、后、高、圆唇单韵母　　　D. 舌尖、后、高、圆唇单韵母

10. e 和 o 的区别在于____。
    A. 舌位的高低不同　　　　　　　B. 舌位的前后不同
    C. 唇形的圆展不同　　　　　　　D. 舌位的高低和唇形的圆展不同
11. i 和 u 的区别在于____。
    A. 舌位的高低不同　　　　　　　B. 舌位的前后不同
    C. 嘴唇的圆和不圆　　　　　　　D. 舌位的前后不同和嘴唇的圆与不圆
12. e 和 ê 的区别在于____。
    A. 舌位的高低不同　　　　　　　B. 舌位的前后不同
    C. 舌位的高低不同和舌位的前后不同　　D. 嘴唇的圆与不圆
13. u 和 ü 的区别在于____。
    A. 嘴唇的圆和不圆　　　　　　　B. 舌位的高低不同
    C. 舌位的前后不同　　　　　　　D. 舌位的前后不同和嘴唇的圆与不圆
14. i 和 o 区别在于____。
    A. 舌位的前后不同　　　　　　　B. 舌位的高低不同
    C. 舌位的前后、高低、唇形不同　　D. 舌位的前后与高低不同
15. 汉语的声调取决于____。
    A. 音高　　　B. 音强　　　C. 音长　　　D. 音色
16. 普通话音节最多可以有____。
    A. 3个音素　　B. 4个音素　　C. 5个音素　　D. 6个音素
17. 汉语音节是____。
    A. 辅音较少，元音占绝对优势　　B. 辅音较多，元音较少
    C. 元音和辅音各占一半　　　　　D. 没有辅音
18. 韵头可以由____充当。
    A. a、o、e　　B. i、u、ü　　C. -i(前)、-i(后)　　D. 单元音
19. 声韵相拼时，声母应该发成____。
    A. 呼读音　　　　　　　　　　　B. 本音
    C. 名称音　　　　　　　　　　　D. 呼读音和本音都可以
20. 声调应该标在____。
    A. 韵腹上　　B. 韵头上　　C. 韵尾上　　D. 介音上
21. "iu、ui" 的声调应该标在____。
    A. "i" 上　　　　　　　　　　　B. "iu" 标在 "i" 上，"ui" 标在 "u" 上
    C. "u" 上　　　　　　　　　　　D. "iu" 标在 "u" 上，"ui" 标在 "i" 上
22. 下列说法中正确的是____。
    A. 普通话辅音声母都是清音
    B. 普通话辅音声母中 m、n、l、r 是浊音，其他是清音

  C. 普通话辅音声母共6个浊音
  D. 普通话辅音声母中 m、n、l、r、ng 是浊音，其他是清音
23. 普通话里有22个辅音，其中浊辅音是_____。
  A. n、l、d、t、m   B. m、r、h、w、ng
  C. n、l、m、r、ng   D. y、w、m、n、l
24. "舌尖中送气清塞音"声母是_____。
  A. d   B. z   C. c   D. t
25. "舌面不送气清塞擦音"声母是_____。
  A. q   B. zh   C. j   D. ch
26. "舌尖中浊鼻音"声母是_____。
  A. l   B. n   C. m   D. r
27. "唇齿清擦音"声母是_____。
  A. f   B. sh   C. s   D. x
28. 在汉语普通话中，辅音在音节中的位置是_____。
  A. 只能出现在音节的开头   B. 只能出现在音节的末尾
  C. 少数可以出现在音节的中间   D. 只能出现在音节的开头和末尾
29. "yang、wei、yun"等音节开头的"y、w"是_____。
  A. 声母   B. 韵母   C. 起隔音符号作用   D. 元音
30. "er"是_____。
  A. 复韵母   B. 鼻韵母   C. 单韵母   D. 齐齿呼韵母

三、判断题

1. 声母一般是由辅音充当的，因此可以说，声母和辅音基本上是一回事。（　　）
2. 辅音不等于声母，元音不等于韵母。（　　）
3. 普通话的声母共有21个，它们都是辅音。（　　）
4. zh、ch、sh 和 z、c、s 的发音部位相同，都是舌尖与上齿背成阻。（　　）
5. n 和 l 的发音部位和发音方法都不同，所以它们是两个音。（　　）
6. b、p 和 m 的发音不同，因为 b、p 是双唇音，而 m 是鼻音的缘故。（　　）
7. f 是唇齿、清、擦音，r 是舌尖、后、清、擦音。（　　）
8. j、q、x 的发音共同点是它们都是舌面音。（　　）
9. m 和 n 发音的相同之处在于二者都是浊鼻音。（　　）
10. g 和 k 的发音不同之处在于 g 是不送气音，k 是送气音。（　　）
11. j 是舌尖、不送气、清、塞擦音，z 是舌面前、不送气、清、塞擦音。（　　）
12. 普通话中的清擦音共有6个：f、s、sh、r、x、h，它们的发音不同是因为发音部位不同。（　　）

13. 普通话韵母都是由元音充当的，辅音不能作韵母。（　　）
14. 韵母中的辅音是韵尾，所以说韵母中的韵尾一定是辅音。（　　）
15. 每个韵母都必须由韵头、韵腹、韵尾三个部分组成。（　　）
16. 由三个音素组成的韵母，这三个音素中应该有一个是辅音。（　　）
17. ie、ei、üe三个韵母的韵腹相同，都是e。（　　）
18. 一个或两个元音后面带上鼻辅音组成的韵母必然是鼻韵母。（　　）
19. 构成韵头的元音可以是a、o、e，也可以是i、u、ü。（　　）
20. i、u、ü是介音，只能构成韵母的韵头，不能构成韵母的韵尾。（　　）
21. io、ui中的i、u是韵头，中间是韵腹，后面是韵尾。（　　）
22. an、en、ün、in中，前面的a、e、ü、i都是韵腹，n是韵尾。（　　）
23. iu、ui、un中，前面的音素是韵头，后面的音素是韵腹。（　　）
24. ueng只能自成音节，不能前拼声母。（　　）
25. 语音中的"韵母"与韵文中的"韵"的概念是相同的。（　　）
26. 声调与音长、音强都有关系，但是本质上是由音高决定的。（　　）
27. 普通话的音节都有元音和声调。（　　）
28. 当韵母中只有一个元音时，这个元音一定是韵腹。（　　）
29. "gui"这个音节总共有三个音素，其中"u"是韵腹。（　　）
30. b、p、m、f除了能与开、齐两呼韵母相拼外，还能与合口呼韵母相拼，但只限于"u"韵母。（　　）
31. j、q、x只与齐齿呼、撮口呼韵母相拼，不与合口呼韵母相拼。（　　）
32. g、k、h、zh、ch、sh、r、z、c、s都不与齐齿呼、撮口呼韵母相拼。（　　）
33. d、t、n、l能与四呼各韵母相拼。（　　）
34. n、l能与ü相拼，相拼时ü上两点要省写。（　　）
35. ju、qu、xu中的u实际是ü，写成u是拼写时的省写。（　　）
36. ü行韵母构成零声母音节时，要在ü前面加y，同时省写两点，如ü-yu。（　　）
37. 《汉语拼音方案》规定：iou、uei、uen在前拼声母时，中间元音字母省去。（　　）
38. 含儿化韵尾的音节读出来是一个音节，写下来却不只是一个汉字。（　　）
39. 现代汉语普通话的音节，最多可由四个音素构成，最少有一个音素。（　　）
40. 在现代汉语普通话音节中，元音不等于韵母，辅音不等于声母。（　　）

四、名词解释

1. 清音　　2. 浊音　　3. 鼻音　　4. 边音　　5. 塞音　　6. 擦音
7. 塞擦音　8. 零声母　9. 单韵母　10. 复韵母　11. 鼻韵母　12. 四呼
13. 开口呼　14. 合口呼　15. 齐齿呼　16. 撮口呼　17. 押韵　18. 调值
19. 调类　　20. 韵头　　21. 韵腹　　22. 韵尾　　23. 十八韵　24. 十三辙

25. 发音部位　　26. 发音方法

五、简答题

1. 什么是声母？举例说明声母与辅音的关系。
2. 舌尖前音、舌尖中音、舌尖后音之中的"前、中、后"含义是什么？
3. 请你列出塞音和塞擦音声母，并且找出它们的对应规律。
4. 请你写出浊音、送气音声母。
5. 请你写出下列声母的名称：d、ch、j、l、f、p。
6. 什么是韵母？举例说明韵母与元音的关系。
7. 什么是单韵母？它有什么发音特点？有哪些类型？普通话中共有多少单韵母？
8. 什么是复韵母？它的发音特点有哪些？有哪些类型？普通话中共有多少复韵母？
9. 什么是鼻韵母？它的发音特点有哪些？有哪些类型？普通话中共有多少鼻韵母？
10. 什么是"四呼"？普通话韵母在四呼中各有多少？
11. 汉语拼音方案为什么能用一个字母"i"代表三个音素？
12. 什么是押韵？诗歌中的"韵"和普通话中的韵母有什么不同？
13. 普通话声韵之间有哪些主要规律？
14. 请你举例说明y、w的用法。
15. 请你举例说明隔音符号的用法。
16. 改正下列拼写中的错误，并且说明理由。

júedìn　　féiuò　　líushúi　　úkuài　　huéiì

17. 改正下列拼写中的错误，并且说明理由。

uéniǎ　　üèliàn　　xüézǐ　　biānyuán　　ǔi

18. 改正下列拼写中的错误，并且说明理由。

jīán　　iōuxiòu　　huēnàn　　feījī　　foǔdìn

19. 试从发音部位和发音方法两方面分辨下列各组声母的异同。
A. g—k　　B. f—h　　C. zh—z　　D. q—c
20. 试用表格分析下列各字音的韵母结构。

表扬　　安全　　队伍　　霞光　　流水

21. 列表分析下列各音节的结构方式，并指出其韵母是四呼中哪一种。

威 wēi　　远 yuǎn　　雅 yǎ　　用 yòng　　雪 xuě

22. 给下面一首诗注音(声、韵、调)，指出押韵的方式和它的韵辙情况。

　　白日依山尽，
　　黄河入海流。
　　欲穷千里目，
　　更上一层楼。

23. 根据所提供的条件写出音素，或对下列音素进行描述。
    A. 舌面、送气、清、塞擦音(　　　　)
    B. 舌根、清、擦音(　　　　)
    C. 舌尖中、浊、边音(　　　　)
    D. 舌面、前、半低、不圆唇元音(　　　　)
    E. ch(　　　　　　　　)
    F. er(　　　　　　　　)
    G. -i(后)(　　　　　　　　)

24. 画出舌位图，并标出七个舌面单元音。
25. 画出五度标记法，并标出四个声调的调值。

【综合练习三】

一、填空题

1. 音变就是在语流中_____。
2. 普通话音变主要包括_____、_____、_____、_____等。
3. 轻声是_____。
4. 轻声不是四声以外的独立的_____，而是四声的一种_____；四声表现在物理性上主要是_____变化决定的，轻声则主要是_____决定的。
5. 轻声的主要作用有 A._____ B._____ C._____。
6. 上声变调的基本规律主要有：上声在非上声音节前面时候变成_____，调值_____变为_____；两个上声相连时，前面的上声变成_____。
7. "一"的变调有三种：A._____ B._____ C._____。
8. 儿化是_____，儿化韵是_____。
9. 普通话儿化韵比较多，除了_____和_____两个韵母外，其他韵母都可以变为儿化韵。
10. 儿化的作用概括起来有以下四点：A._____ B._____ C._____ D._____。

二、单项选择题

1. 轻声是由_____决定的。

A. 音高　　　　B. 音强　　　　C. 音长　　　　D. 音色
2. "一定"中的"一"应读_____。
   A. 阴平　　　　B. 阳平　　　　C. 上声　　　　D. 去声
3. "一群"中的"一"应读_____。
   A. 阴平　　　　B. 阳平　　　　C. 上声　　　　D. 去声
4. "不好"中的"不"应读_____。
   A. 轻声　　　　B. 阴平　　　　C. 阳平　　　　D. 去声
5. "不去"中的"不"应读_____。
   A. 轻声　　　　B. 阴平　　　　C. 阳平　　　　D. 去声
6. "花儿"的正确拼音应写成_____。
   A. huā　　　　B. huār　　　　C. huāer　　　　D. huā - er
7. "他从什么地方来啊？"中的"啊"应读_____。
   A. y 呀　　　　B. w 哇　　　　C. n 哪　　　　D. n 啊
8. "你去过几次啊！"中的"啊"应读_____。
   A. y 呀　　　　B. a 啊　　　　C. z 啊　　　　D. r 啊
9. "这是多好的同志啊！"中的"啊"应读_____。
   A. a 啊　　　　B. r 啊　　　　C. z 啊　　　　D. y 呀
10. "小孩儿"的实际发音是_____。
    A. xiǎnhái　　　　B. xiǎoháir　　　　C. xiǎohár　　　　D. xiǎoháier

三、判断题

1. 轻声的特点是发音时音强变弱、音长变短，除了与音强、音长有关外，也与音高有一定关系。它的音高取决于前面那个音节的调值。（　　）
2. "爸爸、桌子、石头、知识、战士"各个词语中的后面音节都读轻声。（　　）
3. "一"在单念或在词句末尾时候念阴平。（　　）
4. 普通话的韵母除了"ê、er"以外都可以儿化。（　　）
5. "石子、瓜子、枪子、女子、分子"中的"子"都是词根，不读轻声。（　　）
6. "不"单念或在词句的末尾或在非去声前面的时候，声调不变，一律读原调——阴平。（　　）
7. "小牛儿"的拼音应该拼写成"xiǎoniúer"。（　　）
8. "雪人儿、脸蛋儿"中的"儿"含有喜爱、亲切等感情色彩。（　　）
9. "你请坐啊"中的"啊"音变为"w"，汉字写为"哇"。（　　）
10. "统一"和"一般"中的两个"一"，都是读阴平。（　　）

四、名词解释

1. 轻声　　2. 儿化　　3. 变调　　4. "啊"的音变

五、简答题

1. 什么是音变？普通话音变主要包括哪些现象？
2. 什么是轻声？语流中的轻声是怎样形成的？
3. 轻声的调值是怎样确定的？
4. 轻声有什么作用？为什么没有把轻声列为一个调类？
5. 轻声的一般规律有哪些？
6. 什么是儿化？儿化有哪些大体情况？
7. 请你举例说明儿化的作用。
8. 什么是儿化韵？儿化与儿化韵是什么关系？
9. 什么是变调？普通话的变调主要有哪些？
10. 上声最主要的变调有哪些？请你举例说明。
11. "一"、"不"的变调有哪些？请你举例说明。

第三章　普通话口语表达训练

本章导读：

　　口语就是谈话时使用的语言(区别于书面语)，交际是"人与人之间的往来接触"。它和书面语言不同。首先，口语的语音具有易逝性。书面语是以文字形式记录下来的语言，主要用于看，形式的保留具有持久性。而口语是说的语言，主要用于听。口语的语音具有易逝性，也就是一句话讲出来，就是最终的形式，而这种形式保留的时间很短，在人们脑海中只能留下短暂的记忆。因此，在运用口语进行交际时，应当尽量避免过多地使用专业术语、晦涩难懂的词汇以及寓意深奥的句子。

　　朗读就是指把诉诸视觉的文字语言转化为诉诸听觉的有声音语言的活动。通俗地说就是用声音把文字所要传递的思想情感表达出来。比生活语言更准确、更生动、更具美感。它早已从生活语言中脱颖而出了，不但有表情达意的功能，它还体现出了人们对语言完美的追求。

　　演讲是面对广大听众，以口头语言为主要形式、非口头语言为辅助形式，就某一问题发表自己的意见，或阐说某一事理，并互相交流信息的真实的社会活动过程。

　　辩就是辩解、辨明是非或辩驳，论就是议论、论述。当双方或多方围绕一个或几个问题产生了针锋相对的观点时，就需要展开一番讨论，以确保谁是谁非，这种口头讨论的深入化和激烈化，就是辩论。

学习目标：

　　通过对本章的学习，重点掌握朗读训练的方法与技巧；演讲训练的方法和技巧；辩论的原则以及诡辩的手法。

关键概念：

　　朗读　演讲　辩论　诡辩

第一节　口语交际概述

一、口语交际的性质和特点

(一)什么是口语交际

　　根据《现代汉语词典》的解释：口语是"谈话时使用的语言(区别于书面语)"，交际是

"人与人之间的往来接触"。广义的口语交际是以口语为载体,实现人与人之间交往的活动。狭义的口语交际是交际双方为了特定的目的,在特定的环境里,运用口头语言和适当的表达方式传递信息、交流思想、表达情感的双向互动的言语活动。

(二)口语交际的特点

口语交际具有口语化和大众化、互动性和综合性、生动性和多样性、临场性和随机性等特点,是人们使用最频繁、最广泛的交际手段,是生活中不可缺少的重要组成部分。

1. 口语化和大众化

口语交际使用的是口头语言,它和书面语言不同。首先,口语的语音具有易逝性。书面语是以文字的形式记录下来的语言,主要用于看,形式的保留具有持久性。而口语是说的语言,主要用于听。口语的语音具有易逝性,也就是一句话讲出来,就是最终的形式,而这种形式保留的时间很短,在人们脑海中只能留下短暂的记忆。因此,在运用口语进行交际时,应当尽量避免过多地使用专业术语、晦涩难懂的词汇以及寓意深奥的句子。相声《文章会》中的"马大学问"为了显示自己读书人的身份,把看书叫"阅阅书",写字叫"习习字",画画叫"绘绘画",这样的说法不仅说起来拗口,听上去别扭,还透着酸腐之气。有这样两个例子:

有一位人口普查员问一位七十多岁的老太太:"有配偶吗?"老太太愣了半天,然后反问:"什么是配偶?"普查员只得换种说法:"就是老伴呗。"老太太笑了:"你说老伴不就得了,俺们哪懂得你们文化人说的什么配偶哩!"

我国著名物理学家杨家福教授与友人,有这样一段对话:

问:您能用一句话来概括您的人生哲学吗?

答:让祖国在世界上发出更灿烂的光辉。

问:作为科学家,您喜欢文学艺术吗?是音乐、美术,还是文学?

答:都喜欢。

问:您业余时间最喜欢做什么?

答:阅读各种书刊,欣赏大自然。

2. 互动性和综合性

口语交际又是一种特殊的社会实践活动,任何人只要作为口语表达者参加这种特殊的社会实践活动,就会综合反映出个人的语言能力和交际能力。美国语言学家、宾夕法尼亚大学教育研究院院长戴尔·海姆斯(Dell Hymes)指出:"我们必须解释这一现象,即正常儿童掌握句子知识时,不仅考虑是否合乎语法,还要考虑是否得体。他们所掌握的语言能力包括什么时候说话,什么时候不说话,跟谁谈什么事,什么时候谈,在什么地方谈,用什么方式谈。总之,一个儿童逐渐学会完成各种语言行为、参加到语言活动中来,并对别人的语言实践进行估价。"由此不难看出,良好的口语交际除了有赖于一定的语言能力,还十分重视交际者的语用能力。除了注重言语本身的表达,还注重人际礼貌、身份协调和跨文化冲突等交际规则的领会,它是一个综合了听觉、视觉、感情、记忆、思维、评价、认识、创造等活动的动态实践过程。下面是一个相关的例子。

有一位青年记者在不了解被访问者情况的条件下,去采访一位中年女科学家。青年记者问这位女科学家:"请问,您毕业于哪所大学?"

女科学家回答:"对不起,我没有上过大学,我搞科研全靠自学,我认为这样也能成才。"

记者一愣,然后说:"您又成功地完成了一个科研题目,请问,您的新课题是什么?"

女科学家皱了皱眉头,说:"看来您并不了解我的工作,我一直致力于这个项目的科学研究,目前只是又有了一些新的突破,但远远没有成功,所以谈不上什么新课题。"

记者一听很尴尬,企图转换话题以缓和气氛,于是问:"您的孩子在哪里上学?"

女科学家说:"我早已决定把毕生的精力贡献给自己的事业,因此我一直独身至今。请原谅,这个问题我不愿多谈。好吧,我的工作在等待着我,恕我不奉陪了。"

这位青年记者在交际前没有全面地了解采访对象的研究经历、生活状况,交际时又不善于察言观色,因此说了一些冒昧不得体的话,导致采访不欢而散。可见,口语交际不仅仅需要具备言语能力,还需要具有综合素养,这关系到口语交际的成功与失败。

3. 生动性和灵活性

口语是一种生动活泼、富于变化、充满情感的语言,运用这样的语言进行交际,明白流畅、真切随意、轻松自然。例如:

"松二大爷,夏家的那个娘们儿是怎回事?"老头子头上的筋挑起来,仿佛有谁猛不丁地揍了他的嘴巴。"臭狗屎!提她?"啪地往地上唾了一口。

"可是没人敢惹她!"我用着激将法。

"新鞋不踩臭狗屎!"

……

"大概也有人以为她怪香的?"

"那还用说!一斗小米,一尺布,谁不向着她;夏家爷俩儿一辈子连个屁也不放在街上。"

(摘自:老舍.柳屯的.老舍短篇小说选.北京:人民文学出版社,1957)

这里,口语中的"新鞋不踩臭狗屎"、"一斗小米,一尺布"和"一辈子连个屁也不放在街上",分别表示的是"犯不着去惹她"、"用小恩小惠收买人心"和"吝啬得出奇"的意思,表达了说话人鄙视的心情,语言生动,富有强烈的情感。

口语交际的话题丰富,日常生活中的一事、一物、一人、一景都可以成为交际的话题。交际的内容常常会随交际双方的兴趣、爱好以及特定的心理情绪、情境氛围等发生变化。

人们在进行口语交际时常常会采用灵活的言语形式，表现出各自不同的言语表达风格，这些都体现了口语交际的多样化和灵活性。

毛泽东拥有鲜明独特的演讲风格。在《改造我们的学习》一文中有这样一段话。

这两种人都凭主观，忽视客观实际事物的存在。或作讲演，则甲乙丙丁，一二三四的一大串；或作文章，则夸夸其谈的一大篇。无实事求是之意，有哗众取宠之心。华而不实，脆而不坚。自以为是，老子天下第一，"钦差大臣"满天飞。这就是我们队伍中若干同志的作风。这种作风，拿了律己，则害了自己；拿了教人，则害了别人；拿了指导革命，则害了革命。

(摘自：毛泽东. 改造我们的学习. 毛泽东选集(第三卷). 北京：人民出版社，1965)

这段话，句子长短参差，整散结合，节奏铿锵，朗朗上口。有层递、对比、对仗、反复等修辞格，有同义词、反义词的关联对照，有口头语、惯用语，也有书面语、文言词，但都平白如话。当毛泽东同志用他那雄浑洪亮的嗓音和抑扬顿挫、疾徐有致的语调演讲时，产生的音韵美、修辞美足以使在场的人受到强烈的感染。

在口语交际中，这样的例子不胜枚举。正如语言学家王力先生所说："会说话的人不止一种：言之有物，实为心声，一謦一欬，俱带感情，这是第一种；长江大河，渊源莫寻，牛溲马勃，悉成黄金，这是第二种；科学逻辑，字字推敲，无懈可击，井井有条，这是第三种；嬉笑怒骂，旁若无人，庄谐杂出，四座皆春，这是第四种；默默端坐，以逸待劳，片言偶发，快如霜刀，这是第五种；期期艾艾，隐蕴词锋，似讷实辩，以守为攻，这是第六种。"

4. 临场性和随机性

口语交际总是在一定的对象、一定的场合、一定的环境、一定的话题中进行的。交际的过程中，常常会有沉默、冷场、尴尬、冲突的场面，会出现一些突如其来的变化、难以预测的事态等，使得交际难以持续下去。这往往需要交际双方临阵不乱，随机应变，巧妙地摆脱困境。纪晓岚巧应乾隆的故事，便是一个很有趣的例子。

清代著名学者、《四库全书》总编纂纪晓岚机敏过人，能言善辩。有一次，乾隆皇帝去察看《四库全书》的编纂情况，适逢纪晓岚因天气炎热打着赤膊在屋里编稿。一听皇帝驾临，他来不及穿衣服接驾，慌忙钻到桌子下面，叫人谎称不在。过了好一会儿，房内鸦雀无声，纪晓岚从桌底钻出，问道："老头子走了没有？"其实乾隆并未离去，听到这话龙颜大怒，责问纪晓岚为什么叫"老头子"？纪晓岚自知话已无法收回，闯下了大祸，情急之中，他略加思索，随即说道："皇上万寿无疆，谓之'老'，位居万民之上是为'头'，人称天子是为'子'，合起来即为'老头子'。"乾隆听后，被纪晓岚无懈可击的狡辩逗乐了。

纪晓岚在突发事件中随机应变，既摆脱了欺君之罪，又奉承了皇上，可谓一石双鸟，使交谈出现了柳暗花明的新天地。

二、口语交际的功能

1. 传递信息的功能

当今是一个信息爆炸的时代，信息应用于政治、经济、文化、军事等领域，同时影响着人们的日常生活。美国著名未来学家阿·托夫勒认为："知识——广义地说，包括数据、信息、意象、符号、文化、意识形态以及价值观念，是第三次浪潮经济的主要资源。"信息的传播途径很多，其中口语交际的方式是最直接、快捷、有效的。不同的交际者聚集在一起，无形中构成了一个"信息库"。交际者通过信息的输入、输出和调整、反馈等方式，完成了信息交流。这一过程中，他们不仅获取了大量的信息，同时还对原有的信息进行了证实和加工。

"控制论"的奠基人诺伯特·维纳在未成名之前，曾办过一个有各学科朋友参加的"月聚餐会"，参加聚会的人有冯·诺伊曼、别格罗、戈德斯汀、麦克卡洛、匹茨等。通过不同领域的交流，广泛的信息收集，并综合、互补，维纳创立了"控制论"。而他的这些朋友也成为博弈论、电子计算机、神经控制论和人工智能等方面的奠基者或开拓者。

可见，口语交际对信息的传递起着极其重要的作用。

2. 交流思想的功能

英国戏剧家萧伯纳有一句名言："你我是朋友，各拿出一个苹果彼此交换，交换后仍然是各有一个苹果；倘若你有一种思想，我也有一种思想，而朋友间相互交流思想，那么我们每个人就有两种思想了。"这段话形象地说明了口语交际交流思想的功能。

古往今来，有许多哲学家、思想家运用口语交际的方式交流独到的观点，碰撞出灿烂的思想火花，为人类文化留下了宝贵的精神财富。春秋战国时期，毛遂口若悬河，迫使楚王歃血为盟；苏秦游说诸侯，促成合纵抗秦；东汉末，诸葛亮出使东吴，舌战群儒，说服孙权联刘抗曹；新中国成立初期，周恩来奔走各国，谈笑风生，树立我国外交新形象……他们运用口语交际，不仅完成了政治使命，也彰显了语言的智慧、思想的魅力。古希腊哲学家苏格拉底一生未曾著述，他的思想都是通过和学生的对话传递沿袭下来的：

一位名叫欧谛德谟的青年，一心想当政治家，为帮助这位青年认清正义与非正义的问题，苏格拉底运用启发式方法和这位青年进行了下面的对话(以下皆是苏问，欧答)。

问：虚伪应归于哪一类？
答：应归入非正义类。
问：偷盗、欺骗、奴役等应归入哪一类？
答：非正义类。
问：如果一个将军惩罚那些极大地损害了国家利益的敌人，并对他们加以奴役，这能说是非正义吗？
答：不能。
问：如果他偷走了敌人的财物，或在作战中欺骗了敌人，这种行为该怎么看呢？

答：这当然正确，但我指的是欺骗朋友。

问：那好吧，我们就专门讨论朋友间的问题。假如一位将军所统帅的军队已经丧失了士气，精神面临崩溃，他欺骗自己的士兵说援军马上就到，从而鼓舞起斗志，取得了胜利，这种行为该如何理解？

答：应算是正义的。

问：如果一个孩子有病不肯吃药，父亲骗他说药不苦、很好吃，哄他吃下去了，结果治好了病，这种行为该属于哪一类呢？

答：应属于正义类。

问：如果一个人发了疯，他的朋友怕他自杀，偷走了他的刀子和利器，这种偷盗行为是正义的吗？

答：是，它们也应属于这一类。

问：你不是认为朋友之间不能欺骗吗？

答：请允许我收回刚才说过的话。

(改编自：戴本博. 外国教育史(上). 北京：人民教育出版社, 1989)

正是由于苏格拉底的不断质疑、不断启发，使欧谛德谟更全面、辩证地了解了正义的内涵，这就是思想交流的意义。

当然，口语交际交流思想的功能并不是哲人们的专属，日常生活中人们也经常运用这一方式阐述自己对事物的看法，表达观点，交流思想，丰富自己的精神生活。

3．沟通情感的功能

情感是一种高级的心理现象，是人对客观事物是否符合自己的需要、愿望和观点而产生的一种心理体验。

口语交际可以让人将自己的情感抒发出来，使人的精神得到满足或宣泄。通过口语交际的方式，人们可以尽情地倾诉忧愁与欢乐、恐惧和希望、痛苦和欢慰；可以排忧解难，消除隔阂；可以抚慰愁苦烦闷甚至悲观厌世的情绪，激起对美好生活的追求与向往。所谓"话是开心的钥匙"，说的就是这个道理。1940 年，"二战"的硝烟在欧洲弥漫，英国面临着纳粹的威胁，国内局势十分严峻。丘吉尔临危受命担任英国首相，他在国会中发表了著名的演说《热血、辛劳、眼泪和汗水》。

在这危急存亡之际，如果我今天没有向下院做长篇演说，我希望能够得到你们的宽恕。我还希望，因为这次政府改组而受到影响的任何朋友和同事，或者以前的同事，会对礼节上的不周之处予以充分谅解，这种礼节上的欠缺，到目前为止是在所难免的。正如我曾对参加本届政府的成员所说的那样，我要向下院说："我没什么可以奉献，有的只是热血、辛劳、眼泪和汗水。"

(摘自：李双. 最伟大的演说辞(导读版). 北京：中央编译出版社, 2007)

丘吉尔正是用发自内心的真诚告白打动了在场的所有人，他那充满激情的演说也鼓起了英国人民抗击侵略者的决心和对未来的信心。

口语交际不仅能在危急时刻激发斗志，唤起信心，同样能使人们彼此理解，和谐相处。某校在评定职称时，由于高级职称的名额有限，一位年龄较大的教师未能评上。因为评审工作是保密的，这位老教师便向负责职称评定的副校长打听情况。副校长考虑到工作迟早要做，便和这位老教师促膝交谈。

校长：哟，老×，什么风把您给吹来了。

老师：×校长，我想知道这次评高级职称我有希望吗？

校长：老×，先喝杯茶，抽支烟，我们慢慢聊。最近身体怎么样？

老师：身体还说得过去。

校长：老教师可是我们学校的宝贵财富，年轻教师还要靠你们传帮带呢！

老师：作为一名老教师，我会尽力的。可这次职称评定，不知道能否……

校长：不管这次评上评不上，我们都很看重像您这样的老教师。您经验丰富，教学也比较得法，学生反映也挺好。我想，对于一名教师来说，这一点，比什么都重要。您说呢？

老师：是呀！

校长：这次评职称是第一次进行，历史遗留问题较多，可是僧多粥少，有些教师这次暂时还很难如愿，要等到下一次。这只是个时间问题，相信大家一定能够谅解。但不管怎样，我们会尊重并公正地评价每一位教师，尤其是你们这些辛辛苦苦工作几十年的老教师。

老教师心里感到热乎乎的，他知道自己这次评上高级职称的希望不大，但和风细雨般的交谈，让他受到了尊重和肯定。他能坦然地接受最后的结果。

三、口语交际的意义

语言是人类最重要的交际工具。人们把"舌头、美元和电脑"称作当今时代的三大战略武器。专家预言，21世纪是对话的时代。在快节奏的现代化生产和生活中，口语交际的地位显得越来越重要。国外学者曾对以英语为母语的一般成年人在听、说、读、写四个方面的交际活动做过调查，发现"听"的活动占其言语交际活动总和的45%，"说"占30%，"读"占16%，"写"只占9%。"听"与"说"是紧密地联系在一起的。"听""说"活动的总和可占言语活动总量的75%。不容置疑，口语交际在社会生活中所发挥的作用远远超过以往任何一个历史时代。

口语交际对个体生活同样起着重要作用。在生活中，免不了要面对纷繁复杂的关系，这就需要恰当地运用口语交际处理好各种人际关系，保持工作、生活的愉快和谐。现代生活的高效率、快节奏给人们的精神带来了极大的压力，需要运用口语交际排遣烦恼，放松自我，通过轻松、愉快的交际使心理得到平和与安宁。

由此可见，无论是社会生活还是个人生活，都离不开口语交际这一良好的沟通方式。口语交际在现代生活中具有重要地位，因此得到了人们的高度重视。自1930年梅奥在哈佛大学正式开设"人群关系"课程以来，至今已有300多所大学设有"说学系"；仅1976年至1980年就有28 000多人获得"说学"硕士学位，2200多人获得"说学"博士学位。美国中学的辩论健将与体育健将一样,可以被推荐上名牌大学。在日本的许多国语教科书中,专门列有口才研究和训练单元,公立和私立的演说学校遍布全国。

我国自改革开放以来,无论是高等教育还是基础教育,都加大了对口语交际的重视程度。不少高校开设了口语交际的课程,更多的开设了口语交际第二课堂,开展生动活泼的活动。特别是基础教育阶段,口语交际已成为语文教学的一个重要领域。在2001年7月正式颁布的《全日制义务教育语文课程标准(实验稿)》中,明确地提出了"口语交际"的要求。作为新形势下的语文教师,应正确把握"口语交际"的目标和内容,研究"口语交际"的教学方法,让学生口才更好,更会交际。

【思考】
(1) 口语交际有什么样的性质和特点?
(2) 口语交际在交往中起到怎样功能?
(3) 口语交际有什么样的现实意义?

第二节 朗 读 训 练

一、朗读及其特点

(一)什么是朗读

朗读就是指把诉诸视觉的文字语言转化为诉诸听觉的有声音语言的活动。

朗读,由文字语言转化而来,通俗地说就是用声音把文字,把文字所要传递出的思想情感表达出来。比生活语言更准确、更生动、更具美感。它不但有表情达意的功能,它还体现出了人们对语言完美的追求。

它属于语言艺术的范畴。它是对文字作品进行再创作的过程。这个再创作是朗读的一个最大的任务也是最明显的特点。一个"再"就告诉我们我们诉诸听觉的有声语言是有依据的,这个依据就是文字语言,也就是我们朗读的文字作品。而没有这个文字作品,我们的朗读也就失去了意义,或者便不再是朗读,而是别的什么有声语言了。所以我们的朗读是在一定的条件范围下进行的创作,也就是说这个创作是有着一定的制约的,这个制约就是原作,也就是说,我们只能在原作的制约下,给以技巧性的音声化。

既然朗读这项活动是一种创作,它也就有着一定的技巧性。因为朗读不是一个简单的见字读音的直觉过程,而是一个有着复杂的心理、生理变化的驾驭语言的过程。这个过程不能不涉及文字——视觉——思维——情感——气息——声音,这些相互连接而又相互融合的环节,这其中哪一个环节都离不开为了具体的朗读目的而服务的技巧的运用。

(二)朗读的特点

1. 朗读是一种"说"的形式

朗读将语言文字符号转化为有声语言形式的一种活动，属于"说话"的范畴。它要求朗读者将文字符号通过发音器官"说"出来，因此是一种语言输出形式。

2. 朗读是一种"读"的形式

朗读是一种语言的输入形式。因为朗读者只有通过视觉"看"到文字并将之转化为相应的语言形式才能进行朗读。朗读中除了眼、脑以外，还有发声器官的参与。从读的目的来看，朗读除了要获取信息，有时还是为了传递信息。

3. 朗读是一种"听"的形式

朗读者在朗读的时候，将无声的文字符号变成了有声的语言，在这一连续的过程中，朗读者本身无论是有意的还是无意的，都会听到自己发出的语言信息。

我们可以看出，朗读是一种多感官并用的语言输入和输出形式。因为朗读需要用眼看文字符号，因此是一种阅读的输入形式；朗读又需要用"嘴"来说，因此又是一种有声的语言输出形式，又因为朗读是一种有声的语言输出形式，朗读者本身又会"听"到自己所发出的语言信息，所以朗读还是一种语音输入形式。"看"和"听"表明朗读是一种语言输入形式，而"说"又表明朗读是一种语言输出形式。总的来说，朗读是一种语言信息处理和转换的过程。它对视觉感知的语言信息加以理解和加工，再将信息内容转换为口语语言表达出来。这样人的言语认知、言语听觉和言语动觉(说)都能得到锻炼。

二、朗读的正确方式

曾有一位醉心于写诗作赋的书生，拿着自己的作品请教苏东坡，他声情并茂地朗读完，问能得几分。苏："可得十分。我说的可是三分写七分读啊。"千姿百态、千变万化的朗读，确实能为文章增添无穷的魅力。

朗读是一门语言的艺术，也是一门学科。朗读的过程是把文字变为有声语言的创造性劳动的过程，是朗读者对文字语言进行音声化的再创作。需要准确、鲜明、生动的传情达意的基本功。

仅仅把朗读理解为放大声音来读是不对的，朗读是用有声语言表达思想感情，声音需要响亮、清楚、更需要有目的、有对象、有内容、有感情。这就需要熟悉朗读的内容，深入理解作品的含义，准确表达，声情并茂，给人以美感享受。

读，必须严格按照作品的文字词语序列进行，不可增字、减字、改字、颠倒字。要字字清晰，声声入耳，声韵调正确，词或词组的轻重格式恰当，音变符合规律，句子结构分明。这是最起码的要求。对于成功的朗读来说，这些还远远不够。如果没有对停连、重音、语气、节奏的很好把握，朗读就会变得呆板、平淡，成为简单的见字出声。读，就要停连恰当、抑扬顿挫、快慢有致，读而不板，有感情、有韵致、有趣味、有可欣赏性。

说而不演，指朗读者要把语料内化为自己的语言，理解、消化作品的内容和形式，变为朗读者自己要说的话，而不是生吞活剥、照本宣科、面无表情、有字无句的"字话"，也不是与己无关、有口无心的"死话"，更不是简单的念字出声。朗读要有艺术性，但和表演不同。表演要有所夸张，要渲染气氛，朗读不能这样。朗读的知识性、转述性、严肃性、质朴性，必须区别于朗诵的文娱性、趣味性、角色性、华美性。尤其是测试中的朗读，绝对不能追求表演效果。

朗读者必须首先获得并保持正确的状态，包括心理状态和生理状态，尤其是心理状态。如果状态不正确，或过分紧张、张口结舌，或过分懈怠，发音不到位，草草了事；或激动万分，千头万绪；或追求技巧，三心二意；或强调固定，色彩单一。这些都达不到良好的朗读效果。

1. 信心百倍，积极主动

要引发比较强烈的朗读愿望，建立一种立即要朗读的迫切感。这种信心和愿望不是空洞的、勉强的，而是出于对朗读本身的兴趣爱好，发之于对作品的理解、欣赏和感动。

2. 全神贯注，进入作品

注意力要集中，排除干扰，全力以赴投入到朗读中。进入作品，就是要把作品的内容、语言，内化为自己的理解、感受，内化为自己的思维过程和心理活动，主动去揭示语言本质及逻辑链条。

3. 动脑动心，有感而发

应做到"见文生情"，即看到文字，又看到内涵；再现场景，又引动感情；产生表象，又把握本质。一切的一切几乎同时涌现出来，萦绕在脑际，流露在声中。朗读中要有第二次唤起。备稿中深刻的理解、具体的感受如果不能在形之于声时既动脑又动心地表现出来，不能句句情动于衷、有感而发，那么任何准备与钻研、体味与酝酿都只能功败垂成。

4. 速看慢读，由己达人

紧紧抓住看、想、读这个过程，眼睛看到作品的字词时，当然要反映到脑子里，而后再就字出声。而每当正在读出看过的字词时，目光又要落到下一组字词。在边看边读、边读边想的过程中，存在着表里合一、纵横交错的复杂情况。不但要获得形象感受，还要获得逻辑感受，进而情动于衷、声形于外。看和想要非常迅速，速看包含着速想。看是为了想，想是为了读。读，就要从容，读得从容，才能由己达人。为了让听者听清、感受、共鸣，读一定要慢，一般平均三分钟五百字左右，每分钟字数并不一样，不要机械处理。太快显得连滚带爬，嘟噜含糊；太慢显得涣散，黏黏糊糊。

三、朗读的技巧

王世贞评价谢灵运的诗："然至秾丽之极，而反若平淡，琢磨之极，而更似天然。"此语道出了必须运用技巧的要求和运用技巧所应达到的效果。

朗读技巧包括停连、重音、语气、节奏四个方面，它们各有侧重，互相区别，又具有共性，互相沟通。

(一)停连

为表情达意所需要的声音的中断或休止称为停连。"当断不断，反受其乱，该连不连，语义难全；有断有连，方能扣人心弦。"

1．停连的一般规律

(1) 必须根据作品内容和具体语句安排停连，并以思想感情的运动状态为前提，不能乱停乱连。

(2) 必须从读和听双方面的需要考虑停连，读是主导方面，但不能随心所欲。

(3) 标点符号是重要参考，但无须因此而束手束脚。标点是为看而设的，停顿和连接是为了听，要敢于大胆突破。

(4) 一般来说，句子越长，内容越丰富，停顿就越多；句子越短，内容越浅显，停顿就越少。感情凝重深沉时，停顿较多，感情欢快急切时，连接较紧。

(5) 只要有两个词相组合，就有停连问题。停顿时间长，表示组合关系松动，或统领其后，余味较长；停顿时间短，表示前后关系较紧密，或受制于前，或要求速进。

(6) 停顿必须同重音、语气、节奏一起共同完成朗读的音声化再创作，永远不是单独起作用的。停顿位置和时间的确定，主要考虑区分语意、表达感情、表示强调。

在简单意义上，停连可以分为五类：区分性停连、呼应性停连、并列性停连、强调性停连、心理停连。

2．用于表示停连的符号

(1) "∧"。不论有无标点符号均可用。若用于有标点处，表示停顿的时间再长些。

(2) "▲"表示把词或短语分开，停顿时间很短，不换气，通常用在句子中没有标点的地方。

(3) "⌢"间歇号，表示较长时间停顿，可换气。

(4) "⌣"连读号。只用于有标点符号的地方，表示缩短停顿时间，连起来读。

(5) "—"可用于任何词词组句段之后，表示声音的延长。

3．五类停连

1) 区分性停连

朗读是为了听，停连恰当，才能让人听懂。如果停连安排不当，听者也许会理解成别的意思。因此就有一个对要读的文句中汉字进行组合、贯穿的技巧。这对于感情色彩的突出也有明显作用。

区分性停连有两种较常见的情况：一种是区分语法关系的，另一种是突出强调感情色彩的。

(1) 区分语法关系。

在某家卫视中文台中曾听到过这样的断句："玩警察抓小偷的游戏"，由于停顿位置不当，读成了"玩警察∧抓小偷的游戏"，意思变得让人莫名其妙。其实正确的位置应该是"玩∧警察抓小偷的游戏"。

最贵的一张值八百元

最贵的一张∧值八百元

最贵的∧一张值八百元

【练习】

思考一下，下面的句子应该在哪里停顿？

● 我不知道他是怎么知道的。

● 我不知道∧他是怎么知道的。

● 我们三个人一组。

● 我们∧三个人一组。

● 我们三个人∧一组。

(2) 突出感情色彩。

我们完全可以在听得懂的情况下，运用区分性停连，使思想更明晰，感情色彩更丰富。"剧烈的疼痛使得巴尼只觉得眼前一片漆黑。但他知道，自己首先要做的事是保持清醒。"

——《难以想象的抉择》

我们可以通过强调巴尼所遭受的巨大痛苦，来突出他的抉择的确使令人难以想象。可以让人产生设身处地、感同身受的心情状态。因此，此句可以读成："剧烈的疼痛∧使得巴尼只觉得眼前一片漆黑。"

2) 呼应性停连

呼应性停连是在有呼有应的句子中体现呼应关系的停连。对这种停连的句子在朗读前一定要弄清句子之间的呼应关系，比如谁是"呼"，谁是"应"；一个句子里有几个"呼"，几个"应"；是先"呼"后"应"，还是先"应"后"呼"等等。例如：

现在播放∧路遥的长篇小说《平凡的世界》。

在这里"播放"是"呼"，"路遥的长篇小说《平凡的世界》"是"应"。

呼应性停连，有逐层呼应，即大呼应套小呼应。也有一呼几应、几呼一应的情况。再如：

- 现在，我向大家介绍∧唐代大诗人杜甫∧揭露∧统治阶级横征暴敛的诗篇。
  这是个典型的逐层呼应结构其中，"介绍……诗篇"是大呼应，"揭露……的横征暴敛"是小呼应。
- 他∧当过演员，在大学里教过书，还干了几天电工。
  这是个一呼几应的句子，"他"是一呼，后三个短语都是应。
- 他很有才华，演员、教师、电工∧都干得不错。
  这一句是几呼一应。

【练习】

根据呼应性原则，下面的句子应该在哪里停顿？

"谁还想起，他们的脚踩在一个女儿、一个母亲、一个为光明献身的战士的心头上？"

(参考答案：谁还想起，他们的脚踩在∧一个女儿、一个母亲、一个为光明献身的▲战士的∧心头上？)

3) 并列性停连

并列性停连，是指作品里属于同等位置、同等关系、同等样式的词语之间的停顿及其成分内部的连接。例如：

母亲∧要走大路，大路平顺；我的儿子∧要走小路，小路有意思。

这里"母亲"、"儿子"是并列关系，"要走什么样的路"、"为什么"也成并列关系。这样处理，有利于形成并列的感觉，使语义明确，同时也有利于形成节奏感。

山∧朗润起来了，水∧涨起来了，太阳的脸∧红起来了。

这里的"山"、"水"、"太阳的脸"是并列关系，"山怎么样"、"水怎么样"、"太阳的脸怎么样"也成并列关系。

【练习】

思考下面的句子应该在哪里停顿？

"此时，草地上一片欢声笑语。有的嬉闹，有的捉鱼，有的玩水，还有的在采摘草地上的不知名的小黄花。"

(参考答案：此时，草地上一片欢声笑语。有的∧嬉闹，有的∧捉鱼，有的∧玩水，还有的∧在采摘草地上的不知名的小黄花。)

4) 强调性停连

为了强调某个句子、词组或词，就在前边或后边、以至前后同时进行停顿，使所强调的词句突现出来。其他不强调的词句中，将本该有停顿的地方相对缩短一些时间，这就是强调性停连。例如：

"自古称作天堑的长江，被我们∧征服了。"

为了强调"征服"在其前停顿一下，而前面的逗号的停顿就要相应缩短一下。

【练习】

根据呼应性原则，下面的句子应该在哪里停顿？

"俱往矣，数风流人物，还看今朝。"

"森林爷爷一点儿也不着慌。"

(参考答案：俱往矣，数风流人物，还看∧今朝。森林爷爷∧一点儿∧也不着慌。)

5) 心理停连

心理停连是为表达某种特定的心理活动或感情发展而运用的停连。例如：

"她吓昏了，转身向着他说：'我……我……我丢了∧佛莱思节夫人的∧项链了。'"

"丢了"和"项链"是人物命运的关键所在，这两处停顿既能表现出说话人心情的极度紧张、恐惧，又暗示了事情的严重性。

"然后他待在那儿，头靠着墙壁，话也不说，只向我们做了个手势：'散学了，——∧你们∧走吧。'"

"散学了"后有较长停顿，表现先生沉痛的思绪和回味："祖国沦陷了，最后的一课结束了！什么时候能再用自己的民族语言上课呢？"先生感慨无限。然后又回到了现实中，说出"你们走吧"。"走吧"之前稍稍顿一下，能够表现此时的悲伤与依依不舍之情。

【练习】

"盼望着，盼望着，东风来了，春天的脚步近了。"

朗读这一句时，在"春天的脚步"后面停顿一下，可以表现出人们对春天即将到来的欣喜、兴奋之情。

盼望着，盼望着，东风来了，春天的脚步∧近了。

(二)重音

1. 重音的分类

在朗读中需要强调突出的词、词组或某个音节，叫重音。即一句话中听起来格外清晰、醒目之处，是诗眼、句子精华所在，也就是语句目的所在。

停顿和连接，解决了作品内容构成的分合。重音，要解决作品内容中词语关系的主次。

并列性重音：古时候，有个人，一手拿着矛，一手拿着盾。

对比性重音：骆驼很高，羊很矮。

递进性重音：竹叶烧了，还有竹枝；竹枝断了，还有竹鞭；竹鞭砍了，还有很埋在地下的竹根。

比喻性重音：月光如流水一般，静静的泄在这一片叶子和花上。

转折性重音：其实地上本没有路，走的人多了，也便成了路。

强调性重音：乌鸦听了狐狸的话，得意极了，就唱起了歌来。

拟声性重音：雨哗哗地下着。会场上响起雷鸣般的掌声。
肯定性重音：这样气魄宏大的工程，在世界历史上是一个伟大的奇迹。我是中国人。
反义性重音：他们说中国是一个贫油国家。

2．怎样确定重音

(1) 突出语句目的的中心词。
(2) 体现逻辑关系的对应词。
(3) 点染感情色彩的关键词。

3．表现重音的方法

表现重音的方法有三种：快慢法、强弱法、虚实法。

就是通过语音的快慢、强弱、虚实对比的方法来体现出重音。快、强、实比起慢、弱、虚来就显得重。

(三)语气

朗读时所包含的思想感情和具体的声音形式。朗读学实际上是语气学，占有极重要的位置。

语气有具体的思想感情的色彩，喜、怒、哀、乐、爱、恶、惧等。例如：

爱——气徐声柔——"宝宝，过来让妈妈抱抱。"
憎——气足声硬——"他爸，你赶紧过来一下。"
悲——气沉声缓——"周总理，你在哪里，我们想念你呀，想念你。"
喜——气满声高——"女士们，先生们，当阳光以饱满的激情拥抱泥土，当雨水以甘甜的声音呼唤禾苗，又一度春风临界，我们迎来高先生和林小姐的新婚大喜。"
惧——气提声凝——"不，别这样，不要，不要。"
欲——气多声放——"当兵的，你不守信用，你不等我了？"
急——气短声促——"快，快，敌人马上追上来了。"
冷——气少声平——"我们没什么可谈的了，结束吧。"
怒——气粗声重——"你难道就这么对待我吗？你这人太没有良心了。"
疑——气细声黏——"他怎么会在这儿，难道他已经觉察出这里的秘密？"

语气的丰富多彩决定了其声音形式的千变万化，具体的色彩，要通过具体的声音形式表现出来。

总体要求是：从内容出发，以准确、具体的思想感情作为依据，通过声音的高低、轻重、快慢、虚实、明暗、刚柔等的对比，达到朗读目的。如："这些石刻狮子，有的母子相抱，有的交头接耳，有的像倾听水声，千态万状，惟妙惟肖。"

【练习】

声音与情感的关系：用声音的刚柔、明暗、虚实、疾徐来表现喜、怒、哀、乐等情绪。用愤怒、紧张、失望、不关心、不耐烦、兴奋、神秘、惊恐8种情感说以下例句：

"我不知道他会不会来，已经等了三天。"

"其实你不需要留在这里，那边的事没有你完成不了。"

"这半年一直都是这样子，大家都习惯了。"

(四)节奏

由思想感情的波澜起伏所造成的声音上的抑扬顿挫、轻重缓急、回环往复的形式。高亢型、紧张型、轻快型、低缓型、舒展型、凝重型。

说话要有节奏，该快的时候快，该慢的时候慢，该起的时候起，这样有起伏有快慢，有轻重，才形成了语言的乐感，否则话语不感人，不动人。有位意大利的音乐家，他上台不是唱歌，他把数字有节奏的、有变化的从1数到100，结果倾倒了所有的观众，甚至有的感动得流下了眼泪，可见节奏在生活中是多么重要。节奏与语速有关系，但不是一回事，语速只表示说话的快慢，节奏包括起伏、强弱。

1. 节奏的种类

节奏包括快节奏和慢节奏，具体又分为以下几种。

(1) 轻快型：多扬少抑，多轻少重，语节少而词的密度大。

(2) 高亢型：语势多为起潮类，峰峰紧连，扬而更扬，势不可遏。

例：《白杨礼赞》、《海燕》等。

(3) 紧张型：多扬少抑，多重少轻，语节内密度大，气较促，音较短。

例：《最后一次演讲》、《童区寄传》等。

以上属于快节奏，下面三种类型属于慢节奏。

(4) 舒缓型：语势多扬而少坠，声较高而不着力，语节内较疏但不多顿，气流长而声清。

例：《秋色赋》、《荷塘月色》等。

(5) 低沉型：语势多为落潮类，句尾落点多显沉重，音节多长，声音偏暗。

例：《卖火柴的小女孩》等。

(6) 凝重型：语势较平稳，音强而着力，多抑少扬，语节多而词疏。

例：《藤野先生》、《最后一课》等。

2. 确定节奏快慢的几个原则

(1) 感情原则。根据感情的需要，选择节奏的快慢。

(2) 语境原则。根据语言的环境调整。

(3) 内容原则。根据内容调整。

3. 节奏美体现方式

(1) 步韵。如写文章时要体现节奏美，可用几个句子像散文诗那样押韵。
(2) 对应。包括运用对比句和对偶句。
(3) 排比句。
(4) 复沓。反复使用形式和意义相近的词、句、段。
(5) 层递。一层递一层。
(6) 联珠和回环。联珠即把第一个句子末尾的词作第二个句子开头的词，回环即是一个词反复运用。

例：疑人不用，用人不疑。

(五) 四种技巧的关系

停连，解决词、词组、句子、段落、层次之间的疏密关系，使语义完整清晰，感情隐现得体。

重音，解决句子、段落中的主次问题，使语言目的明确，重点突出。

语气，把握每一个语句的走向、态势、色彩、分量，是朗读技巧的核心。

节奏，控制全篇语流的快慢疾徐，在回环往复中奠定全篇的基调。

它们不是孤立地各行其职，而是作为一个整体，是有声语言流动中的和声，不能割裂开来，而是要出神入化，变为朗读者熟练的习惯，甚至进入"下意识"。

总之，朗读应线索清晰、立意具体，表达细腻，点染得体。要做到有目的、有对象、有内容、有感情。

(六) 特殊技巧

在朗读朗诵过程中除了以上所介绍的换气和补气、停顿和连接、重音、语气和语调、语速和节奏等这些基本的技巧外，还有一些小的技巧可以增加朗读的感染力，具体介绍如下。

(1) 摹声：对于象声词和修辞手段的摹声，增强表达效果，有真情实感。
(2) 虚声：模仿呼喊或某种声音，有时表示惊讶、感叹等情感，发声时声门收缩，发出较虚的声音以代实音，也叫飞音。

例：我对着山腰的小敏喊："喂，快一点！"(真的高声叫喊，会影响朗读的表达效果，用虚声才能表达出特定的情感来。)

(3) 拖腔：朗读中遇到描写惊呼、声音断续以及表达回忆、迟疑支吾、领悟事理、声微气弱等内容，故意拖长读音，称为拖腔。

例：连长冲出掩体，高声喊道："同志们，冲！" (命令，用拖腔朗读，并运用虚声，就能表现出指挥若定、富有号召力的特点。)

啊，我想起来了。(表示追思。)

(4) 颤声：指为表达某种特殊情绪或悲痛、哀婉、忧伤等情态，朗读时发出发颤或稍带泣诉、伤感的声调。

例：老爷，你就行行好吧！(发音微颤。突出人物的无可奈何的祈求。)

天哪，这是怎么回事啊？(语调如泣，绝望之情逼真。)

(5) 气声：音乐中有气声的运用如《妹妹找哥泪花流》中的气声唱法表达出了特殊的韵味，朗读中也可以借鉴，表达特殊的韵味。

例："我是你河边上破旧的老水车，数百年来纺着疲惫的歌。"(气声的运用就更能突出对祖国数百年来贫困落后的历史的沉痛思考。)

四、不同文体的朗读

(一)记叙文的朗读

记叙文是一个包含内容很广的题材，它包括小说、散文、游记、故事、通讯等。我们这章所讲的记叙文是狭义上的，指的是记人叙事的文章。

"记叙"就是讲故事。讲故事最重要的就是引人入胜，要让别人听得津津有味。怎样才能做到这一点呢？

那就是：渲染气氛，交代脉络，塑造人物。

首先说说如何渲染气氛。任何一个故事都有气氛的问题。是轻松愉快的，还是沉重不幸的；是富有哲理的，还是幽默风趣的；不同的气氛要用不同的嗓音来表现。例如《齐白石买菜》说的是老画家想买点儿白菜，卖菜的小伙子认出了他，提出要用画来换。是轻松愉快的作品。我们要用明亮的嗓音，跳跃的节奏来朗诵。《最后一课》写的是一位教师在国家将亡之际坚持上完最后一堂母语课时的悲痛心情，气氛是庄严，沉重的。我们要用低沉的嗓音，缓慢的节奏来朗诵。这是自始至终贯穿整个作品的。

其次说说怎样交代作品的脉络。故事总有开头，结尾。事件也总有发生，发展，高潮和结局。这就是脉络。开头用慢速，多停顿，使听众听得清楚明白。中途娓娓道来，要从容不迫；关键之处要运用重音，停顿引起听众的注意；高潮到来，要用节奏语速的变化来表现，否则就会显得平淡无奇了。

故事中如果有人物出现，就要用声音来塑造人物的形象。人们的嗓音频率跟年龄有关。所以，读小伙子的话，就要提高频率；读老先生的话，就要降低频率；人物的喜，怒，哀，乐都可以用嗓音来表现。

下面我们用《齐白石买菜》这篇故事为例来讨论记叙文的朗诵方法。

齐白石买菜

一天早晨,齐白石上街买菜,看见一个乡下小伙子的白菜又大又新鲜,就问:"多少钱一斤?"小伙子正要答话,仔细一看,心想,哦!这不是大画家齐白石吗?就笑了笑说:"您要白菜,不卖!"齐白石一听,不高兴地说:"那你干吗来了?"小伙子忙说:"我的白菜用画换。"齐白石明白了,看来这小伙子认出我了,就说:"用画换?可以啊,不知怎样换法?"小伙子说:"您画一棵白菜,我给你一车白菜。"齐白石不由笑出了声:"小伙子,你可吃大亏了!""不亏,您画我就换。""行。"齐白石也来了兴致:"快拿纸墨来!"小伙子买来纸墨,齐白石提笔抖腕,一幅淡雅清素的水墨《白菜图》很快就画出来了。小伙子接过画,从车上卸下白菜,拉起空车就走。齐白石忙拦住他笑笑:"这么多菜我怎么吃得完?"说着,就只拿了几棵白菜走了。

(节选自:洪梅. 齐白石买菜. 小学生导读,2011,22)

这篇故事轻松活泼,富有生活气息。因此我们可以选用自然、松弛的嗓音来朗诵,完全不需要夸张。这样,故事的背景和气氛就出来了。

从故事的脉络来看。一开始是普通的讨价还价,接着小伙子认出了老画家情况有了变化:不卖——要换。这一过程又分为以下几个小阶段:

(1) 小伙子认出:"正要答话……齐白石吗?"用低声表示内心活动。
(2) 欲擒故纵:"就笑了笑……不卖"扬声,故作冷淡。
(3) 齐不高兴:"齐白石一听……干吗来了?"声音低沉,稍重,表示老人气愤。
(4) 小伙子解释:"我的白菜用画换。"语调下抑,表示诚恳。
(5) 老人明白:"齐白石……换画"先抑后扬。
(6) 商量办法:"小伙子……行"松弛自然,生活化。体现幽默风趣。
(7) 画画过程:"齐白石……画出来了"高潮,声音明快,体现一挥而就。
(8) 取菜结束:"小伙子……走了"尾声,恢复平和自然的语气。

有时候我们会选择一些带有讽刺意味的小故事,故事中穿插着古诗词。这时候,我们也不妨运用一些夸张的朗诵方法。例如有篇小故事,说的是郑板桥辞官回乡,两袖清风。风雨之夜有小偷上门,郑板桥吟诗退贼。在这个故事中,小偷的心理活动跟诗人的吟诗声交替出现。我们可以用低声来读小偷的内心独白,用较夸张的语调来吟诗,形成对比。这样不但增加了朗诵的生动,而且可以用小偷的猥琐来反衬诗人坦荡的胸怀,加强了感染力。

(二)说明文的朗读

1. 说明文的朗读基调

说明文具有条理清楚,结构严谨的特点。我们在朗读时不像朗读记叙文、寓言等文章要投入一定的情感。说明文的朗读基调应较平实,在语速、停顿等方面可以用叙述的语气把文章读正确,强调文中所介绍事物的特点,使受众理解说明的内容,在朗读中锻炼思维。

例如《太阳》一义,为了说明太阳离我们很远时,开头引用了一个神话故事,这个神话故事的引用是为了帮助我们理解说明事物的状况。我们朗读时，可以区别于一般的带着神秘的感情色彩的神话故事的朗读，而应用较平实的叙述语气来朗读，为了强调太阳离我们远，传说中的"箭能射到太阳"和"箭射不到太阳"，中间用了连词"其实"连接，为了让受众形象地感受太阳的远。朗读时可以将"其实"适当加强语气，又让人体会到"其实"这个连词含有转折的意思，引导受众关注句与句之间的条理和顺序。

文中介绍太阳的特点，那些枯燥的数据说明，我们也要通过朗读，读出那些特点来。文章第一段3、4、5句写的就是太阳离地球很远的特点，"其实，太阳离我们有1.5亿公里远，到太阳上去，如果步行，日夜不停地走，差不多要走3500年，就是坐飞机，也要飞二十几年。这么远，箭哪能射得到呢。"第3句和第4句用了列数字、举例子、类比等说明方法，充分体现了太阳离地球很远的特点。第5句是作者的疑问。把"其实"、"1.5亿"、"太阳"、"步行"、"日夜不停"、"3500年"、"坐飞机"、"二十几年"等词语都重读，并且从"就是坐飞机"开始，语速稍微加快，这样太阳远的特点就很清晰地印在我们的脑海中了。最后，第5句是疑问句，我们可以用若有所思的语气来读，效果很好。

2. 逻辑感受

说明文对科学知识的说明，是按序列层层展开的，为了让受众把握好说明文内在的逻辑结构，在朗读时主要靠正确的停顿，节奏的变化来感受文章的内在逻辑结构。

受众有一定的逻辑思维，我们可以通过朗读进一步培养逻辑思维。

例如《蛇与庄稼》中第一段，叙述了广东沿海地区发生的一次大规模的海啸后，庄稼得不到好收成。后来一位老农说破了秘密，原来洪水淹没了田地的时候，藏在洞里的蛇都给淹死了，田鼠却窜出洞来，因为没有了吃田鼠的蛇，田鼠繁殖得特别快，庄稼被田鼠糟蹋得特别严重，所以庄稼就歉收了。在这一段话中，老农为了说清蛇与庄稼的关系，老农从现象分析，层层递进，找出问题的实质，我们朗读时，通过语调的变化来表达文章的内在逻辑结构。"藏在洞里的蛇都给淹死了，田鼠却窜出洞来，因为没有了吃田鼠的蛇，"读得稍慢，而"田鼠繁殖得特别快，庄稼被田鼠糟蹋得特别严重，"读的时候应加快语速。"所以庄稼就歉收了。"可以用平常的语速读。

(三)议论文的朗读

议论文，是指有感而发，对某一件事表示自己的意见、观点、看法而形成的一篇文章，其中包括演讲稿、辩护词以及随笔等。从广义上说，也有人把随笔归入散文，但随笔跟抒情散文是完全不同的文体，随笔是一种议论文。

议论文有明确的观点，符合逻辑的论证过程，它应该是脉络清楚，条理分明，重点突出。所以，议论文的朗读应该具有以下几个特点。

(1) 声音明亮清晰。这是因为在文章中要明确地亮出作者的观点，而且是毫不犹豫的，应该使用明亮的音色。在发音时，要使自己的发音器官肌肉紧绷，这样声音就不至于显得拖泥带水。

(2) 语句重音作用明显。因为在议论文中有大量的议论，为了论证，一定会有所强调，所以语句重音就显出特别重要的作用。

(3) 层次分明。在议论文中的思考和议论必然有一定的脉络和思路，由此一步步带着听众走向结论，所以必须是层次分明的，朗读时必须运用音量的大小、速度的快慢等因素逐步推进到结论的出现，这也就是全文的高潮所在。

下面，我们以《理解万岁》为例，来具体说说议论文的朗诵方法。

理 解 万 岁

记得《论语·学而篇》中有那么一句话："患不知人也。"意思是可担忧的是不理解人吧。

的确，理解、相知是人类多么宝贵的一种境界。理解自然、理解社会、理解人生……人类不也就是在这种境界之升华中行运的吗？

——乘着创世纪的诺亚方舟；理解是那只窥探到大自然，衔回了橄榄枝的鸽子；

——沿着千回百折的汨罗江，理解是屈原感叹社会而传唱于今的骚体长辞；

——拨着高山流水般的琴声，理解是蔡锷小凤仙人生难得一知己的一曲知音……

自然界在理解中求达平衡，社会在理解中求达和谐，而更重要的是人类在理解中求达进化。

人是需要理解的。每个人都渴望理解自己，也渴望理解他人，更渴望被他人理解。

不理解自己的人，是难以把握自己的人生航向；不理解他人的人，是难以团结生活和事业的同盟军的；不被他人理解的人，则难以挣脱孤独和苦闷的阴影。而只有理解自己，也理解他人，同时让他人理解的人，才能在求索的漫漫路途中不昏不聩，不傲不矜。

有时候，理解是一股热源，它能给人以无穷无尽的力量。镇守在亚热带南中国边疆的战士们，被短短一曲《十五的月亮》吟出了泉水般的泪水，他们紧紧抱在一起，陶醉在被理解之中，久久也不松开。一旦他们重新卧在堑壕里，那颗心便会化成山一样的屏障。

有时候，理解是一架罗盘，它能改变人一生的走向。在工读学校里，一道理解的目光，竟能使那误入歧途的年轻人怦然心动，反省、疚悔，以至作为一个真正的人重新崛起。

有时候，理解是一道霓虹；它能给原本庄重的生活增添绮丽。读一读马克思给燕妮的书信吧，伟人对理解的渴求，以及被理解后的欢愉和情爱，难道不会给你给我们或新或深的启迪吗？

当然，要达到这个境界，并不是件轻而易举的事。恢弘的宇宙，繁复的社会、神秘的自然，以及大千世界，芸芸众生，要达到相互间那种完全彻底的默契无懈的理解；从现阶段人类的认识能力、幻想能力、道德能力、智商凝聚力及科学技术水平来看，还十分遥远。那么就从一点一滴开始吧，理解自己的同志和朋友、父母和妻儿、理解自己周围的每棵小草，每片树叶，每粒尘土和每缕风，每束光吧！

(孙泱. 理解万岁. 语文精品屋)

《理解万岁》这篇短文从《论语》中的一句话："患不知人也"说起，论述了"理解是人类一种宝贵的境界"这个道理。在论述时，全文十个小节又从五个不同的层面加以阐述。这五个层面环环相扣，结构是很严密的。

(1) 开题与立论：第一小节——引用《论语》，提出话题；第二小节——论点：理解是人类宝贵的境界。

(2) 历史的回顾：第三小节——人所共知的历史事实；第四小节——自然、社会的发展规律。

(3) 人们需要它：第五小节——人渴望相互理解；第六小节——理解与否，影响巨大。

(4) 理解是什么：第七小节——理解是热源，给人力量；第八小节——理解是罗盘，改变方向；第九小节——理解是霓虹，增添绮丽。

(5) 怎样达到它：第十小节——从一点一滴开始。

我们可以清楚地看出，全文的重点在第四个层面。在这一层中作者用了三个小节来反复论证，同时也在这一层中用了很具体很生动的事实来证明自己的论点。由此可见，作者说到这儿，倾注了感情，眼前似乎出现了堑壕里的战士、误入歧途的青年、历史上的伟人，耳边似乎听见了《十五的月亮》的歌声……因此我们在朗诵时，也要把这一层次作为重点来处理。我们在朗诵这几个小节时，一定要倾注我们的热情，例如：朗诵"紧紧地"、"久久地"、"山一样的"应该有重音，以体现理解给人的力量是如何巨大。朗诵"怦然心动"、"反省"、"疚悔"时，要一个比一个高而强，体现理解所带来的这些行动之间的关系是像一个又一个的台阶一样，把跌入深渊的人托上彼岸。在朗诵"霓虹"、"绮丽"、"书信"、"渴求"时，要把声音放得很柔和，不用加强而用延长的方法来处理重音。使声音充分表现出人们被理解之后的欢欣。

既然全文是以第四层次为中心的，前面的三个层次就要为第四层次做铺垫。第一层次用平实的语调，体现庄重；第二层次用较为缓慢低沉的语调，体现沧桑感。第三层次开始，要逐步加快节奏和语速，从反面说时可以稍稍放慢放低，以便和正面说有所对比。

这样就可以和第四层次相衔接。而最后一个层次，应该是引起听众深深思考的一节。朗读时要放慢语速加重语气，给人以"语重心长"的感觉。在这一小节中，有些重音是绝不能忽视的："一点一滴"、"小草"、"树叶"、"尘土"、"风"、"光"。

也许有人会问，为什么要把重音放在草和叶上？朋友、父母就不重要吗？当然重要！父母、朋友，怎么说也比草、叶重要。唯其重要才不能作为这儿的重音。请注意。这儿特别说的是"一点一滴"，是指要从身边最不容易注意的地方做起。因此后边一连串的人和事物是由大到小来排列的。不信，我们来看看：和尘土相比，小草和树叶是不是还算大的？但是跟风和光相比，尘土是不是还算"有形"的？所以，这儿是由大到小排列的。作者的意思是：要是你连小到这样微不足道的东西都能理解，那你就能达到这个宝贵的境界了。由此可见作者要强调的正是那最最小的东西。这也就是我们为什么要把树叶、尘土处理为重音的缘故。

(四)诗歌的朗读

一般来说,朗读现代诗歌要把握好以下几点。

1. 研究诗歌思想内容,定下情感基调

在诵读前,首先把握其思想内容,并以此确定诗歌情感基调。如《再别康桥》写的是离愁别绪,其情感基调定在一个"愁"字上。这愁,不是深郁的哀愁,而是淡淡的轻愁,愁中蕴含着对康桥美景的沉醉,对母校眷恋的深情。以此可以确定,此诗宜饱含深情地款款诵出,方能读出诗中的韵味。

2. 根据情感的需要,确定语速

诗歌诵读的语速,有一定的规律可循。如果表现的内容是欢快的、激动的或紧张的,速度要快一些;表现的内容是悲痛的、低沉的或抒情的,速度要慢一些;表现的内容是平铺直叙的,速度采取中等为宜。在同一首诗歌当中,语速也并非一成不变。诗歌情感有发展,语速随之有变化。如闻一多《发现》一诗:

> 我来了,我喊一声,迸着血泪,
> "这不是我的中华,不对,不对!"
> 我来了,因为我听见你叫我;
> 鞭着时间的罡风,擎一把火,
> 我来了,不知道是一场空喜。
> 我会见的是噩梦,哪里是你?
> 那是恐怖,是噩梦挂着悬崖,
> 那不是你,那不是我的心爱!
> 我追问青天,逼迫八面的风,
> 我问,拳头擂着大地的赤胸,
> 总问不出消息,我哭着叫你!
> 呕出一颗心来,你在我心里!

(闻一多. 闻一多诗文名篇. 北京:时代文艺出版社,2010)

作者一步步发现,一步步追问,节奏愈来愈紧,痛苦愈来愈深。最后,在呕心沥血之中终于发现,祖国原来珍藏在自己心底。因此,这首诗的语速应是:慢→快→慢。

3. 根据诗歌意境,确定轻读重读及音长音短

诗歌诵读,宜把握音节的轻重长短,只有这样才能将诗歌情感强调出来,才能将诗歌的韵味体现出现。同样,字词句的轻重及音长音短,要根据诗歌内容、意境来判断。如徐志摩的《再别康桥》的第一节:

轻轻的我走了，

正如我轻轻的来；

我轻轻的招手，

作别西天的云彩。

(徐志摩. 再别康桥(徐志摩诗歌全集). 北京：西苑出版社，2005)

这整节诗比较轻柔，但轻柔之中依然有强调部分。其中，下画双线部分可稍读重一些；而下画单线部分的三个"轻轻"虽然属于这节诗中重点强调的部分，但根据诗歌意境来看，不能重读。那么该怎么处理呢？我们可以这样处理：语速放缓慢，声音稍微拉长。这样，两种强调处理，各有不同，一种重读，一种轻读拉长，"歌"的韵味便出来了。

4．根据语境的关系，确定诗句的停顿

诗歌诵读，需要正确处理好停顿。节奏自然鲜明，诗歌才富有韵律美。那么，无标点符号之处又如何停顿呢？我们要明白的是，古诗有节拍停顿，现代诗也有节拍停顿。一般是两个音节一拍或三个音节一拍。如顾城的《一代人》：

黑夜/给了我/黑色的/眼睛，

我/却用它/来寻找/光明。

有时需根据诗歌内容和语意关系来断定。比如闻一多的《红烛》最后一节，一般性的处理可能会是这样：

红烛/啊！

莫问/收获，//但问/耕耘。

然而如果我们仔细分析诗歌内容、意境，会发现这样的处理不太合适。诗人借咏颂燃烧的红烛寓志，在反复吟咏之后明志，表示要以"莫问收获，但问耕耘"的执著态度对待人生。所以，最后一节的处理，应有别于本诗其他章节。这是本诗的高潮部分，每一字都非常重要，每一字都寓含作者的情与志。为了体现每一字的力度，在诵读时，我们这样处理比较合适：

红/烛/啊！

莫/问/收/获，//但问/耕/耘。

如此处理，一字一顿，一字一拍，更能准确地突出诗人的志向及志向的坚定。

(五)寓言的朗读

寓言是一种以劝谕或讽刺性的故事为内容的文学样式，通常是假托一个故事来说明深刻的道理，具有讽刺和教育作用。朗读寓言要把握以下几点。

1．确定寓意

寓言的特点之一是借事喻理，每一篇寓言的寓意都是不同的。有的反映人们对生活的

看法，有的对某种社会现象加以批评，有的对某一阶层或某一类人物有所讽刺，或提供某种生活的教训，或进行某种劝诫。总之应弄清寓言的寓意是什么，然后抓住关键所在，用最适当的语气语调来表现。

2．抓住特点

每篇寓言所借喻的事物不尽相同，在朗读时应注意把握住特点。如《乌鸦和狐狸》这则寓言告诉我们不要被捧场搞得昏昏然。在朗读时，应着重读好狐狸的话，用柔和的、细声细气的声音和曲折的语调突出其谄媚和狡猾，这样衬托了乌鸦的愚蠢。

3．揣摩形象

对于寓言中出现的形象，作者总是有所褒贬的，在朗读时，对作品中的形象应好好揣摩，然后决定用什么语气语调朗读。

（六）童话的朗读

童话世界是瑰丽而生动的，在童话作品中，天地日月、风云雷电、山川鸟兽、花草虫鱼，都可以被赋予"人"的性格，"人"的思想感情，并以其鲜明的形象和独特的个性活跃在幻想的舞台上，所以总是特别受到孩子们的欢迎。

朗读童话除了"用普通话语音朗读、把握作品的基调、使用朗读的基本技巧"外，关键是"化装"好角色。朗诵时可以适当地把声音"化化装"以加强表现力，朗诵的音色因角色不同而有变化。为了逼真地表现出作品中的角色，可以进行模仿、夸张，例如朗诵乌鸦的话时，声音可以尖一些，因为乌鸦体形很小。而朗诵蜗牛的话时，可以把声音放低一些，慢一些，因为蜗牛总是慢腾腾的。这样立刻就可以使两个角色声音拉开距离，形成对比。不但可以塑造不同的角色，还可增强作品的艺术效果。

【练习】

分析并朗读下面的童话。

卖火柴的小女孩

这是一年的最后一天——大年夜，鹅毛般的大雪纷纷扬扬地从天空中飘落下来，天气冷得可怕。

一个卖火柴的小女孩在街上走着，她的衣服又旧又破，打着许多补丁，脚上穿着一双妈妈的大拖鞋，但是这又有什么用呢？她还是又冷又饿，风吹得她瑟瑟发抖。她的口袋里装着许多盒火柴，一路上不住口地叫着："卖火柴呀，卖火柴呀！"人们都在买节日的食品和礼物，又有谁会理她呢？

快到中午了，她没有卖掉一根火柴，没有哪个好心人给过她一个钱。

她走着走着，在一幢楼房的窗前停下了，室内的情景吸引住了她。哟，屋里的圣诞树多美呀，那两个孩子手里的糖果纸真漂亮。

看着人家幸福的表情，小女孩想到了生病的妈妈和死去的奶奶，伤心地哭了。哭有什么用呢？小女孩擦干眼泪，继续向前走去。

"卖火柴呀，卖火柴呀！叔叔，阿姨，买一些火柴吧！"

可是，人们买完节日礼物，都急匆匆地赶回家去，谁也没有听到她的叫卖声。雪花落在她金黄色的长头发上，看上去是那么美丽，可谁也没有注意到她。

小女孩走着走着，一辆马车飞奔过来，她吓得赶快逃开，大拖鞋跑掉了。马车过去后，她赶紧找鞋。那是妈妈的拖鞋呀，妈妈还躺在床上呢。可是，一只找不到了，另一只又被一个男孩当足球踢走了。小女孩只好光着脚走路，寒冷的雪将她的小脚冻得又红又肿。

天渐渐黑了，街上的行人越来越少，最后只剩下小女孩一个人了。街边的房子里都亮起了灯光，窗子里还传出了笑声。食品铺里飘出了烤鹅的香味，小女孩饿得肚子咕咕直叫。小女孩好想回家，可是没卖掉一根火柴，她拿什么钱去给妈妈买药呢？

雪越下越大，街上像铺了一层厚厚的白地毯。

小女孩一整天没吃没喝，实在走不动了，她在一个墙角里坐下来。她用小手搓着又红又肿的小脚，一会儿，小手也冻僵了。真冷啊，要是点燃一根小小的火柴，也可以暖暖身子呀。她敢吗？她终于抽出了一根火柴，在墙上一擦，哧！小小的火苗冒了出来。小女孩把手放在火苗上面，小小的火光多么美丽，多么温暖呀！她仿佛觉得自己坐在火炉旁，那里面火烧得多旺啊。小女孩刚想伸出脚暖和一下，火苗熄灭了，火炉不见了，只剩下烧过的火柴梗。

她又擦了一根，哧！火苗又蹿了出来，发出亮亮的光。墙被照亮了，变得透明了，她仿佛看见了房间里的东西。桌上铺着雪白的台布，上面放满了各种各样好吃的东西。一只肚子里填满苹果和梅子的烧鹅突然从盘子里跳出来，背上插着刀叉，摇摇晃晃地向她走来。几只大面包也从桌上跳下来，一个个像士兵一样排着队向她走来。然而就在这时，火柴又熄灭了，她面前只剩下一面又黑又冷的墙。小女孩舍不得擦火柴了，可她冻得浑身直抖。无奈之下，她又擦了一根，哧！一朵光明的火焰花开了出来。哇！多么美丽的圣诞树呀，这是她见过的最大最美的圣诞树。圣诞树上挂着许多彩色的圣诞卡，那上面画有各种各样的美丽图画。树上还点着几千支蜡烛，一闪一闪地好像星星在向她眨眼问好。小姑娘把手伸过去，唉，火柴又熄灭了，周围又是一片漆黑。

小姑娘又擦了一根火柴，她看到一片烛光升了起来，变成了一颗颗明亮的星星。有一颗星星落下来了，在天上划出一条长长的火丝。所有的星星也跟着落下来了，就像彩虹一样从天上一直挂到地上。"有一个什么人快要死了。"小女孩说。因为她那唯一疼她的奶奶活着的时候曾经告诉过她：一颗星星落下来，就有一个灵魂要到上帝那儿去了。

小女孩又擦亮一根火柴，火光把四周照得通亮，奶奶在火光中出现了。奶奶朝着她微笑着，那么温柔，那么慈祥。"奶奶——"小女孩激动得热泪盈眶，扑进了奶奶的怀抱。"奶奶，请把我带走吧，我知道，火柴一熄灭，您就会不见的，像那暖和的火炉、喷香的烤鹅、美丽的圣诞树一样就会不见的！"小女孩把手里的火柴一根接一根地擦亮，因为她非常想把奶奶留下来。这些火柴发出强烈的光芒,照得比白天还要亮。奶奶从来也没有像现在这样美丽和高大。奶奶把小女孩抱起来,搂在怀里。她们两人在光明和快乐中飞起来了。她们越飞越高,飞到没有寒冷,没有饥饿的天堂里去,和上帝在一起。

火柴熄灭了,四周一片漆黑,小姑娘幸福地闭上了眼睛。

新年早晨,雪停了,风小了,太阳升起来了,照得大地金灿灿的。大人们来到街上,大家祝贺着新年快乐。小孩们着新衣,愉快地打着雪仗。

这时,人们看到了一个小女孩冻死在墙角,她脸上放着光彩,嘴边露着微笑。在她周围撒满一地的火柴梗,小手中还捏着一根火柴。

(选自《安徒生童话》,原著者是丹麦的安徒生,杭州:浙江少年儿童出版社,2008)

第三节 演讲训练

一、演讲的基本概述

(一)演讲的含义

演讲者面对广大听众,以口头语言为主要形式、非口头语言为辅助形式,就某一问题发表自己的意见,或阐说某一事理,并互相交流信息的真实的社会活动过程,也叫演说或讲演。

演讲的起源是由于语言的发展和发音器官的进化,从而使有声语言成为主要的表达方式;又由于要更加充分地表达思想感情,而把有声语言和态势语言有机地结合起来,这就是作为一种语言表达方式的演讲的起源。

演讲学是研究演讲的发生和发展规律以及演讲的方法和技巧的一门社会科学,并且是一门带有方法论性质的科学,一门具有很强的实践性的科学。

(二)演讲活动应具备的特质

演讲应具备一定的条件,即:演讲者、听众、沟通二者的媒介以及时间和环境。这四个条件是相互联系、缺一不可的,若离开其中任何一个条件,都不能构成演讲活动。这是因为,任何一种蕴含艺术性的活动,都有其独特的物质传达手段,形成自己特殊的规律,揭示着自身活动的本质特点。演讲活动自然也不例外。演讲者要想发表自己的意见,陈述自己的观点和主张,从而达到影响说服感染他人的目的,就必须通过与其内容相一致的传达手段,它包括:有声语言、态势语言和主体形象。只有具备上述的传达手段才能揭示出演讲的本质属性。

1. 有声语言

有声语言是演讲活动最直接最主要的表达手段,是信息传达的主要载体。它是由语言和声音两种要素构成的。它以流动的声音承载着思想和情感,直接诉诸听众的听觉器官,产生效应。

我们对有声语言的要求是吐字清楚准确,声音清晰圆润甜美,语气、语调、声调、声音节奏富于变化,要注意形式美和声音美。

2. 身体语言

身体语言就是演讲者的姿态、动作、手段和表情等,它是流动着的形体动作,辅助有声语言运载着思想和感情,诉诸听众的视觉器官,产生效应。由于它是流动的,只存在于一瞬间,稍纵即逝,这就要求它准确鲜明,自然协调和轻灵,要有表现力和说服力。这样,才能在具备能感受形式美的听众的心理上唤起美感,并使之得到启示。它具有空间艺术的某些特点,是听众视觉的接受对象和欣赏对象。然而,身体语言虽然能加强有声语言的感染力和表现力,弥补着有声语言的不足,但如果离开了有声语言,它就难以直接地独立地表现思想感情。

3. 主体形象

演讲者是以其自身出现在听众面前进行演讲的。这样,他就必然以整体形象,包括体形、容貌、衣冠、发型、举止、神态等,直接诉诸听众的视觉器官。而整个主体形象的美与丑,好与差,在一般情况下,不仅直接影响着演讲者思想感情的传达,而且也直接影响着听众的心理情绪和感官享受。这要求演讲者在自然美的基础上,还要有一定的装饰美。而这种装饰美,是以演讲者本人为依托,现实的装饰美,它绝不同于舞台艺术的性格化和艺术的装饰美。大家熟悉的表演艺术家李默然同志,他一登上艺术舞台,总要根据他所扮演的角色进行性格化和艺术化的装饰,然而当他作为演讲家登台演讲的时候,他只要将现实自身的穿着略加装饰一下就可以了。这就要求演讲者在符合演讲思想感情的前提下,注意装饰的朴素自然轻便得体,注意举止神态风度的潇洒大方优雅,只有这样,才有利于思想感情的传达,有利于取得演讲的良好效果。

演讲就是靠着上述手段而进行传播,达到演讲目的。在这综合的传达系统中,缺少任何一个因素也构不成演讲活动。如果只有讲而没有演(包括主体形象),只作用于听众的听觉器官而不作用听众的视觉器官,就会缺少感人动人的主体形象及表演活动,即缺少实体感。那就如同坐在收音机旁听广播一样。如果只有演而没有讲,只作用于听众的视觉器官,而不作用于听众的听觉器官,就犹如猜哑谜一样,总令人难以理解。所以讲与演这两个演讲的要素缺一不可,只有使之和谐有机地统一起来,才能精彩并圆满地完成演讲的任务。

(三)演讲的基本特征

演讲是一种独特的语言表达形式。构成这种独特的口语表达形式主要有以下五个特点。

1. 具有群众性、目的性、鼓动性和真实性

(1) 广泛的群众性。演讲是一项综合性的、群众性的社会实践活动，是演讲者和听众之间思想感情、知识信息的交流过程，因此演讲必然有听众。听众可多可少，少则几十人，多则成千上万人，所以演讲者要从听众的实际出发，使演讲的内容能够尽量多为群众接受。

(2) 鲜明的目的性。每次演讲都要有一个或几个既定目的。整个演讲过程就是实现既定目的的过程。所以事先应围绕既定目的做好充分准备。条理清晰地、完整地体现这个目的。

(3) 强烈的鼓动性。一次演讲，或者为了让听众接受某种主张、观点，或者为了让听众得到某种新知识、新信息，或者为了打动听众，使听众激动、感奋。要达到这些目的，从演讲的内容到演讲的语言都应当有较强的宣传鼓动性。

(4) 现实的真实性。演讲者的活动，不同于表演艺术者的活动。演讲者是现实中的自己，走到讲台上也仍然是他自己面向广大听众直接发表自己的主张和观点。而表演艺术者在舞台下是他自己，一走上舞台就不是自己了，而是要按着规定的角色，运用多种艺术手段，在舞台上只是发表着所扮演的角色的主张和意见。

从服饰上看，演讲者虽然也要注意服饰，但却是现实生活中的服饰，而表演艺术家则必须根据人物、性格、情节的需要，进行化妆。因此，演讲家给听众以真实的现实感，而表演艺术家则给人以形象的艺术感。

演讲是一门艺术，但演讲的艺术是为演讲的现实活动服务的，因为演讲是属于现实活动的范畴，而不属于艺术活动的范畴。一个人当众演讲，关键也就在于以其真实性、准确性、原则性、思想性帮助听众弄清楚某一复杂的社会现象，解决某一社会问题。为了达到这一目的，演讲者主要是运用现实生活中的真实事例，通过阐述正确的道理，来表达自己的现实主张、态度和看法的。在演讲中也可能引用寓言故事、小说、诗歌、戏剧等艺术作品中的语言、人物和情节，但总的目的只是为了更生动、更具体、更鲜明地说明一个道理。它是起辅助作用的，而不是主要的，就其反映的对象来看，是现实的真实性，而不是艺术的真实性。

2. 一人讲，多人听

演讲总是在特定的环境中，以个人面对听众的形式直抒己见，表现为一人讲、多人听的外部特征。在美国，面对两个以上的人讲话就称之为演讲。集会上的讲话、讨论会上的发言是演讲；讲课、竞选、推销产品、举行记者招待会等也是演讲。这是从广义方面的为演讲下定义。我们所说的演讲通常是指狭义的演讲。人们平时谈话，争论问题，可以你一言，我一语，七嘴八舌，议论纷纷，以此达到联络感情、交流思想、协调行动的目的。而演讲则不同，演讲只允许一个人在台上讲，众人在台下听。即使是辩论性质的演讲，也只能一个人讲完，另一个人再讲。个别谈话和小组讨论，一般是两个或者较多的人就某些问题互相讨论，商量研究，这种场面类似音乐会中的"对唱"或"合唱"，而演讲却是"独唱"。

随着电子通信技术的迅猛发展，使得一个人可以通过电视、电台、互联网向千家万户发表演讲，这更加强化了演讲一人讲众人听的特征。科学技术的发达，使得演讲的场面已经扩大到数以亿计的听众都能在同一时间内收听、收看某个人的演讲，这给古老的演讲增添了雄伟壮观的气势。所以，只要是演讲，就必然以"一个讲，多人听"为其基本特征。

3．讲演性

演讲不同于一般的语言表达形式，而具有一定的"表演"性质。演讲的"演"其本义固然不是演戏的"演"，而是演绎的"演"和演义的"演"。《说文解字》注解为水流的意思，转义为语流。引申为说话像流水一般通畅，表示语言的流利和顺畅。我们平常形容说话"口若悬河"、"滔滔不绝"、"河"与"滔"均从水。所以说，演讲是需要既"讲"又"演"的。"讲"，即陈述，运用有声语言这一手段，把经过组织的思想内容有条不紊地表达出来。"演"，指辅助语言表达的表情、动作和姿态等态势语言。而且，这个"讲"虽然是语言的艺术，但仍然是演讲者根据思想、情感的需要，进行现实的、真实的"讲"，而不是表演艺术者根据典型人物的需要所进行的那种艺术的、甚至是夸张的"讲"。演讲者虽然也有"演"的艺术性，但这个"演"不仅形式不同于艺术的"演"，而且就其演的作用来说也不同于艺术的"演"。

在有声语言和态势语言两大手段中，有声语言始终居于首要的、统帅地位，它主要作用于听众的听觉器官，是听众的听觉接受对象和欣赏对象。态势语言则处于辅助的、从属的地位。它主要作用于听众的视觉器官，是听众的视觉接受对象和欣赏对象。在特定的环境中，运用这两大手段把自己有准备、有组织的思想观点和内容在听众中公开化，把自己的情感向听众公开抒发，以此达到晓之以理、动之以情、喻之以利、感之以德、导之以行的目的，便成了演讲。由此可见，既"讲"又"演"，以"讲"为主，以"演"为辅，这是演讲区别于其他口语表达形式的又一特征。

4．综合性

演讲是一种极其普遍的社会现象，它虽然不同于纯粹的艺术活动，但却具有多种艺术形式的一些特点和因素。所以，有人说演讲是一种综合的艺术，是"拼盘"艺术。就演讲的"表演"性质来说，它需要借鉴、移植播音、诗朗诵、话剧、相声、说评书、讲故事、演小品、做主持等表演艺术中的一些表达方法与技巧。比如，演讲者活动在固定空间的舞台上，这在某些方面就带有话剧和戏剧等艺术形式的特点。演讲者在讲台上滔滔不绝地发表演讲时，所运用的主要物质手段——有声语言，就具有相声语言生动形象、幽默感强的特点和诗歌语言感情丰富、优美精练的特点。演讲者在叙述事件的发展过程和绘声绘色地描绘人物的音容笑貌时，就兼备了小说创作和戏剧创作的一些艺术特点。尤其许多卓越演讲家所运用的面部表情和手势动作等，又往往具有雕塑艺术的意义和美感。

正因为演讲具有多种艺术样式的一些特点和因素，就使得它具有丰富的表现力和艺术力。又因为这些特点和因素不是简单地相加和拼凑，而是有机地、自然和谐地统一在一起，从属于演讲，服务于演讲，所以，就使演讲成为一种独立的、高级的、典雅的口语表达形式。

5. 具有强烈的吸引力、启发力、说服力、感染力、号召力、生命力

演讲最容易激发听众的情感，使听众的思想为之震动，情绪为之高昂，热血为之沸腾。演讲的吸引力和说服力特征，要求演讲者演讲时必须具有明确的目的性和很强的针对性；演讲的感染力特征，要求演讲者演讲时必须感情真挚、有感而发，而不是哗众取宠、沽名钓誉；演讲的鼓动性特征，要求演讲者演讲时情绪饱满，慷慨激昂，催人奋发。

吸引力——吸引听众的注意力，并将听众的思维引向预定的轨道和方向，这是摄取听众心灵不可缺少的基本条件。

启发力——启发听众积极思考，充分调动听众的经验和知识，成为一种主动的不断深化的认识活动，达到举一反三，由此及彼或"思接千载，视通万里"的效果。这是诱导听众心灵的机智方法。

说服力——纵横的雄辩、缜密的逻辑、严谨的论证，使听众由衷的叹服，口服、心服、信服。这是一种征服听众思想的理性力量。

感染力——真诚炽热的情感使听众心灵受到震撼，产生共鸣，这是一种引起强烈精神感应和情绪渗透的感情力量。

号召力——激发人的情绪，鼓动、号召人们行动起来的性能。正如古希腊著名的演讲大师德摩斯梯尼说的那样："辞令的灵魂就是行动，行动，再行动。"演讲者要想使听众产生强烈的反响，并付诸行动，其演讲本身就必须具有鼓动性的号召力。

生命力——古今中外演讲史告诉我们：从2400多年前的古希腊时代起就有人从事演讲学的专门研究并付诸实践，时至今日，演讲之风盛行于世，经久不衰。政治家就职施政，争取民众，需要演讲；军事家发号施令，激励斗争，需要演讲；企业家管理工厂，安排生产，需要演讲；教师传道授业解惑，同样需要演讲。不论是古希腊演讲始祖智者派的雄辩，还是中国春秋战国时代的百家争鸣；不论是第二国际政治舞台上列宁的风采，还是莱比锡法庭里季米特洛夫的雄辩之才；不论是李燕杰点燃青年心灯的魅力，还是蔡朝东理解万岁、民魂万岁、创业万岁、科学万岁的呐喊。所有这一切都充分显示了演讲具有强烈的吸引力、启发力、说服力、感染力、号召力与生命力。

(四)演讲的作用

1. 政治斗争的有力武器

演讲历来是政治家发表政见、阐明观点、批驳政敌、争取盟友的有力武器，特别是在社会处于激烈变革的年代，这种社会作用就显得突出。谋臣启奏，策士应对，诸侯施令、辩士游说，无不以演讲作为手段。梁代刘勰《文心雕龙·论说》中写道："一人之辩，重于九鼎之宝，三寸之舌，强于百万之师。"也有"一言可以兴邦，一言可以误国"之说。英国作家麦卡雷说："舌头是一把利剑，演讲比打仗更有威力。"出身寒微的拿破仑，在群雄角逐的时代，年仅27岁就获得当时法国3000万人民的崇拜，他不无骄傲地说："一支笔、一条舌，能抵三千毛瑟枪。"当然，这些不过是社会矛盾发展的"必然"，通过个人语言的"偶然"而起作用的结果，但毕竟是通过个人语言的"偶然"。

在特定的社会条件下，语言的力量确实是惊人的。汉代刘向在《说苑·善说》中列举了许多事情："昔子产修其辞而赵武致其敬，王孙满明其言而楚庄以渐，苏秦行其说而六国以安，蒯通陈其说而身得以全。夫辞者，乃所以尊君、全身、安国、全性者也。"足见演讲的政治威力之大。

历史上，很多口若悬河、能言善辩之士，凭着一张剑舌，活跃在政治舞台上，他们有的劝阻战争，化干戈为玉帛；有的怒斥奸佞，以正气压倒歪风；有的巧设比喻，以柔克刚，争取盟友；有的反唇相讥，锦里裹针，瓦解敌阵。诸葛亮"舌战群儒"和"智激周瑜"就是家喻户晓老少皆知的故事。《三国演义》还在第九十回描写了诸葛亮"兵马出西秦，雄才敌万人，轻鼓三寸舌，'骂'死老奸臣"的故事，蜀魏两军对阵时，魏臣王朗到阵前来劝降，也就是这个舌战群儒的诸葛亮，把王朗说得一钱不值，王朗气盛，羞愧不已，一头撞死于马下。孔明的"三寸不烂之舌"，当真抵住了成千上万的敌军！

1963年8月28日，美国黑人民权运动领袖马丁·路德·金在华盛顿特区组织领导了一次25万人的集会和游行示威，反对种族歧视，要求民族平等。当游行队伍到达林肯纪念堂前时，他发表了著名的《在林肯纪念堂前的演讲》。在这次演讲中，他首先热情洋溢地赞扬了100多年前林肯签署的《解放黑人奴隶宣言》，然后，话锋一转，指出100多年后的今日，黑人仍处在水深火热之中，号召黑人奋起斗争，并且以诚挚抒情的语调，描述了黑人梦寐以求平等、自由的理想："黑人儿童将能够与白人儿童如兄弟姐妹一般携起手来"，"上帝的灵光大放光彩，芸芸众生共睹光华！"这篇演讲内容充实，感情炽热，气势磅礴，产生了极强的感染力，是篇反抗种族歧视，争取民族平等的战斗檄文，大大推进了美国黑人民权运动。

正因为演讲与政治活动联系密切，具有极大的组织、鼓动、激励、批判和推动作用，所以，人们不仅利用演讲来为特定的政治目的服务，同时广泛关心各国政界、军界和知名人士的演讲，从中了解和研究其演讲所透露的信息，预测今后的发展趋势，制定相应的对策。

2. 经济活动的理想筹码

经济与政治关系密切，政治动态常常直接或间接影响经济的发展。因而，从事经济活动的人，常常能从演讲，特别是各国领导人的演讲内容中，捕捉到相关经济信息，从而预测经济发展动向，以便采取相应的措施，调整对策。在经济活动中，企业或事业的领导人，也常常运用演讲，把企业活动的奋斗目标、方针、措施，向本部门的职工传达，使领导的决心变成职工的具体行动，从而推动企业各项工作的全面开展。在我国经济体制改革中，某位由群众民主选举产生的领导，上任就向本单位干部和职工代表作了生动的演讲，他郑重宣布："新班子上任，不只是烧三把火，而是靠众人拾柴燃起建设四化的熊熊烈火。"然后就如何调动"泥瓦匠"的积极性，提出了几项措施：首先，"从提高建筑工人地位做起"，其次，抓紧解决职工住房问题，"让住芦席棚的都住进新楼房"，同时限期改造和兴建食堂、澡堂、探亲房和托儿所。总之，这位新任领导紧紧围绕着如何调动职工积极性从而达到提高经济效益的目的展开论述，使干部和职工代表备受鼓舞。此后，该公司迅速出现"众人拾柴"的局面，"燃起建设四化的熊熊烈火"。

在贸易洽谈中，生动的演讲常常能把客户的注意力引到产品价格的相对价值上来，使对方感到他们将得到好处，而不是付出代价。在涉外经济活动中，演讲是获取经济新闻的重要渠道。当今，公共关系学已成为一门新兴的科学，在公关活动中，演讲与口才有着十分重要的意义。日本企业家把青年在大街上说唱叫卖而毫无愧色的表现作为合格人才的首要条件，这正好反映了演讲在经济活动中的重要作用。甚至在美国有开办直接以演讲活动来营利的公司。据1984年4月15日《参考消息》报道，美国纽约帝国大厦，有一家名叫哈利·沃克的特殊公司，这是一家专门提供演讲服务的公司，它拥有六间办公室，十几位雇员，生意十分兴隆，年收入纯利竟高达1000多万美元。这不仅说明了演讲的重要，为世人所瞩目，而且也表明，演讲本身也像商品一样进入了经济活动的市场。

3. 鼓舞士气的战斗号角

演讲也常常是军事家用以动员部队、鼓舞士气、激励斗志的战斗号角。战争开始前的组织发动，激烈战斗中的添力鼓劲，战争结束后的祝捷庆功，指战员总要发表简洁而极富鼓动力的演讲，一字千钧，震撼人心。古今中外，这样的事例不胜枚举。例如，公元前209年(秦二世元年)，陈胜在大泽乡起义时对他的"徒属"发表演说，"且壮士不死即已，死即举大名耳，王侯将相宁有种乎！"话虽不多，分量极大，鼓动性极强。陈胜将"徒属"称为"壮士"，使其精神境界升华，最后一句画龙点睛，一反传统观念，表示了对"王侯将相"的蔑视和对自己力量的信任。这句话既是斩钉截铁、富有哲理的断语，又是富于启发的提问，产生了极大的感染力和激发力。徒属们当即表示"敬受命"。于是揭竿而起，达到了陈胜当众演讲动员的目的。

又如，1944年6月，盟军司令官蒙哥马利元帅在诺曼底登陆中对担负突击任务的士兵发表的演讲，对士兵产生了极大的鼓舞。他说："你们在干一件无与伦比的大事业。民众将通过你们完全变一番模样，历史将为你们树立一座丰碑，写上：你们是迄今最优秀的军人！这场世界上从未有过的拔河比赛，这些即将开辟第二战场的军人们所负的责任是成功地执行自己的任务，并最后作为一个自豪的人，回到家里同亲人团聚。"他的话顿时激发了士兵们在无畏的战斗精神，士兵们高呼"元帅的贝雷帽和演讲给了我们扑向死神的力量！"

在军事活动中，演讲不仅在冲锋陷阵方面发挥作用，而且军政首脑关于战争形势、任务、战略、战术和军队建设的分析，以及军队内部的政治活动。诸如英雄战斗事迹报告和战斗经验报告等，也都广泛运用演讲作为手段。

4．传播知识的有效途径

演讲是高级的、完善的口语表达形式，能最大限度地发挥语言在传授知识、探讨学问、宣传成果、交流经验方面的作用。当今，尽管科学技术高度发展，知识传播的途径增多，但作为直接运用语言进行传播的演讲，能对人体感受产生多重的综合刺激，高度调动人们的注意力，促进思维活动，并且使听众在情绪、情感、意志等方面同时受到影响，从而加深对演讲所传播的科学知识的理解，增强学习效果。因而它始终是传播科学文化知识，提高文化素养的有效途径。

学校是传播文化科学知识的基地，虽然一般的课堂教学不能算作演讲，但它毕竟具有许许多多演讲的因素。因此，课堂传道授业，也可以说是演讲功能的体现。同时在学校教学活动中，作为课堂教学的辅助和补充，经常开展的各种类型的学术讲座，却是非常正规的演讲。这种演讲通常是由具有一定修养和造诣的学者、权威担任主讲，能造成良好的心理定式，引起学生的兴趣。这种演讲对深化课堂教学内容，繁荣学术研究，促进科学的普及起着十分重要的作用。此外，学校广泛开展的读书演讲、电影故事演讲、专题辩论演讲、调查访问演讲以及其他专题演讲，对培养学生的观察能力、分析综合能力、表达能力也都具有十分积极的作用，可以促使青年学生向多学科的领域迈进。

5．思想教育的最佳形式

社会的发展从各个方面以各种不同方式影响着人们的心理状态和精神面貌。特别是青年受时代的影响表现得更为明显。当代青年兴趣广泛，思想活跃，乐于探索，勤于思考，勇于进取，也敢于标新立异，且十分自尊、自信，不喜欢空洞的说教和粗暴的训斥。演讲的魅力正在于"晓之以理，动之以情、授之以知，导之以美，明之以实，联之以身"。因此，对群众，特别是对青年一代进行理想、信念、道德、纪律的教育，演讲是最理想的形式。

古希腊学者、唯物主义哲学家德谟克利特有一句名言："用鼓动和说服的语言来造成一个人的道德，显然是比用法律和约束更能成功。"运用演讲的特殊手段和魅力来"鼓动和说服"听众，正符合当今思想政治工作的要求。事实上，现在我国已广泛运用演讲形式进行革命人生观教育，以及共产主义道德教育。李燕杰、曲啸、邵守义、刘吉等人的卓有成效的演讲，受到全社会的极高的赞誉，被称"善于打开人们心灵的专家"。许多人听了曲啸的演讲，热泪盈眶，夜不能寐，产生深刻的反思。李燕杰在国内外作了300余场精彩的演讲，听众达数百万，他以生动的语言，火一般的激情，融理论、历史、文艺和社会现实于一体，讲述理想、道德、情操，激发起人们的满腔政治热情，真正起到了"鼓动和说服"的作用，产生了极大的社会效益。

再者，积极开展演讲活动，也是青年自我教育的好形式。事实上，青年演讲者从产生演讲动机、组织演讲材料，到当众演讲的整个过程，也就是自我教育、提高认识的过程。同时，由于青年人之间有着许多共性，青年人自己现身说法，听众能在心理上产生亲切感，在思想上产生强烈共鸣，从而取得"频率共振"的良好效果。

6. 人才考核的重要尺度

演讲既是培养现代人才的有效途径，也是考核人才的重要尺度。从培养人才的角度来看，如前所述，演讲具有传播知识和进行思想教育的功能，对培养人才具有重要作用。此外，由于演讲本身在内容方面和形式方面的特殊要求，还可以有意识地通过演讲实践来训练人们的思维能力、观察能力、分析能力、应变能力和口语表达能力。众所周知，语言是思维的外壳，是思维的手段。没有丰富的思想、敏捷的思维，何来精彩的演讲？研究表明，思维具有独立性、广阔性、层次性、探索性和实践性五方面的主要品质。由于演讲活动正是以语言为手段来表达思维的活动，它可以使思维的五个方面的品质得到全面的训练和发展。同时，演讲还可以使大脑的各个功能区域，诸如感受区域、判断区域、贮存区域和想象区域等处于良好的活动状态，促使思维力、观察力、分析力、表达力、应变力都得到发展。因而，它是培养思维、开拓智力的有效途径。

水银遇热膨胀，我们可以借水银膨胀的现象来测量温度的高低。同样，我们也可以用演讲来度量人能力的高低。尽管社会对不同人才的能力要求不尽相同，但演讲能力却是各种人才都必须具备的。许多政治家、理论家、实业家的卓越才能不仅表现在他们的文韬武略、理论创造和经济实践之中。同时还表现在他们演讲魅力之中，可以说，演讲是一个人思想水平和各种才华技艺的集中亮相。有鉴别能力的人，往往可以从人们的讲话中，测量其修养程度和实际本领。美国的大学，不管是理工类还是文史类，都把基础作文法和演讲学规定为必修课。日本、新加坡等国家规定：政府工作人员要进行三个月到半年的演讲训练才能上岗工作。

二、命题演讲训练

(一)什么是命题演讲

命题演讲一般是指出题者给出一个既定的题目，要求应演讲根据给定题目进行演讲。

(二)命题演讲的技巧

(1) 了解听众的心理状态与喜好。

(2) 备好讲稿,确立主旨,生发激情,选好材料。

(3) 台上呈现:

① 凤头。要漂亮。能在最短的时间里吸引听众的演讲,它的开头就是好开场,它在演讲中起着至关重要的作用。历来著名的演讲家都煞费苦心,希望在演讲的开头就能牢牢抓住听众,为自己的演讲奠定成功的基础。

② 猪肚。要激荡饱满,有理有趣。演讲要求具有强烈的鼓动性,产生巨大的宣传效应。其内在的根本动力源自演讲者要有令听者情绪波澜起伏或渐入高潮的感染力,也就是能唤起听众强烈的共鸣。事例最能说服听众,所谓"事实胜于雄辩"。而经典事例则因其蕴涵丰富、深刻的情感或哲理内蕴。事例不须多,往往一二例,即能感动听众,使其折服。尤其演讲高手,更能就地取材,即兴发挥,利用身边典型素材,借助现场氛围为自己的讲演服务。这样能出人意表地创造出震撼人心的轰动效应。成功的演讲者总能借此强调观点、升华感情,将其真诚的思想感情表现得淋漓尽致,把听众的情感不断引向高潮,把听众带到心潮澎湃、热血沸腾的佳境。情感一旦被激发,便立即使人精神振奋,全身心都处于高昂的积极状态,进而产生一种不可估量的能动作用,影响听众的意识,促成民众的行为。

③ 豹尾。演讲不能虎头蛇尾,而要有一个坚实有力的"豹尾"。因为演讲的结尾,是演讲结构中的重要部分。好的结尾,可以使演讲意味无穷,为演讲增添光彩。成功的演讲者,都希望结尾时再给听众留下一个精彩的印象,都会在结尾处狠下工夫,避免演讲功亏一篑。

(4) 掌控现场节奏,巧妙处理意外情况。

演讲时,常常会出现一些意想不到的事情,比如忘了演讲词、讲了错话、听众被其他的突发事件干扰而不再听你的演讲,或对你的演讲不满意、不感兴趣等。面对这样的状况应该怎么办?这就需要具有灵活机智的应变技巧,做到处乱不惊、转危为安,从窘迫的困境中解脱出来,使演讲继续进行下去。

忘词时,千万不要紧张,不要惊慌失措,而是要快速联想回忆这部分演讲词。几秒钟后还是回忆不起来,就应该立刻放弃回忆,否则听众就会乱起来,不好控制了。这时,你要抛开那些忘记了的内容,而接着讲你没有忘记的内容,用这些新的内容稳定自己的情绪,重新吸引听众。

说错了话后,可以立刻纠正,毫不迟疑。这种纠正并不是要你向听众检讨一番,说我刚才如何讲错了。而只是用正确的话重复一遍刚才的内容即可,听众就会听明白你的正确意思了。而变通方式则可通过提问等技巧加以掩饰。

如果听众对你的演讲不满意或不感兴趣,面对这种不利情况,千万不要着急,不要有埋怨心理,也不要上台后立刻开始演讲。你可以采取一些吸引听众的措施,比如先给大家讲一个与自己演讲主题有关的新闻信息、小故事或小笑话，以引起大家的注意。当听众被你的讲话吸引而重新集中精神时，就可以开始正式演讲了。

三、即兴演讲训练

(一)什么是即兴演讲

所谓即兴演讲，就是在特定的情境和主体的诱发下，自发或被要求立即进行的当众说话，是一种不凭借文稿来表情达意的口语交际活动。演讲者事先并没有做任何准备，而是随想随说，有感而发。

(二)即兴演讲者应具备的素质

(1) 丰厚的知识广度。只有学识丰富，才能在短暂的准备时间内从脑海中找到生动的例证和恰当的词汇，使即兴演讲增添魅力。这就要求演讲者具备一定的自己所从事的专业知识，并能了解日常生活知识，如风土人情、地理环境等。

(2) 深刻的思想深度。这是指即兴演讲者对事物纵向的分析认识能力。演讲者对内容应能宏观地把握，通过表层迅速深入到事物本质上去认识，形成一条有深度的主线，围绕着它丰富资料，连贯成文，以免事例繁杂、游离主题。

(3) 快速的综合材料的能力。即兴演讲要求演讲者在很短的时间里把符合主题的材料组合、凝练在一起，这就使演讲者应具备较强的综合能力，有效地发挥出其知识的广度和思想的深度。

(4) 灵活的现场表达技巧。即兴演讲没有事先精心写就的演讲词，临场发挥是特别重要的。演讲者在构思初具轮廓后，应注意观察场所和听众，摄取那些与演讲主题有关的人物或景物，因地设喻即景生情。

(5) 敏捷的应变能力。即兴演讲由于演讲前无充分准备，在临场时就容易出现意外，如怯场、忘词等现象。遇到这种情况，只有沉着冷静，巧妙应变，才能扭转被动局面，反败为胜。

(三)即兴演讲比赛的准备方法

即兴演讲比赛大体可以分为两种。一种是在比赛之前，给演讲者一个较大的内容范围和一段准备时间，在比赛中再抽题演讲。另一种则是没有内容范围，只是在演讲开始后抽题，做短暂准备后即开始演讲。前者表现出模糊性的特点，后者表现出临场性的特点。根据这两者的各自特点，其准备方法也有两种。

1. 模糊性准备方法

演讲者在一个较大的范围里得知了演讲内容，但并不了解具体题目。在这个基点上进行准备，首先要多做一些深度上，也就是哲学上的思考。其次是纵向与横向上的比较与结合。从哲学上思考问题，就是要求演讲者能居高临下地看待问题，全面深刻地思考。这时，虽然具体目标比较虚，但先有了准备，一旦拿到具体题目，模糊的目标就会迅速变得清晰起来。在这一准备方法中还要求演讲者围绕纵向与横向的比较与结合去丰富资料，充实内容。考虑的范围要大，挖掘要深。观点需要用人物事例来具体说明；人物事例丰富了，也容易归纳总结出新的观点。

2. 临场性准备方法

即兴演讲者不知道演讲内容的范围，只是在比赛时才拿到题目，这种准备难度较大。为了在演讲前的几分钟内，把演讲的腹稿组织得较完善，通常的准备方法是"点的分布法"。当演讲者拿到题目后，在短暂的临场准备时间里，应该围绕着题目进行"点"的分布。"点"可以是一个很有感情色彩的事例，一句幽默风趣的话，一位伟人或者哲人的警句，所要阐述观点的核心词语，等等。然后就要马上考虑这些"点"之间的联系，围绕着主题，将其分布在恰当的位置上，最后连贯成文。

(四)即兴演讲中材料的组合形式

材料的快速组合是体现即兴演讲能力的主要因素之一。它要求演讲者在极短的时间内解决好"说什么"和"怎样说"这两个问题。即兴演讲中材料的组合有并列式、正反式、递进式三种形式。它们有时可以互相结合、互相套用，具体如下。

1. 并列式

首先将总题分解成若干个分题，如权红同志在《世界也有我们的一半》的即兴演讲中，谈了三个问题：一是女人没有获得自己的"一半"，二是女人本应有自己的"一半"，三是女人应争得自己的"一半"。这三个分题各自独立又互相连贯，共同阐明同一主题：世界也有我们的一半。这种材料的组合方式可使演讲条理井然，而且极有力量和气势。

2. 正反式

围绕题目要求，一方面从正面说明，一方面从反面说明。如侯国锋同志在《一个青年军人的思考》的演讲中，围绕着"我们应当自强不息"这一主题，先列举一些反面事例，进行分析、批评，然后以一名战士自学成才的事例从正面称赞自强不强的民族精神。正反对比，效果明显突出，引人深思。

3. 递进式

围绕所要说明或论述的问题，先说明"为什么"，继而谈"怎么样"。如韩健的演讲《在失败面前挺起胸膛》围绕中心谈了两个问题：一是自己为什么能在失败中崛起；二是自己怎么样从失败中崛起。

(五)即兴演讲的技巧

无论参加什么会议,演讲者都要始终保持全神贯注。演讲者要掌握会议的主题,讨论的具体题目,争论的焦点,有很强的警觉和思想准备。一旦即兴演讲,也绝不要心慌意乱。有了思想准备,还必须寻找一个好的话题,而准确的话题来源于对会议有关情况的熟悉与掌握。要注意在什么时间、什么场合,对谁讲话。如1924年5月8日印度诗人泰戈尔在北京过了他64岁寿辰,北京学术界举行了祝寿仪式。梁启超登台即兴演讲。泰戈尔想让梁为他起一个中国名字,所以,梁启超便从印度称中国为"震旦",讲到从天竺(印度)来的都姓竺,并将两个国名联起来,赠给泰戈尔一个新名叫"竺震旦"。由于话题选择得好,故整篇演讲词生动活泼,情趣盎然,寓意深刻。

1. 抓住话题组合材料

确立了话题,就要抓住不放;进而紧扣话题精心组织材料进行论证。即兴演讲无法在事先做充分准备,完全依靠即兴抓取材料,其来源,一是平时的知识积累,二是眼前的人和事,又应以后者为主。如过多地引用间接材料,往往失掉即兴演讲的现实感和针对性,起不了应有的作用,只有多联系现场中的人和事,才能紧紧抓住听众的注意力。

2. 情感充沛以情夺人

要使听众激动,演讲者自己首先要有激情。演讲者动了真情,才能喜怒哀乐分明,语言绘声绘色,从而感染听众,达到交流情感的目的。

3. 语言生动活泼

根据听众的知识结构和文化修养,选用不同风格的语言。对一般群众的演讲可选用朴素的语言,而对文化素养较高的听众则选用高雅的语言。这就要求演讲者要善于平时学习人民群众中生动活泼的语言,吸收外国语言中有益的成分,学习古人语言中有生命的东西。

4. 短小精悍逻辑严密

即兴演讲多是在一种激动的场合下进行的,没有人乐意听长篇讲话,因此必须短小精悍。短小,指篇幅而言;精悍,指内容而言。即兴演讲不能像命题演讲那样讲究布局谋篇,但也要结构合理,详略得当,要有快节奏风格和一气呵成的气势,切忌颠三倒四,离题万里,拖泥带水,重复拉杂。

【思考】

(1) 具体谈谈在演讲前你如何来构思和组织材料。
(2) 以有声语言和体态语言来增强演讲的说服力、感染力大致有哪几种方法?
(3) 万一怯场了,演讲者怎么办?

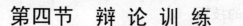

第四节 辩论训练

一、辩论的含义与分类

辩论即彼此用一定理由来说明自己对事物或问题的见解,揭露对方的矛盾,以便取得最后的认识或共同意见。从类型上分辩论可分为自由辩论和专题辩论。

(一)自由辩论

人们在社会生活中看到或听到了某些事情对此产生看法,并发表议论,有人附和,有人反对,由此产生的辩论就是自由辩论。这种辩论,没有固定的地点,没有固定的人数,也没有一定的规则。总之,是人们在社会生活中由于观点的对立,自发产生的而不是有意识组织的。它不能产生结果,分出胜负,更多的则是不了了之。

(二)专题辩论

专题辩论是辩论最基本最有意义的形式。首先,是有组织有准备的活动,都是由主持者按预定的程序组织辩论。其次是有明确的目的性,最后,要统一到正确的看法上来。具体来说有如下四种:①法庭辩论;②社交辩论;③决策辩论;④赛场辩论。

二、构成辩论的三要素

(一)论辩主体

有不同意见的双方或多方存在才能实现思想交锋。一个人不可能自己同自己辩论,一个人头脑中几种方案或做法的权衡和比较,那是思考或思辨而不是辩论。

(二)论辩主题

如果各方谈论的论题不同,就不能实现有意义的辩论。例如,一个人说"法律是有阶级性的",一个人说"市场经济就是法制经济",由于两人所认识的对象不同,因此两个观点不能构成辩论。只有当一个人说"法律是有阶级性的",另一个人说"法律是没有阶级性的"这样两个判断才构成辩论。因为这两个判断所认识的对象相同,又是相互对立的思想,而这两个判断至多只能有一个为真,不可能都真。这样就有了谁是谁非的问题,就必然要引起辩论。

(三)论辩前提或论辩共识

双方有或多或少的共同认识或共同承认的前提,如思维的同一律、不矛盾律、排中律和充足理由律以及正确推理的方法等,以及如社会公理、科学规律等是非真伪标准和价值取向。没有这些共同承认的东西，辩论只会是一场混战，不可能得出结论。总之，辩论诸方有共同的话题，而又有不同意见。从哲学观点看，辩论的诸方是一种对立统一的关系。

三、辩论的特点与原则

(一)特点

(1) 辩论人员的双边性。辩论是双边活动，最少两人参加，单一方面只能是议论。

(2) 辩论观点的对立性。双方观点是对立的，或是或非，这样才有辩论的可能，否则就是谈判。

(3) 论证的严密性。只有合乎思维逻辑的辩论，才可能获胜，否则只能是诡辩。

(4) 追求真理的目的性。辩论目的是追求真理，取得共识，辩论双方没有对错之分。

(二)原则

1．正确对待辩论的胜负

辩论没有胜负之分，因为辩论的话题本身往往没有一个绝对正确的结果，所谓决定辩论胜负的不是双方谁掌握了或者坚持了真理，而是看谁能够在理论上自圆其说，能够表现出高超的辩论技巧、风趣幽默的语言、令人尊重的个人魅力，更有人气。

大家在辩论时，应该时时牢记自己的目的："锻炼口才、增长知识、广结朋友"，因而，没有必要进行恶意的攻击和谩骂，这才是辩论的真正意义。最后取得胜利的必然是大家。

2．尊重辩论对手的人格

如果当辩论的结果明显不利于自己的时候，要采用种种诡辩的手法进行辩论。但是，如果掌握不好分寸，往往演变成双方的谩骂和攻击，甚至对对方进行人格的蔑视乃至否定。如果你不尊重对方的人格，自然也往往会受到对方对你人格的攻击。要想使自己的人格得到尊重，必须首先尊重他人的人格。

3．诡辩不等于胡搅蛮缠

由于辩论双方是为自己所"信奉"的真理在辩，往往明知道自己的观点不对，也不愿意认输，在辩论中进行某种诡辩是很正常的，但诡辩不等于胡搅蛮缠。所谓的胡搅蛮缠就是：当对方把问题阐述得清清楚楚时，自己却不看对方的文章，分析对方的观点，继续把自己所"理解"的观点强加到对方的身上，对别人进行无目标的攻击。

四、辩论的技巧

(一)攻击技巧

攻击，即在自由辩论中的主动进攻，主动发问。这在每个辩论队都是不可或缺的。然而，攻击能不能有效，又是由多方面因素决定的。

1. 攻击的准备

这在辩论战略方案确定、辩词定稿之后就应该着手准备了。一般而言，每位辩手应该根据自己所阐述的内容准备向对方发问的问题，可根据自由辩论时间的长短来准备问题，若是初次上场，则应该准备 20 个问题左右。如果是这样，四个辩手准备的问题就应该大约有 80 个，一般就坚持到自由辩论结束。我们看到，在有的比赛中，有的队员有时间却没有问题可以问，这就是准备不足导致的。

准备提问的问题，应该从三个层面上进行准备。

一是现象层面的问题，又称事实层面问题。这类问题极易引起听众的共鸣，提得好则很容易出彩、出效果。但是需要注意的是，不可故作新奇而偏离辩题，那是会产生负面效果的。

二是理论层面的问题，又称论证层面问题。即对本方论点给予引申，对对方的论证予以驳击的问题。这类问题，直问要提得尖锐，曲问要问得巧妙，反问要提得适时，逼问要问的机智，其效果就是让对方不好回答又无法回避。

三是价值层面的问题，又称社会效应层面问题。即把对方论点、立场引申，从价值层面、社会效应层面去延伸它的效应看其是否具备说服力，能否站得住。这类问题，一是能够扩大自由辩论的战场，给对方造成被动，同时也是争取听众、评委认同的重要侧面。当然，如果辩题立场对本方不利，就应该慎重使用，以免搬起石头却砸了自己的脚。

这三类问题中，事实层面的问题可包括历史事件、现实事实、国别事实、数字事实等；而理论层面的问题周围除了立场中的论据，也可以延伸达到公理、哲学的层面。

有了这三个层面的问题准备，就能够构成立体阵势，可以打自由辩论的立体战斗，让对方陷入立体包围之中，对方被动局势就很容易造成。我们看到在比赛中，不少辩论队只准备了一个层面的问题(大多是现象层面的问题)，只在有趣上花时间，其结果是打击力不强，且问来问去总是流于肤浅的现象之争，有时则由事实引发事实而偏题，变成了一般的语言游戏、提问游戏，辩论的深度不容易看到，这就令人遗憾了。

2. 攻击的组织

自由辩论中的有效攻击，应当体现出攻击的有序性，即看得出轮番上阵的脉络。而其基本就是在场上要有主动权，处于控制场面的主动地位。为了达到这个目标，场上应该有"灵魂队员"，或者称为"主力辩手"、"主辩"。由哪个辩手来充当这个人物都可以，但是一般由三辩或一辩、二辩来充当。有时，四辩也是很好的充当此人物的角色。他的任务就是要不仅透彻地知道本方的立场，也要透彻地知道对方的立场，规定陈词一结束就能够发现对方的主要问题，从而有效地发起进攻。灵魂队员的任务如下。

(1) 有冷静地把握整个自由辩论战斗局势的眼光，攻击务求有效。

(2) 充当场上的指挥员。发问不在多，而在精。其发问不仅是对对方的攻击，也是对本方立论的揭示和强化。

(3) 承担主动转移战场的任务。如在一个层面上问久了，则转向另一个层面发问。在一个层面处于被动，僵住了，则要转向另一个层面，开辟新的攻击点和战场。

(4) 对对方提出的危及本方底线、事关要害的问题，能够有效的化险为夷、转危为安、化被动为主动。

(5) 对本方误入对方圈套、远离本方立场、陷于被动之中的局面，要能够挽回并再发起攻击。

当然，其他队员要主动配合，主动呼应，才能形成整体的力量，这就需要队员之间的默契，形成"流动的整体意识"。

攻击的组织，其要害就在于形成整体的有序流变性。而不是东一榔头西一棒槌，鸡零狗碎。零碎的攻击谈不上组织，它或许也有鳞光耀金的效果，但是对于群体辩论而言，是不可能握有主动权的。

攻击的组织在上场前可以有如下的检查指标：一是有没有组织者，也就是有没有"灵魂队员"，其组织、应变能力如何。二是整个队伍与之有没有心悦诚服的默契和感应。三是整个队伍对特定的辩题的立场认识是否完全一致，有没有大的梗阻。四是准备了几个层面的问题，这些问题可以对付、支撑多难的场面，能够支持多长时间。五是对于非常艰难的、苛刻的尖锐问题，本方研究到什么程度，有没有好的应对策略。六是自由辩论中将会出现的最为险难的局面，将会是一种什么状况。本方应该怎么对付。把这六个问题都想清楚了，都有了解决的办法了，那么攻击的组织也有序了，主动了。

3. 攻击的技巧

攻击的技巧，主要有以下几种。

(1) 设置两难。即设置两难的问题，无论答此或答彼都将陷入被动。但是一定要对准话题，不可以做无病呻吟。

(2) 主动引申。即将对方的某个事实、某句话加以引申，造成本方主动、对方被动。

(3) 以矛攻盾。即将对方论点和论据间的矛盾，这个辩手和那个辩手陈述中的矛盾、某个辩手陈词中的矛盾、答这个问题和答那个问题之间的矛盾或其他方面的矛盾予以披露，令其尴尬，陷其于难堪。

(4) 归谬发问。即将其论点或论据或其他问题引申归谬，陷其于左右被动，无力自救。

(5) 简问深涵。即问题很简单，但含义很深刻，与辩题密切相关。答准确很难，但是答不出来就很丢人，估摸回答却不准确，这也很容易陷入被动。

(6) 撕隙抓漏。即将对方的一小道缝隙撕裂撕大，将其明显的漏洞失误给予揭发提问，令其难堪。

(7) 熟事新提。人往往对于身边、自身很熟悉的事物却不经意，所谓熟视无睹，充耳不闻，或非常熟悉却只知道大概却不明白它的详细。一般对这类事情提问，也很容易让对方陷入被动。

(8) 逼入死角。即把对方的问题逼入死角，再发问，令其难以逃脱。

(9) 多方追问。即从几个方向、几个侧面、几个层次上同时问一类问题。但是要注意的是，这类问题必须对准一个核心，即辩论的主要立场和观点，以造成合围的阵势，使对方没有招架的能力，更没有回手的能力。

(10) 夹击发问。即两个或多个人同时问同一类或一个问题，造成夹击态势，使对方顾此失彼。

(11) 问题同异。即面对同一个问题，以不同的角度提问，使对方难以自圆其说，应接不暇。

(12) 异题同问。抓住对方的不同问题、不同表述加以归纳，概总而问，从问题的深度与高度上使其无法把握，无力应答。

(13) 反复逼问。对本方提出的对方非答不可的问题，对方闪避了，就可以反复逼问，但是一般不能超过三次，不可以无限发问，那样反会造成无题可问、或令听众厌烦的负面效果。

(14) 辐射发问。即一个问题的提出时，同时威慑到对方四个辩手，犹如子母弹一般。这类问题，一般多在哲学或价值层面上发问。

(15) 同义反复。即同一个问题，用不同的语言方式(或角度不同，或问语不同)发问。这类问题，多为辩论的主要立场、观点方面的问题。

(16) 近题遥问。即看似很近的事，用远视点来透视和提问。对方遥答往往答不得，近答又很难接上，陷入了难以捉摸、无从下手的窘境。

(17) 击情提问。即用心理调控的手段，直击对方情绪层，使其激动，引发情绪联动，从而湮没对方的理智。但要注意的是不能够进行人身攻击和情绪对情绪，更不可陷入无理纠缠甚至胡搅蛮缠，那就画虎不成反类犬了。

(18) 故布疑阵。也就是布置一个陷阱，让对方来钻，或想方设法将之套进去。其更高技巧就是连环套。

(19) 长抽短吊。即忽然提这样的问题忽然又提那样的问题，不离辩题却又忽东忽西，以思维的快捷与急智来取得主动。

(20) 答中之问。分为两种，一种是在对方答问时发现问题(包括陈词阶段发现的问题)予以提问，另一种是在自己回答对方问题时的反问。

4. 攻击的风格

由于自由辩论如疾风迅雷，所以不同场次、不同队伍的辩论风格也不尽相同。没有形成风格的队伍即使辩胜，也只是初级层次的。因此，有风格意识并力争形成自己的辩论风格，是一支辩论队有追求、有实力的表现。它其实是一支队伍整体人格的呈现。

攻击的风格，一般而言有情绪型、理智型、稳健型三种。

(1) 情绪型的队伍往往只在趣事、情绪化的层面上实施攻击。它也能够引发一些活跃的效果，但是也易于耽于情绪、就事论事，甚至会误入谩骂的泥淖，使辩论流于表面，层次不高，缺乏应有的深度。

(2) 理智型的队伍往往执著于理辩的层面，这容易体现思辨与深度，但是又会失之于辩论的活泼不足，弱化了应有的观赏性。

(3) 稳健型的队伍因为其理智和稳健，也因为其稳健而注意到了应有的活泼，是兼取了前二者之长的。显然，自由辩论的风格当以稳健为上，从比赛的实践看，稳健型风格的辩论队不仅易于取胜，且留给观众、评委的印象也比较深刻。

5. 攻击的节奏

应以张弛有度、疾徐有致为佳。一味快疾或一味徐缓都有缺陷，前者易流于狂躁，后者易流于沉闷。

(二)防守技巧

辩论中的自由辩论阶段，就是由进攻和防守两个方面组成的，因此，不仅要有进攻的准备，还要有防守的准备。只会进攻不一定能够取胜，只会防守当然就更容易陷入被动了。该防守就防守，该进攻就进攻，能攻能守的队伍才能游刃有余。防守中，应该注意的技巧有以下几个方面。

(1) 盯人技巧。即各人盯住各人的对象防守。一般就是一辩盯一辩，二辩盯二辩，……即一辩回答一辩的问题，二辩回答二辩的问题，……这样各人就会有关注的具体目标，就不会出现好回答的问题就抢着回答，难回答的问题就你推我让的。当然，在分工之后又讲合作，最难回答的问题，就由"灵魂队员"补救了。

(2) 最优化技巧。即根据各人的长项来分工，首先确认辩手各人的长项，如长于说理，长于说史，长于记忆，长于辨析，等等，则承担相应的问题来防守，这也不至于出现混乱局面或冷场。

(3) 合围技巧。假如对方有一位非常突出的辩手，不仅对方整个局面靠其支撑，且对本方威胁很大甚至本方队员对其有畏惧感，一对一的战术是不太可能奏效的。那就采取合围技巧，即以全队四个人的力量来围击、合击，从四个人不同的侧面对准他的问题，以守为攻，一般都会有效。只要他顶不住了，那对方的阵脚就会乱了，自然就会垮了。但是要注意的是，有实力甚至实力更强大的队员靠一两个回合是难以制伏的，因此要有韧劲，不可太急切，争取5、6个回合使其难以招架，提不出更尖锐的问题，内在的进攻力度大大减弱，才能有取胜的基础。

(4) 夹击技巧。就是对有的问题、有的队员采用二人夹击的方式来对待。

(5) 高压技巧。一般在辩论赛中，由于参赛队的实力比较接近，所以在自由辩论中容易出现同位推顶的情况，这一方面容易浪费时间，另一方面不容易取胜。破解的办法是采用高位迫压防守。如对方提出的是现象问题，就将之上升到理论高度上来回答；如对方提出的是现实问题，那就从历史的角度来回答；如对方提出的是具体问题、微观问题，就以全景认识、宏观认识来回答，以此类推。若此，对对方的问题以高位下罩的方式和统照下盖的方式使对方感到自己的思维位势稍逊一筹，从而内心产生动摇，攻击力也就随之动摇而弱化了。

(6) 指误技巧。即不正面回答问题，而是指出对方所问问题在逻辑上、理论上、事实上、价值上、立场上、表达上和常识上的毛病，使之陷入尴尬局面。

(7) 归谬技巧。即对有的问题不做正面回答，而是将之做概纳引申归谬，直指其终端的谬误，使其陷于被动的境地。

(8) 反问技巧。即从反方向上反问其问题的悖常性、悖题性、悖理性、悖逻辑性，从而化被动而为主动。

(9) 幽默技巧。即面对自己从容回答智有宽余的问题，适时幽对方一默，效果一定是绝佳的了。

(10) 短答技巧。对于一字、一词、一个成语、一个句子就能够答清，且能够反陷对方于被动的问题，就应该果断而适时的使用。

(11) 诱导技巧。对于那些喜欢滔滔不绝有演讲欲而又容易动情、不易冷静理智的辩手，表现欲特盛的辩手，语词啰唆繁复的辩手，在回答问题时不妨巧妙启发他的教导意识，任由其滔滔不绝地讲，其直接效果是消耗了对方的规定时间。

(12) 揭弊技巧。在回答问题时，巧妙合理地揭示其弊端。如同一个人陈词与发问中的弊病与矛盾，前一个问题与后一个问题的矛盾，两个或数个人问题中的矛盾，等等。揭示其弊端与矛盾，使其问题本身站不住脚，防守便转为攻击，目的自然也就达到了。

(13) 激怒技巧。即是答问时巧激其怒，使之心理由理智层进入情绪层，无法冷静，无从自控，就可望令其自乱心绪。但是切忌不可使用人身攻击，这是犯禁行为。

(14) 评价技巧。即不正面回答问题，而是对其问题予以评价，指其目的，断其归路。

(15) 闪避技巧。即对那些一两句话难以答清的问题，采用合理闪避的方式，其基点是不离开辩题的立场。

(16) 反复技巧。即以同义反复的方式回答。也就是意思一样，但语言不同。

(17) 类比技巧。即面对对方的问题，不做正面拦截，而是用同类比较的方式，把问题抛回给对方。

(18) 陷阱技巧。即在答问中巧设陷阱让对方来钻，然后在下一个回合中予以指驳，使对方露馅。

(19) 联动技巧。即本方二人以上联动，回答问题、问问题时一唱一和，此唱彼和，你呼我应，以整体的优势对之。

(20) 侧击技巧。即不正面回答问题，而从侧面引出相关问题，反请对方来回答。

(21) 连环技巧。即在答问中故设连环，环环相扣，将对方的问题定格在某一环中，将其扣死。

(22) 组接技巧。即将对方自己的立场或陈词、反问、答问中的语言予以组合回答，即让对方自己打自己嘴巴。

(23) 名言技巧。即恰到好处地巧借名言、警语、格言、民谚、诗歌、歌词、流行语等来回答。当然也可以改头换面，重组搭配来回答。

(24) 错接技巧。即有意错接问题，反让对方判断，以之主动防守。

(25) 引申技巧。即将问题引申开来，揭示其实质与要害，再一口咬破，直断其喉。

(三)辩论中的反客为主的技巧

反客为主的原意是：客人反过来成为主人。比喻变被动为主动。在辩论赛中，被动是赛场上常见的劣势，也往往是败北的先兆。辩论中的反客为主，通俗地说，就是在辩论中变被动为主动。下面，本文试以技法理论结合对实际辩例的分析，向大家介绍几种反客为主的技巧。

1. 借力打力

武侠小说中有一招数，名叫"借力打力"，是说内力深厚的人，可以借对方攻击之力反击对方。这种方法也可以运用到论辩中来。

例如，在关于"知难行易"的辩论中，有这么一个回合：

正方：对啊！那些人正是因为上了刑场死到临头才知道法律的威力。法律的尊严，可谓"知难"哪，对方辩友！(热烈掌声)

当对方以"知法容易守法难"的实例论证于"知易行难"时，正方马上转而化之从"知法不易"的角度强化己方观点，给对方以有力的回击。扭转了被动局势。

这里，正方之所以能借反方的例证反治其身，是因为他有一系列并没有表现在口头上的、重新解释字词的理论作为坚强的后盾。辩题中的"知"，不仅仅是"知道"的"知"，更应该是建立在人类理性基础上的"知"。守法并不难，作为一个行为过程，杀人也不难，但是要懂得保持人的理性，克制内心滋生出恶毒的杀人欲望，却是很难。这样，正方宽广、高位定义的"知难"和"行易"借反方狭隘、低位定义的"知易"和"行难"的攻击之力，有效地回击了反方，使反方构建在"知"和"行"表浅层面上的立论框架崩溃了。

2. 移花接木

剔除对方论据中存在缺陷的部分，换上于我方有利的观点或材料，往往可以收到"四两拨千斤"的奇效。我们把这一技法命名为"移花接木"。

例如，在"知难行易"的论辩中曾出现过如下一例：

反方：古人说"蜀道之难，难于上青天"，是说蜀道难走，"走"就是"行"嘛！要是行不难，孙行者为什么不叫孙知者？

正方：孙大圣的小名是叫孙行者，可对方辩友知不知道，他的法名叫孙悟空，"悟"是不是"知"？

这是一个非常漂亮的"移花接木"的辩例。反方的例证看似有板有眼，实际上有些牵强附会：以"孙行者为什么不叫孙知者"为驳难，虽然是一种近乎强词夺理的主动，但毕竟在气势上占了上风。正方敏锐地发现了对方论据的片面性，果断地从"孙悟空"这一面着手，以"悟"就是"知"反诘对方，使对方提出关于"孙大圣"的引证成为抱薪救火、惹火烧身。

移花接木的技法在论辩理论中属于强攻，它要求辩手勇于接招，勇于反击，因而它也是一种难度较大、对抗性很高、说服力极强的论辩技巧。实际临场上雄辩滔滔，风云变幻，不是随时都有"孙行者""孙悟空"这样现成的材料可供使用的。也就是说，更多的"移花接木"需要辩手对对方当时的观点和我方立场进行精当的归纳或演绎。

比如，在关于"治贫比治愚更重要"的论辩中，正方有这样一段陈词："……对方辩友以迫切性来衡量重要性，那我倒要告诉您，我现在肚子饿得很，十万火急地需要食物来充饥，但我还是要辩下去，因为我意识到论辩比充饥更重要。"话音一落，掌声四起。这时反方从容辩道："对方辩友，我认为'有饭不吃'和'无饭可吃'是两码事……"反方的答辩激起了更热烈的掌声。正方以"有饭不吃"来论证贫困不足以畏惧和治愚的相对重要性，反方立即从己方观点中归纳出"无饭可吃"的旨要，鲜明地比较出了两者本质上的天差地别，有效地扼制了对方偷换概念的倾向。

3. 顺水推舟

表面上认同对方观点，顺应对方的逻辑进行推导，并在推导中根据我方需要，设置某些符合情理的障碍，使对方观点在所增设的条件下不能成立，或得出与对方观点截然相反的结论。

例如，在"愚公应该移山还是应该搬家"的论辩中：

反方：……我们要请教对方辩友，愚公搬家解决了困难，保护了资源，节省了人力、财力，这究竟有什么不应该？

正方：愚公搬家不失为一种解决问题的好办法，可愚公所处的地方连门都难出去，家又怎么搬？……可见，搬家姑且可以考虑，也得在移完山之后再搬呀！

(资料来源：http://edu.sina.com.cn/l/2005-01-29/ba99612.shtml 新浪教育，2005/01/29)

神话故事都是夸大其事以显其理的，其精要不在本身而在寓意，因而正方绝对不能让反方迂旋于就事论事之上，否则，反方符合现代价值取向的"方法论"必占上手。从上面的辩词来看，反方的就事论事，理据充分，根基扎实，正方先顺势肯定"搬家不失为一种解决问题的好办法"，既而从"愚公所处的地方连门都难出去"这一条件，自然而然地导出"家又怎么搬"的诘问，最后水到渠成，得出"先移山，后搬家"的结论。如此一系列理论环环相扣，节节贯穿，以势不可当的攻击力把对方的就事论事打得落花流水，真可谓精彩绝伦！

4．正本清源

所谓正本清源，本文取其比喻义而言，就是指出对方论据与论题的关联不紧或者背道而驰，从根本上矫正对方论据的立足点，把它拉入我方"势力范围"，使其恰好为我方观点服务。较之正向推理的"顺水推舟"法，这种技法恰是反其思路而行之。

例如，在"跳槽是否有利于人才发挥作用"的论辩中，有这样一节辩词：

正方：张勇，全国乒乓球锦标赛的冠军，就是从江苏跳槽到陕西，对方辩友还说他没有为陕西人民作出贡献，真叫人心寒啊！(掌声)

反方：请问到体工队可能是跳槽去的吗？这恰恰是我们这里提倡的合理流动啊！(掌声) 对方辩友戴着跳槽眼镜看问题，当然天下乌鸦一般黑，所有的流动都是跳槽了。(掌声)

(资料来源：http://edu.sin.com.cn/1/2005-01-29/ba99612.shtml，新浪教育，2005-01-29)

正方举张勇为例，他从江苏到陕西后，获得了更好地发展空间，这是事实。反方马上指出对方具体例证引用失误：张勇到体工队，不可能是通过"跳槽"这种不规范的人才流动方式去的，而恰恰是在"公平、平等、竞争、择优"的原则下"合理流动"去的，可信度高、说服力强、震撼力大，收到了较为明显的反客为主的效果。

5．釜底抽薪

刁钻的选择性提问，是许多辩手惯用的进攻招式之一。通常，这种提问是有预谋的，它能置人于"两难"境地，无论对方作哪种选择都于己不利。对付这种提问的一个具体技法是，从对方的选择性提问中，抽出一个预设选项进行强有力的反诘，从根本上挫败对方的锐气，这种技法就是釜底抽薪。

例如，在"思想道德应该适应(超越)市场经济"的论辩中，有如下一轮交锋：

反方：请问雷锋精神到底是无私奉献精神还是等价交换精神？

正方：对方辩友这里错误地理解了等价交换，等价交换就是说，所有的交换都要等价，但并不是说所有的事情都是在交换，雷锋还没有想到交换，当然雷锋精神谈不上等价了。(全场掌声)

既然谈不上等价，那么自然不可能是等价精神，反方应该立即打蛇随棍上，指出这一点，并将问题展开深入。

反方：那我还要请问对方辩友，我们的思想道德它的核心是为人民服务的精神，还是求利的精神？

正方：为人民服务难道不是市场经济的要求吗？(掌声)

正方的回答其实很不恰当，而此时反方的知识储备或者应变能力严重不足，如果反问一句"难道毛泽东同志提出为人民服务是为了顺应市场经济的要求么"，则立刻将正方推至风口浪尖，迫使其选择回避。

第一回合中，反方有"请君入瓮"之意，有备而来。显然，如果以定式思维被动答问，就难以处理反方预设的"两难"：选择前者，则刚好证明了反方"思想道德应该超越市场经济"的观点；选择后者，则有悖事实，更是谬之千里。但是，正方辩手却跳出了反方"非此即彼"的框框设定，反过来单刀直入，从两个预设选项抽出"等价交换"，以倒树寻根之势彻彻底底地推翻了它作为预设选项的正确性，语气从容，语锋犀利，其应变之灵活、技法之高明，令人叹为观止！

当然，辩场上的实际情况十分复杂，要想在论辩中变被动为主动，掌握一些反客为主的技巧还仅仅是一方面的因素，另一方面，反客为主还需仰仗于非常到位的即兴发挥，而这一点却是无章可循的。

6. 攻其要害

在辩论中常常会出现这样的情况：双方纠缠在一些细枝末节的问题、例子或表达上争论不休，结果，看上去辩得很热闹，实际上已离题万里。这是辩论的大忌。一个重要的技巧就是要在对方一辩、二辩陈词后，迅速地判明对方立论中的要害问题，从而抓住这一问题，一攻到底，以便从理论上彻底地击败对方。如"温饱是谈道德的必要条件"这一辩题的要害是：在不温饱的状况下，是否能谈道德？在辩论中只有始终抓住这个要害问题，才能给对方以致命的打击。

在辩论中，人们常常有"避实就虚"的说法，偶尔使用这种技巧是必要的。比如，当对方提出一个我们无法回答的问题时，假如强不知以为知，勉强去回答，不但会失分，甚至可能闹笑话。在这种情况下，就要机智地避开对方的问题，另外找对方的弱点攻过去。然而，在更多的情况下，我们需要的是"避虚就实"、"避轻就重"，即善于在基本的、关键的问题上打硬仗。如果对方一提问题，我方立即回避，势必会给评委和听众留下不好的印象，以为我方不敢正视对方的问题。此外，如果我方对对方提出的基本立论和概念打击不力，也是很失分的。善于敏锐地抓住对方要害，猛攻下去，务求必胜，乃是辩论的重要技巧。

7. 利用矛盾

由于辩论双方各由四位队员组成，四位队员在辩论过程中常常会出现矛盾，即使是同一位队员，在自由辩论中，由于出语很快，也有可能出现矛盾。一旦出现这样的情况，就应当马上抓住，竭力扩大对方的矛盾，使之自顾不暇，无力进攻我方。比如，1993年国际大专辩论赛复旦大学对剑桥大学，我方在与剑桥队辩论时，剑桥队的三辩认为法律不是道德，二辩则认为法律是基本的道德。这两种见解显然是相互矛盾的，我方乘机扩大对方两位辩手之间的观点裂痕，迫使对方陷入窘境。又如对方一辩起先把"温饱"看做是人类生存的基本状态，后来在我方的凌厉攻势下，又大谈"饥寒"状态，这就是与先前的见解发生了矛盾，我方"以子之矛，攻子之盾"，使对方于急切之中，理屈词穷，无言以对。

8. 引蛇出洞

在辩论中，常常会出现胶着状态：当对方死死守住其立论，不管我方如何进攻，对方只用几句话来应付时。在这种情况下，要尽快调整进攻手段，采取迂回的方法，从看来并不重要的问题入手，诱使对方离开阵地，从而打击对方，在评委和听众的心目中造成轰动效应。仍然是在1993年国际大专辩论赛上，在我方和悉尼队辩论"艾滋病是医学问题，不是社会问题"时，对方死守着"艾滋病是由HIV病毒引起的，只能是医学问题"的见解，不为所动。于是，我方采取了"引蛇出洞"的战术，我方二辩突然发问："请问对方，今年世界艾滋病日的口号是什么？"对方四位辩手面面相觑，为不至于在场上失分太多，对方一辩站起来乱答一通，我方立即予以纠正，指出当年的口号是"时不我待，行动起来"，这就等于在对方的阵地上打开了一个缺口，从而瓦解了对方的坚固的阵线。

9. 李代桃僵

当我们碰到一些在逻辑上或理论上都比较难辩的辩题时，不得不采用"李代桃僵"的方法，引入新的概念来化解困难。比如，"艾滋病是医学问题，不是社会问题"这一辩题就是很难辩的，因为艾滋病既是医学问题，又是社会问题，从常识上看，是很难把这两个问题截然分开的。因此，按照我方预先的设想，如果让我方来辩正方的话，我们就会引入"社会影响"这一新概念，从而肯定艾滋病有一定的"社会影响"，但不是"社会问题"，并严格地确定"社会影响"的含义，这样，对方就很难攻进来。后来，我们在抽签中得到了辩题的反方，即"艾滋病是社会问题，不是医学问题"，在这种情况下，如果我们完全否认艾滋病是医学问题，也会于理太悖，因此，我们在辩论中引入了"医学途径"这一概念，强调要用"社会系统工程"的方法去解决艾滋病，而在这一工程中，"医学途径"则是必要的部分之一。这样一来，我方的周旋余地就大了，对方得花很大力气纠缠在我方提出的新概念上，其攻击力就大大地弱化了。"李代桃僵"这一战术之意义就在于引入一个新概念与对方周旋，从而确保我方立论中的某些关键概念隐在后面，不直接受到对方的攻击。

辩论是一个非常灵活的过程，在这一过程中，可以施展一些技巧。经验告诉我们，只有使知识积累和辩论技巧珠联璧合，才能在辩论赛中取得较好的成绩。

10. 缓兵之计

在日常生活中，我们可以见到如下情况：当消防队接到求救电话时，常会用慢条斯理的口气来回答，这种和缓的语气，是为了稳定说话者的情绪，以便对方能正确地说明情况。又如，两口子争吵，一方气急败坏，一方不急不躁，结果后者反而占了上风。再如，政治思想工作者常常采用"冷处理"的方法，缓慢地处理棘手的问题。这些情况都表明，在某些特定的场合，"慢"也是处理问题、解决矛盾的好办法。论辩也是如此，在某些特定的论辩局势下，快攻速战是不利的，缓进慢动反而能制胜。

在某商店里，一位顾客气势汹汹找上门来，喋喋不休地说："这双鞋鞋跟太高了，样式也不好……"商店营业员一声不吭，耐心地听他把话说完，一直没打断他。等这位顾客不再说了，营业员才冷静地说："您的意见很直爽，我很欣赏您的个性。这样吧，我到里面去，再另行挑选一双，好让您称心。如果您不满意的话，我愿再为您服务。"这位顾客的不满情绪发泄完了，也觉得自己有些太过分了，又见营业员是如此耐心地回答自己的问题，也很不好意思。结果他来了个180°的大转弯，称赞营业员给他新换的实际上并无太大差别的鞋，说："嘿，这双鞋好，就像是为我订做的一样。"营业员以慢对快，以冷对热，让顾客把怒气宣泄出来，达到了心理平衡，化解了这一场纠纷。

从上面的例子中，我们可以概括出在论辩中要正确使用"以慢制胜"法，至少要注意以下三点。

1) 以慢待机　后发制人

俗话说"欲速则不达"。在时机不成熟时仓促行事，往往达不到目的。论辩也是如此，"慢"在一定条件下也是必需的。"以慢制胜"法实际上是论辩中的缓兵之计，缓兵之计是延缓对方进兵的谋略。当论辩局势不宜速战速决，或时机尚不成熟时，应避免针尖对麦芒式的直接交锋，而应拖延时间等待战机的到来。一旦时机成熟，就可后发制人，战胜论敌。

2) 以慢施谋　以弱克强

"以慢制胜"法适用于以劣势对优势、以弱小对强大的论辩局势。它是弱小的一方为了战胜貌似强大的一方而采取的一种谋略手段。"慢"中有计谋，缓动要巧妙。这里的"慢"并非反应迟钝、不善言辞的同义语，而是大智若愚、大辩若讷的雄辩家定计施谋的法宝之一。

3) 以慢制怒　以冷对热

"慢"在论辩中还是一种很好的"制怒"之术。论辩中唇枪舌剑，自控力较差的人很容易激动。在这种情况下，要说服过分激动的人，宜用慢动作、慢语调来应付。以慢制怒，以冷对热，才能使其"降温减压"。只有对方心平气和了，你讲的道理他才能顺利接受。如例中的营业员，就是以冷静的态度、和缓的语气，平息了对方的怒气，化解了矛盾。

总之，论辩中的"快"与"慢"是一种对立统一的辩证关系。兵贵神速，"快"当然好。可是，有时"慢"也有"慢"的妙处。"慢"可待机，"慢"可施谋，"慢"可制怒。"慢"

是一种韧性的战术,"慢"是一场持久战,"慢"是舌战中的缓兵之计。缓动慢进花的时间虽长,绕的弯子虽大,然而在许多时候,它往往是取得胜利的捷径。

(四)其他技巧

(1) 节奏把握:自由辩论的时间不长,但是由于交锋剧烈,对抗性强,故往往呈现出很强的快节奏。一般而言,一强到底、一胜到底的队伍不多,这就需要有韧劲和力量持久才能取胜。故有经验的辩论队往往是先弱后强,欲擒故纵。其利在于先让对方强,以观察其底气,辨别其优劣,再制伏它。

(2) 避锋折锐:针锋相对,往往会陷于对峙和僵持。你针尖我麦芒,你推我搡,既不利于取胜,现场效果也不好。故有经验的辩论队往往不正面迎击,而是闪避一旁,轻轻折断其锋锐。这种闪避不是回避问题,而是巧用智力,或侧击、或高压、或机智、或幽默,巧击要害,巧借场上效果来使对方退却。简言之,即以大智大巧而对,不以表面热闹、直硬相拼见高低。

(3) 时间把握:即从严把握本方时间,有意启导、引导对方在无意识中把规定时间及早耗尽,以造成缺席审判的情势,这对本方极为有利。

(4) 打乱阵脚:组织有序进攻,打乱对方的阵脚,使之兵未败而阵先乱,岂有不败之理?

(5) 直击底线:有意识地对对方底线全力猛攻,使其自我动摇,无力接济,仅有招架之功,却无还手之力,处于被动境地。

这些,仅是一般的技巧。由于辩论如战争,场上情况千变万化,有的或许有用,有的却不一定有用。根据具体赛势,熟能生巧,就会有响应的技巧创生。有道是,最高的技巧是无技巧,那当然是高境界了。对于新辩手,了解一些一般技巧。应该不会是多余的事情。

五、诡辩

(一)什么是诡辩

所谓诡辩就是有意地把真理说成是错误,把错误说成是真理的论辩。用一句简单明了的话来说,就是有意地颠倒是非,混淆黑白。玩弄诡辩术的人,从表面上来看,似乎能言善辩,道理很多。他们在写文章或讲话的时候往往滔滔不绝,振振有词。他们每论证一个问题,也总是可以拿出许多"根据"和"理由"来。但是,这些根据和理由都是不能成立的。他们只不过是主观地玩弄一些概念,搞些虚假或片面论据,做些歪曲地论证,目的是为自己荒谬的理论和行为做辩护。

(二)诡辩的特征

(1) 表面上、形式上好像是运用正确的推理手段,实际上违反逻辑规律,做出似是而非的推论。

(2) 无理狡辩。

(三)主要的诡辩手法

1. 含糊其词，模棱两可

在论证过程中，诡辩者故意违反论题要明确的原则，论点含混暧昧，似是而非，企图在不同的情况下作不同的解释，为自己的某种目的辩护。

凡算命、相面、占卜之徒，他们骗人索财的一个法宝，就是竭力说含糊之词，双关之语，两面堵，四面围，正说也行，反说也通，随机应变，反正让你相信他的话灵验。这是地地道道的诡辩术。

2. 偷换概念

偷换论题是搞诡辩的人最常用的一种诡辩术。诡辩者偷换概念的主要手法有：①偷偷改变一个概念的内涵和外延，使之变成另外一个概念。②利用多义词混淆不同的概念。③抓住概念之间的某种联系和表明相似之点，抹杀不同概念之间的根本区别。④混淆集合概念与非集合概念，集合概念反映的是一类事物的整体属性，而非集合概念所反映的是组成一事物类的每个分子的属性。⑤偷换论题。在论证过程中故意违反论题要明确、要同一的规则，偷偷地转移论题。偷换论题和偷换概念是联系在一起的。一般来说，偷换论题常常表现为偷换论题中的某些重要概念。

3. 虚假论据

虚假论据是指故意违反论据要真实的规则，用编造的例证和错误的原理作为论据，去论证错误的论题。

4. 循环论证

论题的真实性是要靠论据来证明的，而论据的真实性又要靠论题去证明，就是循环论证。

5. 以人为据

以人为据是指在论证中，把对某人的品质的评价移到对某人提出的论断的评价上去。换言之，用对某人品质的评价代替对论题的论证。

6. 诉诸权威

诉诸权威是指对论题不作任何论证，只是拿出权威的只言片语吓人，骗人。换句话说，是用权威人士的个别言论代替对论题的逻辑论证。诉诸权威，是"以人为据"的一种特殊表现。

7．人身攻击

人身攻击是指用攻击、谩骂论敌代替对具体论题的论证。这也是一种十分恶劣的作风。

8．机械类比

机械类比是指故意把两个性质根本不同，或只具有某种表面相同(或相似)的对象拿来作类比，由其中一个对象具有某种性质，推出另一对象也具有某种性质的论证的手法。用这种机械类比得到的结论是不可靠的。

9．以偏赅全

以偏赅全是指故意用片面的、不充足的根据冒充全面的、充足的论据去进行论证，以个别情况片面概括为一般。

(四)诡辩经典案例

(1) 梁实秋曾说："一切的文明都是极少数天才创造的"，"好的作品永远是少数人的专利品，大多数人永远是蠢的，永远与文学无缘"。对于这种论调，鲁迅先生反驳说："倘若说，作品愈高，知音愈少，那么，推论起来，谁也不懂的东西，就是世界上的绝作。"

(2) 武则天执政时期，人们争献祥瑞。有个人得到一块石头，剖开一看，中间是红色，于是将这石头献给武则天，并说："看啊，这块石头中间是赤色的，这块石头对大王也是一片赤心啊！"大臣李德昭不以为然，反驳道："这块石头有赤心，难道其余的石头都谋反了啊！"

(3) 某男生："我纯洁的爱情只献给你一个人。"某女生："那么你不纯洁的爱情给了谁呢？"

(4) 工头看见贝克先生在车间抽烟，很生气。"在工作的时候不准抽烟，贝克先生。""那么，我什么时候抽烟呢？""不工作的时候。""是的，我现在并没有工作。"

(5) 有个旅客愤愤地找旅店老板，说："你们的广告骗人！你们写着从车站到旅店只需十分钟，可我走了整整一个小时。""别生气，先生。"店老板慢条斯理地说，"你误会了。我们并没有写错，那是专指开车的人。"

(6) "起来吧，杰克，公鸡早就叫了。""这关我什么事？我又不是母鸡！"

(7) 一名旅客到旅馆投宿，他仔细地察看了房间，对服务员说："这房间又黑、又闷，连窗户都没有一个，像监牢一样！"服务员讥讽道："先生，看来你这个人一定当过犯人，要不怎么这样熟悉监牢？"

(8) 海涅因为是犹太人，经常受到各种无礼对待。在一次晚会上有个旅行家对海涅讲述他在旅行中发现了一个小岛，他说："你猜猜看，在这个小岛上有什么现象使我感到新奇？那就是这个小岛上竟没有犹太人和驴子！"海涅白了他一眼，不动声色地回答道："如果是这样，那只要我和你一块到小岛上就可以弥补这个缺陷了。"

(9) 古希腊哲学家芝诺问他的学生:"一支射出的箭是动的还是不动的?"
"那还用说,当然是动的。"
"确实是这样,在每个人的眼里它都是动的。可是,这支箭在每一个瞬间里都有它的位置吗?"
"有的,老师。"
"在这一瞬间里,它占据的空间和它的体积一样吗?"
"有确定的位置,又占据着和自身体积一样大小的空间。"
"那么,在这一瞬间里,这支箭是动的,还是不动的?"
"不动的,老师。"
"这一瞬间是不动的,那么其他瞬间呢?"
"也是不动的,老师。"
"所以,射出去的箭是不动的?"

(10) 有对亲家好开玩笑。有一次甲亲家办喜事,宴请乙亲家,请柬上写道:"来,就是好吃;不来,就是见怪。"乙亲家还是大大方方地去参加宴会。他带了一份礼物,礼单上还写着一句话:"收下,就是爱财;不收下,就是嫌礼轻。"

(11) 某寝室中的这么一则辩论:甲:"爱情与玉米粥相比,哪个好?"乙:"当然爱情好,'爱情价更高'嘛。"甲:"其实不然!毕竟说来,没有东西比爱情好,而一碗玉米粥总比没有东西好,所以,玉米粥比爱情好。"

(12) 有人这样推论:所有的金属都是化学元素;钢是金属,所以钢是化学元素。

(13) 先秦名家惠施曾提出过一个"犬可以为羊"的诡辩命题。可以这样论证:犬是四足、有毛、胎生动物,羊是四足,有毛,胎生动物,所以,犬就是羊。

(14) 鲁迅在《论辩的魂灵》一文中曾记录这么一则诡辩:卖国贼是说谎的,你是说谎的,所以,你就是卖国贼。

(15) 在某大学,当一位清洁工人刚把教学大楼走廊打扫干净,便有个大学生将一包果皮纸屑丢了出来。于是工友和这位学生发生了争论:"请不要乱扔果皮纸屑。"清洁工人批评说。"我们如果不把这地方弄脏,还要你们干什么?"大学生顶了过来。

(16) 一组谬论:①人体是由细胞组成的,细胞是细小的,所以人体是细小的。②希特勒是好战的,希特勒是德国人,所以德国人是好战的。③4和3都小于5,4和3是7,所以7小于5。

(17) 马者,所以名形也;白者,所以名色也。名形者非名色也。故曰:白马非马。求马,黄黑马皆可致。求白马,黄黑马不可致。……故黄黑马也,而可以应有马,而不可以应有白马,是白马之非马审矣。马者,无去取于色,故黄黑皆所以应。白马者有去取于色,黄黑马皆所以色去,故惟白马独可以应耳。无去者,非有去也。故曰:白马非马,马故有色,故有白马。使马无色,由马如己耳。安取白马?故白者,非马也。白马者,马与白也,白与马也。故曰:白马非马也。

(摘自:公孙龙. 公孙龙子. 北京:时代文艺出版社,2008)

(18) 甲:"上帝是存在的。"乙:"世界上根本就没有什么上帝。"甲:"你说上帝不存在有什么根据？"乙:"我从来就没有见过什么上帝,你见过吗？"甲:"我们没见过上帝,不过是没碰上罢了,这并不能证明上帝不存在。"

【思考】

(1) 什么是诡辩？
(2) 诡辩有哪些特征？
(3) 诡辩的手法一般有哪些？

【综合练习】

一、名词解释

1. 朗读　　　2. 快慢　　　3. 语调　　　4. 语法停顿
5. 强调停顿　6. 语法重音　7. 强调重音　8. 节拍

二、简答题

1. 什么是朗读？它有什么要求？
2. 什么是停顿？它有哪些类型？请你举例说明。
3. 什么是重音？它有哪些类型？请你举例说明。
4. 什么是句调？朗读或说话中的句调主要有哪些情况？请你举例说明。
5. 朗读或说话时候的快慢是有声语言表情达意的重要手段,请你举例说明快慢的应用。
6. 朗读与朗诵有什么异同？
7. 举例说明停顿的作用。
8. 举例说明诗歌节拍的处理。

第四章　体态语运用

本章导读：

除了有声语言，还有一种对我们日常交流作出了巨大贡献的语言——体态语言。体态语言也就是肢体语言，是用身体动作来表达情感、交流信息、说明意向的沟通手段。

体态语言包括姿态、手势、面部表情和其他非语言手段，如点头、摇头、挥手、瞪眼等。也是由人的面部表情、身体姿势、肢体动作和体位变化而构成的一个图像符号系统，常被认为是辨别说话人内心世界的主要根据，是一种人们在长期的交际中形成的一种约定俗成的自然符号，但又与文化背景有一定关系。

在现实生活中，体态语使用极其广泛，而且有时更能无声胜有声地巧妙表达信息，同时留给对方更大的想象空间。

学习目标：

通过本章学习了解体态语的功能与分类，掌握体态语的使用技巧。

关键概念：

体态语

第一节　体态语的特征与功能

一、体态语的概念

体态语是口语交际活动的辅助手段，是通过体态、手势、表情、眼神等非语言因素，传达信息的一种言语辅助形式。体态语言亦称"人体示意语言"、"身体言语表现"、"态势语"、"动作语言"等，是人际交往中一种传情达意的方式。在日常人际交往中，体态语言是有一定规律可循的。了解这一点，不仅有助于理解别人的意图，而且能够使自己的表达方式更加丰富，表达效果更加直接，进而使人与人之间的关系更和谐。

二、体态语的内容及分类

(一)身体姿态

身体姿态是一种处于静止和无声状态的非语言交流,可分为坐姿和站姿两种。自古以来中国人就讲究"站有站相,坐有坐相"、"站如松,坐如钟",可见坐姿和站姿在一定程度上能够反映一个人的精神状态和文化修养。人们常常通过观察他人的姿态来衡量其文明程度,甚至会据此在交谈之前对对方形成肯定或否定的印象。在朗读和演讲时站姿应当自然、放松,两腿平衡分立,应避免身体重心在两腿间频繁交替。

(二)面部表情

人的面部表情与人的情感活动密不可分。人的基本情感,如喜、怒、哀、欲、爱、恶、惧都可以通过面部表情反映出来。心理学家阿尔伯特·梅拉宾(Albert Mehrabian)认为:信息的总效果7%来自文字,38%来自音调,55%来自面部表情。[①]由此可见,面部表情在人际交流中占有相当重要的地位。

(三)眼神

人们常说,"眼睛是心灵的窗户",眼睛在人际交往中的重要性可见一斑。人们用眼睛所传达的信息是无限的,因此我国早就有"眉来眼去"、"眉目传情"的说法。朗读与演讲时,不能昂首望天,目中无人;也不能东张西望,若有所失;更不能死盯着演讲稿,照本宣科。

(四)手势

美国学者布鲁斯纳安(Brosnahan)认为:"手势实际上是体态语的核心。"[②]因为手势最多,也最细腻生动,运用起来也更自如。通常情况下,人们通过手的接触或手的动作可以解读出对方的心理活动或心理状态,同时还可将自己的意图传达给对方。教师的手势共有三个作用:①澄清和描述事实;②强调事实;③吸引注意力。手势的效果在于是否用得恰当、适时、准确。所以教师讲课应伴以适当的、准确无误的手势,以加强表达效果,激发学生的听课情绪。但次数不应过于频繁,幅度也不能过大。切忌不停地挥舞或胡乱地摆动,也不要将手插入衣兜或按住讲桌不动。手舞足蹈会令人感到轻浮不稳重,过于死板又会使学生感到压抑,总之应以适度为宜。另外,还应注意各种消极的手势,如用食指指人,用黑板擦不停地敲击桌子,玩弄粉笔或衣扣等。

---

① 李文颖. 跨文化交际中肢体语言之比较[J]. 湖南科技学院学报,2011年第3期,118~120.
② 布鲁斯纳安著. 毕继万译. 中国和英国国家非文化交际对比[M]. 北京:北京语言大学出版社,1991.

(五)衣着服饰

人们讲究衣着和饰品,既是出自追求美的本能,更是为了达到交际的目的。服装和饰品除了能满足一定的心理需求,还能表明人的身份、地位和职业,改善人的社会环境和人际关系。"以貌取人"固然不对,但服装饰品确实可以改变一个人的面貌,从而改变在他人心中的形象。服装应以整洁、大方为原则,切不可穿奇装异服,过分打扮,当然也不能肮脏邋遢,不修边幅。

三、体态语言在教学中的功能与作用

在人们日常生活和交往中,体态语言是无处不存,无时不在,几乎所有的人都自觉与不自觉地运用着它。联系我们拍摄的电视教材,无论涉及什么内容,采用什么样的形式,体态语言始终在电视教材中具有不可忽视和不可替代的作用。下面从五个方面来加以说明。

(一)构成性和辅助性

体态语言是教学内容的有机组成部分,与语言文字构成教学信息的完整性。任何教学内容的传授和人际交流,都不可能由单一的语言形式进行,它总是以灵活多样的体态语言来辅助。

教学是人类一种特殊的交流沟通。在教学过程中,正是通过教师的抑扬顿挫、行云流水般的有声语言和各种体态语言的有机结合,将科学的内容和知识传授给学生。我们知道,教师讲课,不可能一分一秒都不停歇,这里所说的"顿",正是有声语言在讲授中的暂停与中断,此时有声语言的暂停和中断,并不意味着教学过程和师生间的交流中断与暂停,而此时教师和学生的体态语言,如学生的眼神、表情,教师的动作、手势等仍在继续进行。这里体态语言弥补了有声语言的局限与间隙,甚至部分或全部替代了有声语言的功能。二者互为补充,相辅相成,既保证了教学的顺利进行,又使教学内容得到完整的反映。

另外,体态语言在教学中与有声语言相比,它更加直观形象,它直接刺激学生的视觉器官,将生动逼真的表情动作呈现在学生面前。而不像有声语言是在刺激学生的听觉器官之后,还必须通过学生的一系列心理活动,如思维、理解、想象、推理、判断后才能转换为脑海中的实体意义的形象,而这时各人形成的形象又因个体差异致使内容信息在多次传递中受到衰减和损失。因此,体态语言在情境教学中,更具有传输信息的功能。事实证明,讲授式拍摄一节实验课,不只是包括教师用理论在哪里讲"我们应该怎样做",更重要的是,要通过教师的具体示范或演示,让学生清楚看到"怎样去做"或"就这样去做",以"眼见为实"去替代"耳听为虚"。正如一位从事篮球教学的体育老师在上课,我们不仅要听他讲授有关篮球的专业理论知识,还要看他运球、过人、上篮的动作是否标准、规范、协调、优美,这才是一节完整的课。

(二)传递性和互感性

体态语言具有传递性和互感性,它能沟通教与学的双向情感交流,使教学信息得以顺利传递。我们有这样的体会,如果当一位教师以整洁庄重的服饰、端庄大方和谐有度的教态(指教师的仪表、仪态和姿态)、清晰准确生动风趣的语言、洒脱自如富有魅力的气质贯穿于教学始终时,必然会赢得学生的信任和尊敬,并能激发学生学习的动机与兴趣。活跃的课堂教学气氛无疑对整个教学活动的顺利开展,乃至对学生的品德行为将起着直接或间接的影响。反之,只能给学生留下反感和消极的印象,也就必然影响了教学的顺利进行。

另外,在教学过程中,教师也可以从学生专注期待的目光,聚精会神的表情中,以及疑惑沉思、揣摸不解的神情中,随时检验自己的教学效果,调整自己的教学方法和进度。教师与学生正是通过各自的体态语言相互感染、相互影响,以期达到心灵的契合,从而达到预期的教学目的。

(三)释义性和表演性

体态语言具有释义性和表演性,它能通过形体动作把抽象的语言概念形象化、具体化。我们在摄制卫星电视教材《黑白画技法》这门课,尤其是讲到黑白画的几种制作方法时,尽管教师的讲授语言非常准确生动富有表现力,但在他未亲自动手进行表演示范前,学生得到的只是一些抽象的概念,泛泛的道理,到底如何去做,他们心中仍然无数。这就是语言本身的抽象性和概括性所致。但是,当教师一旦进入具体的制作过程(如讲到转印法),只见教师将适量的墨汁倒在干净透明的玻璃板上,然后拿起一尺见方的挂历纸,用挂历纸背后白色的一面贴在倒有墨汁的玻璃板上,双手提着纸的两角上下轻轻抖动使纸上浸沾一定的墨汁后再向上一提,转眼一幅写意的黑白山水画便跃然于纸上。随着教师语言的讲解,教师聚精会神的神态,灵活自如的手腕动作,构成了一个比任何语言描述讲解都要具体、生动、鲜明的视觉形象。正是通过这独有价值的体态语言,为学习者打开了思维、想象和创作的大门,让学生在观看表演示范中去把握艺术的技巧,领悟艺术的真谛。这就是体态语言所具有的特殊释义功能和化繁为简的魅力所在。

(四)客观性和规定性

体态语言具有客观性和规定性,它能直接独立地传输信息。体态语言本身就是一种信息。人们在交际中,某些信息和知识可以直接靠体态语言来进行传输和交流。当我们拍摄以实拍纪录为主的如手术过程、实验实习、技术操作、工艺流程等电视教材时,很大程度上是靠体态语言的客观性和规定性直接进行知识传授。如我们要拍一个有关物理或化学的某项实验,实验教师的每一个具体操作步骤,每一个细微动作以及严格的操作程序,都是作为最主要的信息媒介供学生观察、学习、体验、模仿,这时的体态语言已具有独立的信息传播功能,而有声语言已退居到次要位置。

应说明的是，在演示实验中教师所作出的不同身姿、手势和动作，与表演性象征性动作有本质上的区别。前者是经过千百次实践而总结出的"标准动作"，是属于"这一个"，它具有客观性和规定性，它带有"只能这样做"或"必须这样做"的含义，有着严格的科学性。而后者，则是描摹复杂的事物状态，表达丰富的内部心声所显示的化抽象为形象的一种形式或手段，它带有象征性和虚拟性，而不是客观事物的真实再现。

(五)现实性

体态语言具有现实性，它能产生空间感和营造不同的环境气氛。我们常常根据教学内容的需要，设计出不同的空间形态和色彩背景，布置出带有时代特点的反映现实生活的环境以及穿插一些与教学内容相关的各种音响、以增强现场感和真实性。观众可以从这些非语言形式中了解时代背景、地域差异、季节区别、从而获取有别于有声语言的各种信息。例如教学中的间距，它就能反映出双边的主次关系，代表着交流者之间的亲疏程度。研究表明，教师与学生之间的距离远近，能对教学效果产生直接的影响。当教师与学生间距缩短，面对面的机会随之增强，作用在学生视听器官的刺激增大，这时学生的注意力明显集中，参与课堂活动的意识便随之强烈，学习的兴趣和动机以及情感、意志均容易被激发，教学效果必然会得到提高。反之，间距过大，效果相反。现在国外一些中小学便采用诸如"半圆组合型"、"马蹄组合型"等多种空间形态，以缩短教与学之间的间距来提高教学效果。

第二节 体态语的运用技巧

一、目光语

(一)目光语的概念

目光语是运用眼睛的动作和神情来传递信息和感情的一种体态语言。在传递细微的情感方面，目光语起到其他语言行为和非语言行为无法替代的作用。在不同的文化中，目光语运用的方法和表达的内涵有差别。

(二)演讲中目光语的七种运用方法

美国的第四十任总统里根出身演员，拥有高超的表演技巧，每次演讲他都能充分运用目光语。有时像聚光灯，把目光聚集到全场的某一点上；有时则像探照灯，目光扫遍全场。因此有人评价他的目光语是一台"征服一切的戏"。

演讲中的目光语很重要，用好目光语很有技巧，下面介绍运用目光语的七种方法。

1. 前视法

前视法就是演讲者视线平直向前而弧形流转，立足于听众席的中心线，以此为中心，弧形照顾两边，直到视线落到最后的听众头上，视线推进时不要匀速，要按语句有节奏进行，要顾及坐在偏僻角落的听众。

2．环视法

有节奏或周期地把视线从听众的左方扫到右方，从右方扫到左方或从前排到后排，从后排到前排。因为视线每走一步都是弧形，弧形又构成一个整体——环形，所以该方法称为环视法。这种方法要注意中间的过渡，由于其视线的跨度大，难免有为视线而视线之嫌，演讲时要注意衔接。这种方法主要用于感情浓烈、场面较大的演讲。

3．侧视法

用"Z"形成"S"形运用视线的方法叫侧视法。此法在演讲中用得较多。

4．点视法

在很特殊的情感处理与观众的不良反应出现时，可大胆运用此法。此法很厉害，对制止听众的骚动情绪有很大好处。

5．虚视法

虚视法即"眼中无听众，心中有听众"。这种方法在演讲中使用频率很高，尤其是初上场的演讲者可以用它来克服紧张与分神毛病，不至于使自己看到台下那火辣辣的眼神而害怕。这种方法还可以用来表示演讲时的愤怒、悲伤、怀疑等感情。

6．闭目法

人的眨眼一般是每分钟五次至八次，如果眨眼时间超过一秒钟就成了闭眼。演讲中讲到英雄人物英勇就义，演讲者和听众极度紧张，心情难以平静时，可运用此法。

7．仰视法和俯视法

在演讲时不要老是注意听众，可以根据内容运用仰视和俯视，如表示长者对后辈的爱护、怜悯与宽容时不时把视线向下；表示尊敬、撒娇或思索、回忆时可视线向上。

要特别说明的是：视线的运用往往是各种方法综合考虑、交叉动用的，同时要按照内容的需要，押着感情的节拍，配合有声语言形式和手势、身姿等立体进行，协同体现。

二、面部表情

面部表情包括眼神、面部肌肉、眉、唇等的变化。人的面部表情很复杂且形式多样，微笑是口语表达的常规性表情。以教师为例，不管是课堂教学、课外活动、与学生谈心，甚至日常与人见面打招呼，面部表情都应该以微笑为主，这样才能营造轻松、愉快的学习氛围，创造良好的接受心境。所以面部表情训练的主要内容：一是微笑；二是变化的面部表情。

1. 微笑

在口语表达中，微笑可以表示喜爱、亲切、肯定、满意、赞扬等含义。其基本状态是：嘴角微上翘，目光柔和或流露欣喜赞扬之色，表情真诚。

2. 变化的面部表情

它是随着有声语言内容、情感的变化而产生的自然适度的喜怒哀乐的面部表情。面部表情主要靠眉、唇、眼等的变化来表情达意。

(1) 眉毛。双眉往上扬，表喜悦、开朗、期盼；双眉微蹙，表疑问、忧虑、悲伤。

(2) 唇。嘴角微上翘是微笑，表喜悦、亲切、肯定、满意、赞扬；嘴角下撇表轻蔑、不屑；口微张表示吃惊、感兴趣。

(3) 眼睛。眼睛是面部表情的核心，目光的方向、眼神的色彩都能表达丰富的含义。从目光的方向来看：仰望表示崇敬或傲慢；俯视表示关心或忧伤；正视表示庄严、诚恳；斜视表示轻妙、不屑；凝望表示专注或深情；环视表示交流、号召；点视具有针对性和示意性；虚视可以消除紧张心理；等等。从眼神的色彩来看：眼神明澈、坦荡表现心胸正直、博大；眼光执著表现心胸远大；眼光坚毅表现自强自信；怒目圆睁可表愤怒之情；目光如炬可表正义凛然；目光漂浮可表轻薄浅陋；等等。

在表情达意时眉、眼、唇等的变化是一个和谐的整体，所以训练时也要统一协调。

三、手势语

手势是体态语最重要的表达方式，它有极强的、极广泛的表达力。从手势的功能而言，可以将教学手势分为以下四类。

(1) 象形手势：这类手势主要用来临摹事物或人物的形貌。

(2) 指示手势：它是用以向学生发指示，提要求或指明口语中所说的具体对象。

(3) 情意手势：这种手势主要是用来表达教师的情感的。

(4) 象征手势：这种手势主要用来象征某种意义，表达对事物的态度。

虽然手势含义比较抽象，但与口语恰当配合，可以引导学生想象，激发学生的情感。(一般来说，表达理想的、宏大的、张扬的意义时，手势多在肩部以上；表示憎恶、鄙夷、不悦的手势多在腰部以下；表示坦诚、平静、和气等中性意义的手势多在肩腹之间)。

运用手势语表情达意，要简练鲜明、自然适度、和谐协调。克服不良手势：不良手势会对教学效果起副作用，应及时发现改正。(例如：习惯性地搓手，两手一动一动地放在讲

台上，经常抓耳挠腮等。一般来说，表扬学生时手势宜稳重，批评学生时最好不用手势，特别不能对学生指指点点)

四、体态语训练

训练 1：手势语训练

手指——跷拇指、伸食指、伸食指和中指……

手掌——抬手、招手、摊手、按掌、鼓掌、丁字手势、握拳……

其他——握拳、挥臂、背手、双臂交叉、叉腰、插袋、撑桌

模拟——模拟高度、模拟宽度、模拟平面、模拟圆形、模拟笔直状、模拟弯曲状

训练 2：目光语训练

环视、注视、盯视、怒视、侧视

训练 3：表情语训练

眉毛微微上扬，双眼略略张大，嘴角略上翘(感兴趣)

眼睛略闭，嘴角上翘浮出微笑(满意、赞扬)

双眼微眯，嘴角微翘，面露微笑(亲切)

眉毛上扬，眼睛略睁大，嘴微微张开(询问)

眉毛微皱，双唇较紧地抿在一起(严肃)

眉毛上扬，睁大双眼，嘴圆张(惊奇)

眉紧皱，眼圆睁，牙关紧咬致使双唇紧抿(愤怒)

眼微眯，嘴角下垂，嘴向一边撇(蔑视)

训练 4：头部语训练

点头(同意、赞许)、侧头(感兴趣、怀疑)、摇头(反对、不相信、否定)、浅鞠躬[头部垂下再抬起](致意、告别)

训练 5：体距语训练

人体距离语：亲密区(50 厘米以内)、个人区(50～125 厘米)、社交区(125～350 厘米)、公共区(350～750 厘米)

身体指向语：面对、背对、肩并肩和 V 形指向

身体移动语：讲台区域、讲台与前排学生之间区域、过道区域、教室后排学生与后墙区域

【练习】

(1) 朗诵儿童诗《笑脸》，注意面部表情——微笑的运用。

笑脸

我爱妈妈的笑脸，

像太阳一样温暖；

我爱老师的笑脸，

像泉水一样甜。

啊！亲爱的老师，您的笑脸我常在梦中看见。

(资料来源：http://blog.sina.com.cn/s/blog.5e3de9250100dih2.html，博主：做智慧教师)

(2) 朗读下面材料，并配合恰当的面部表情，注意眉、眼、唇等的综合变化。

① 胡适的目光顿时变亮了，轻声地解释说："不一定吧！前几天有位朋友给我打来电报，请我去政府部门工作，我决定不去，就回电拒绝了。……"(节选自陈灼：《桥梁：实用汉语中级教程》(上)中的《胡适的白话电报》.北京：北京语言文化出版社)(读到"顿时变亮"时可以双眉上扬，眼露亮光，略带笑意)

② 突然，狗放慢脚步，蹑足前行，好像嗅到了前面有什么野物。(节选自屠格涅夫著，张守仁译，《屠格涅夫散文选》中的《麻雀》，17页，北京：百花文艺出版社，1986)(在朗读"狗放慢脚步，蹑足前行"时可以双眉上扬，睁大眼睛并露出惊奇的目光)

(3) 朗读诗歌《0的断想》片段，揣摩并设计手势语进行练习，注意身姿及面部表情的配合。

0 的断想

0 是谦虚者的起点，骄傲者的终点。

0 的负担最轻，但任务最重。

0 是一面镜子，让你认识自己。

0 是公正无私的，你懒惰它就去亲近你，你勤奋它就远离你。

0 是一块空地，可以长荒草，生荆棘，也可以种庄稼，收果实。

0 是一个神奇套环，能把 99 拉回原地，令人"望百兴叹"。

0 再多还是 0，犹如口中喷吐的一个个烟圈毫无分量和价值。

(选自乔天川的《0 的断想》，摘自《青年报》，1983-12-02)

第五章　普通话水平测试

本章导读：

普通话水平测试(putonghua shuiping ceshi，PSC)是我国为加快共同语普及进程、提高全社会普通话水平而设置的一种语言口语测试，全部测试内容均以口头方式进行。普通话水平测试不是口才的评定，而是对应试人掌握和运用普通话所达到的规范程度的测查和评定，是应试人的汉语标准语测试。

普通话是现代汉语的标准语。由国家语言文字工作委员会和国家教育委员会、广播电影电视部颁布的《普通话水平测试等级标准(试行)》(国语[1997]64号)把普通话水平分为三个级别(一级可称为标准的普通话，二级可称为比较标准的普通话，三级可称为一般水平的普通话)，每个级别内划分甲、乙两个等次。三级六等是普通话水平测试中评定应试人普通话水平等级的依据。

普通话水平测试一律采用口试方式进行。应试人在运用普通话口语进行表达过程中所表现的语音、词汇、语法规范程度，是评定其所达到的水平等级的重要依据。

普通话水平测试是我国现阶段普及普通话工作的一项重大举措。在一定范围内对某些岗位的人员进行普通话水平测试，并逐步实行普通话等级证书上岗制度，标志着我国普及普通话工作走上了制度化、规范化、科学化的新阶段。开展普通话水平测试工作，将大大加强推广普通话工作的力度，加快速度，使"大力推行、积极普及、逐步提高"的方针落到实处，极大地提高全社会的普通话水平和汉语规范化水平。

学习目标：

通过本章学习，了解普通话等级标准；了解普通话应试规则；熟悉普通话考试方法及考试内容。

关键概念：

等级　评分　说话

第一节　普通话水平测试应试须知

一、普通话等级标准

普通话是现代汉语的标准语。由国家语言文字工作委员会和国家教育委员会、广播电影电视部颁布的《普通话水平测试等级标准(试行)》(国语[1997]64 号)把普通话水平分为三个级别(一级可称为标准的普通话,二级可称为比较标准的普通话,三级可称为一般水平的普通话),每个级别内划分甲、乙两个等次。三级六等是普通话水平测试中评定应试人普通话水平等级的依据。

一级 (标准的普通话)

一级甲等(测试得分:97～100 分)朗读和自由交谈时,语音标准,词语、语法正确无误,语调自然,表达流畅。

一级乙等(测试得分:92～96.99 分)朗读和自由交谈时,语音标准,词语、语法正确无误,语调自然,表达流畅。偶然有字音、字调失误。

二级 (比较标准的普通话)

二级甲等(测试得分:87～91.99 分)朗读和自由交谈时,声韵调发音基本标准,语调自然,表达流畅。少数难点音有时出现失误。词语、语法极少有误。

二级乙等(测试得分:80～86.99 分)朗读和自由交谈时,个别调值不准,声韵母发音有不到位现象。难点音失误较多。方言语调不明显。有使用方言词、方言语法的情况。

三级(一般水平的普通话)

三级甲等(测试得分:70～79.99 分)朗读和自由交谈时,声韵母发音失误较多,难点音超出常见范围,声调调值多不准。方言语调较明显。词语、语法有失误。

三级乙等(测试得分:60～69.99 分)朗读和自由交谈时,声韵调发音失误多,方音特征突出。方言语调明显。词语、语法失误较多。外地人听其谈话有听不懂的情况。

根据国家及有关部委的要求,现阶段各类人员的普通话水平应达到的等级标准如下:播音员、节目主持人、影视话剧演员为一级以上水平;教师和大学生为二级以上水平;公务员和社会公共服务行业从业人员为三级以上水平。目前,一些省市和行业系统根据实际需要,在依照国家原则要求的基础上,对部分人员的普通话水平达标要求做了细化,促进普通话进一步普及,促进运用普通话的能力进一步提高。

普通话水平测试等级证书是证明应试人普通话水平的有效凭证,证书由国家语言文字工作委员会统一印制。普通话一级乙等以下成绩的证书由省(自治区、直辖市)级语言文字工作委员会加盖印章后颁发,普通话一级甲等的证书须经国家普通话水平测试中心审核并加盖国家普通话水平测试中心印章后方为有效。有效的普通话水平测试等级证书全国通用。

二、考试内容及评分标准

试卷包括五个部分,满分为 100 分。

(一)读单音节字词 100 个(排除轻声、儿化音节)

(1) 目的:考查应试人声母、韵母、声调的发音。

(2) 要求：100 个音节里，每个声母出现一般不少于 3 次，方言里缺少的或容易混淆的酌量增加 1～2 次；每个韵母的出现一般不少于 2 次，方言里缺少的或容易混淆的韵母酌量增加 1～2 次。字音声母或韵母相同的要隔开排列。不使相邻的音节出现双声或叠韵的情况。

(3) 评分：此项成绩占总分的 10%，即 10 分。读错一个字的声母、韵母或声调扣 0.1 分。读音有缺陷每个字扣 0.05 分。一个字允许读两遍，即应试人发觉第一次读音有口误时可以改读，按第二次读音评判。

(4) 限时：3 分钟。超时扣分(3～4 分钟扣 0.5 分，4 分钟以上扣 0.8 分)。

(5) 说明：读音有缺陷只在"1.读单音节字词"和"2.读双音节词语"两项记评。读音有缺陷在第 1 项内主要是指声母的发音部位不准确，但还不是把普通话里的某一类声母读成另一类声母，比如舌面前音 j、q、x 读得太接近 z、c、s；或者是把普通话里的某一类声母的正确发音部位用较接近的部位代替，比如把舌面前音 j、q、x 读成舌叶音；或者读翘舌音声母时舌尖接触或接近上腭的位置过于靠后或靠前，但还没有完全错读为舌尖前音等；韵母读音的缺陷多表现为合口呼、撮口呼的韵母圆唇度明显不够，语感差；或者开口呼的韵母开口度明显不够，听感性质明显不符；或者复韵母舌位动程明显不够等；声调调形、调势基本正确，但调值明显偏低或偏高，特别是四声的相对高点或低点明显不一致的，判为声调读音缺陷；这类缺陷一般是成系统的，每个声调按 5 个单音错误扣分。1 和 2 两项里都有同样问题的，两项分别都扣分。

(二)读双音节词语 50 个

(1) 目的：除考查应试人声母、韵母和声调的发音外，还要考查上声变调、儿化韵和轻声的读音。

(2) 要求：50 个双音节可视为 100 个单音节，声母、韵母的出现次数大体与单音节字词相同。此外，上声和上声相连的词语不少于 2 次，上声和其他声调相连不少于 4 次；轻声不少于 3 次；儿化韵不少于 4 次(ar、ur、ier、üer)，词语的排列要避免同一测试项的集中出现。

(3) 评分：此项成绩占总分的 20%，即 20 分。读错一个音节的声母、韵母或声调扣 0.2 分。读音有明显缺陷每次扣 0.1 分。

(4) 限时：3 分钟。超时扣分(3～4 分钟扣 1 分，4 分钟以上扣 1.6 分)。

(5) 说明：读音有缺陷所指的除跟第 1 项内所述相同的以外，儿化韵读音明显不合要求的应列入。

1 和 2 两项测试，其中有一项或两项分别失分在 10%的，即 1 题失分 1 分，或 2 题失分 2 分即判定应试人的普通话水平不能进入一级。

应试人有较为明显的语音缺陷的，即使总分达到一级甲等也要降等，评定为一级乙等。

(三)朗读

朗读从《测试大纲》第五部分朗读材料(1~50号)中任选。

(1) 目的：考查应试人用普通话朗读书面材料的水平，重点考查语音、连读音变(上声、"一"、"不")，语调(语气)等项目。

(2) 计分：此项成绩占总分的30%。即30分。对每篇材料的前400字(不包括标点)做累积计算，每次语音错误扣0.1分，漏读一个字扣0.1分，不同程度地存在方言语调一次性扣分(问题突出扣3分；比较明显，扣2分；略有反映，扣1.5分。停顿、断句不当每次扣1分；语速过快或过慢一次性扣2分。

(3) 限时：4分钟。超过4分30秒以上扣1分。

(4) 说明：朗读材料(1~50号)各篇的字数略有出入，为了做到评分标准一致，测试中对应试人选读材料的前400个字(每篇400字之后均有标志)的失误做累积计算；但语调、语速的考查应贯穿全篇。从测试的要求来看，应把提供应试人做练习的50篇作品作为一个整体，应试前通过练习全面掌握。

(四)判断测试

(1) 目的：重点考查应试人员全面掌握普通话词汇、语法的程度。题目编制和计分：此项成绩占总分的10%，即10分。

(2) 内容。判断(一)：根据《测试大纲》第三部分，选列十组普通话和方言说法不同的词语(每组至少有两种不同的说法)，由应试人判断哪种说法是普通话的词语。错一组扣0.25分。对外籍人员的测试可以省去这个部分，判断(三)的计分加倍。

判断(二)：根据《测试大纲》第四部分抽选5个量词，同时列出可以与之搭配的10个名词，由应试人现场组合，考查应试人掌握量词的情况。搭配错误的每次扣0.5分。

判断(三)：根据《测试大纲》第四部分，编制5组普通话和方言在语序或表达方式上不一致的短语或短句(每组至少有两种形式)，由应试人判定符合普通话语法规范的形式。判断失误每次扣0.5分。

在口头回答时，属于答案部分的词语读音有错误时，每次扣0.1分；如回答错误已扣分，就不再扣语音失误分。

(3) 限时：3分钟。超时扣0.5分。

(五)说话

(1) 目的：考查应试人在没有文字凭借的情况下，说普通话的能力和所能达到的规范程度。以单向说话为主，必要时辅以主试人和应试人的双向对话。单向对话：应试人根据抽签确定的话题,说 4 分钟(不得少于 3 分钟,说满 4 分钟主试人应请应试人停止)。

(2) 评分:此项成绩占总分的 30%,即 30 分。其中包括:

① 语音面貌占 20%,即 20 分。其中档次为:

一档 20 分,语音标准;

二档 18 分,语音失误在 10 次以下,有方音不明显;

三档 16 分,语音失误在 10 次以下,但方音比较明显;或方音不明显,但语音失误大致在 10~15 次之间;

四档 14 分,语音失误在 10~15 次之间,方音比较明显;

五档 10 分,语音失误超过 15 次,方音明显;

六档 8 分,语音失误多,方音重。

语音面貌确定为二档(或二档以下)即使总积分在 96 以上,也不能入一级甲等;语音面貌确定为五档的,即使总积分在 87 分以上,也不能入二级甲等;有以上情况的,都应在级内降等评定。

② 词汇语法规范程度占 5%。计分档次为:

一档 5 分,词汇、语法合乎规范;

二档 4 分,偶有词汇或语法不符合规范的情况;

三档 3 分,词汇、语法屡有不符合规范的情况。

③ 自然流畅程度占 5%,即 5 分。计分档次为:

一档 5 分,自然流畅;

二档 4 分,基本流畅,口语化较差(有类似背稿子的表现);

三档 3 分,语速不当,话不连贯;说话时间不足,必须主试人用双向谈话加以弥补。

试行阶段采用以上评分办法,随着情况的变化应适当增加说话评分的比例。

三、试卷类型

普通话水平测试试卷按照测试对象的不同分为Ⅰ型和Ⅱ型两类。

(一)Ⅰ型卷

Ⅰ型卷主要供通过汉语水平考试(HSK)申请进行普通话水平测试的外籍或外族人员使用。

Ⅰ型卷的出题范围是:

(1) 单音节字词和双音节词语都从《测试大纲》第二部分的表一选编,其中带两个星号的字词占 60%,带一个星号的字词占 40%。测试范围只限于表一。

(2) 朗读材料的投签限制在 40 个之内,依字数的多少减去字数较多的 10 篇。

(二) Ⅱ型卷

由于普通话水平测试处于试行阶段，同时考虑到在校学生的学习负担，所以在1996年12月底以前，对中等师范学校和中等职业学校有关专业的学生以及小学教师进行普通话水平测试时也采用Ⅰ型卷。

Ⅱ型卷供使用Ⅰ型卷人员以外的应试人员使用。

Ⅱ型卷的出题范围是：

(1) 单音节字词和双音节词语按比例分别从《测试大纲》第二部分的表一和表二选编。选自表一的占70%，其中带两个星号的占40%，带一个星号的占30%；选自表二的占30%。

(2) 朗读材料(1～50号)全部投签。

四、考试方法

经报名核准后，应试者应在规定的日期，凭本人的准考证和身份证，进入指定的考场，并按指定试卷上的内容进行测试。每个考场有2～3位测试员负责对应试者的普通话水平进行判定。总时间在15分钟左右。

首先抽签朗读作品和说话题目，有大约十分钟的准备时间，进入考场后首先报自己的单位、姓名，然后按照四项(五项)内容先后进行测试：100个单音节字词、50个双音节词语、(判断测试)、作品朗读、说话。测试全程录音，测试完成后方可离开测试现场，一周左右可进行成绩查询，并得到相应的普通话水平等级证书。

第二节　普通话水平测试中朗读项目的要求

在普通话水平测试中，朗读是对应试者普通话运用能力的一种综合检测形式。日常朗读活动中，决定朗读者朗读水平高低、朗读效果优劣的因素是多方面的。下面就普通话水平测试中影响应试者成绩的几个主要因素，谈谈朗读的几个基本要求，目的是帮助应试人把握难点，在测试中减少失误，更好地发挥水平。

一、用普通话语音朗读

要使自己的朗读符合普通话的语音规范，必须在以下几方面下工夫。

(一) 注意普通话和方言在语音上的差异

普通话和方言在语音上的差异，大多数的情况是有规律的。这种规律又有大的规律和小的规律，规律之中往往又包含一些例外，这些都要靠自己去总结。要多查字典和词典，要加强记忆，反复练习。在练习中，不仅要注意声韵调方面的差异，还要注意轻声词和儿化韵的学习。

(二)注意多音字的读音

多音字可以从两个方面去注意学习。第一类是意义不相同的多音字,要着重弄清它的各个不同的意义,从各个不同的意义去记住它的不同读音。第二类是意义相同的多音字,要着重弄清它的不同的使用场合。这类多音字大多数情况是一个音使用场合"宽",一个音使用场合"窄",只要记住"窄"的就行。

(三)注意由字形相近或由偏旁类推引起的误读

由于字形相近而把甲字张冠李戴地读成乙字,这种误读十分常见。用偏旁本身的读音或者由偏旁组成的较常用的字的读音,去类推一个生字的读音而引起的误读,也很常见。所谓"秀才认字读半边",闹出笑话,就是指的这种误读。

(四)注意异读词的读音

普通话词汇中,有一部分词(或词中的语素),意义相同或基本相同,但在习惯上有两个或几个不同的读法,这些被称为"异读词"。1985年,国家公布了《普通话异读词审音表》,要求全国文教、出版、广播及其他部门、行业所涉及的普通话异读词的读音、标音,均以这个新的审音表为准。在使用《审音表》的时候,最好是对照着工具书(如《新华字典》、《现代汉语词典》等)来看。先看某个字的全部读音、义项和用例,然后再看《审音表》中的读音和用例。比较以后,如发现两者有不合之处,一律以《审音表》为准。这样就达到了读音规范的目的。

二、把握作品的基调

基调是指作品的基本情调,即作品的总的态度感情。任何一篇作品,都会有一个统一完整的基调。朗读作品必须把握住作品的基调,因为作品的基调是一个整体概念,是层次、段落、语句中具体思想感情的综合表露。要把握好基调,必须深入分析、理解作品的思想内容,力求从作品的体裁、作品的主题、作品的结构、作品的语言,以及综合各种要素而形成的风格等方面入手,进行认真、充分和有效的解析,在此基础上,朗读者才能产生出真实的感情,鲜明的态度,产生出内在的、急于要表达的律动。只有经历这样一个复杂的过程,作品的思想才能成为朗读者的思想,作品的感情才能成为朗读者的感情,作品的语言表达才能成为朗读者要说的话。也只有经历这样一个复杂的过程,朗读者才能以作品思想内容出发,把握住基调。无论读什么作品,这"案上的工作"都不能少。

第三节　普通话水平测试中的说话

一、说话的基本要求

普通话水平测试中的说话部分，以单项说话为主，主要考查应试人在没有文字凭借的情况下，说普通话的能力和所能达到的规范程度。和朗读相比，说话可以更有效地考查应试人在自然状态下运用普通话语音、词汇、语法的能力。因为朗读是有文字凭借的说话，应试人并不主动参与词语和句式的选择，因而，说话最能全面体现应试人普通话的真实水平。

说话不仅是对应试人语言水平的考查，同时，也是对应试人心理素质的考验。说话是在没有文字凭借的情况下，把思维的内部语言转化为自然、准确、流畅的外部语言，需要应试人有良好的心理素质。综上所述，说话具有以下几种基本要求。

(一)话语自然

说话就是口语表达，但口语表达并不等于口语本身。我们口头说话，要使用语言材料，但是说话的效果并不是这些语言材料的总和。口头说的话应该是十分生动的，它和说话的环境、说话人的感情、说话的目的和动机都有很大的关系。

要做到自然，就要按照日常口语的语音、语调来说话，不要带着朗读或背诵的腔调。这并不是很高的要求，但实际做起来却是相当困难。需要强调指出的是，进行说话准备，不要把说话材料写成书面材料，因为写出来的东西往往会进行修改，殊不知，就是在修改中改掉了口语表达的特点。

语速适当，是话语自然的重要表现。正常语速大约 240 个音节/分钟均应视为正常。如果根据内容、情景、语气的要求偶尔 10 来个音节稍快、稍慢也应视为正常。语速和语言流畅程度是成正比的，一般说来，语速越快，语言越流畅。但语速过快就容易导致闭音时口腔打不开、复元音的韵母动程不够和归音不准。语速过慢，容易导致语流凝滞，话语不够连贯。有人为了不在声、韵、调上出错，说话的时候一个字、一个字地往外挤，听起来非常生硬。因而，过快和过慢的语速都应该努力避免。

(二)用词得体

口语词和书面语词的界限不易分清。一般说来，口语词指日常说话用得多的词，书面语词指书面上用得多的词。口语词和书面语词相比，有其独自的特点。必须克服方言的影响，摈弃方言词汇，说话中特别要注意克服方言语气。但由于普通话词汇标准是开放的，它不不断地从方言中吸收富有表现力的词汇来丰富、完善自己的词汇系统，普通话水平测试允许应试人使用较为常用的新词语和方言词语。

(三)用语流畅

现代汉语的口语和书面语基本是一致的，使用的句式大体也是相同的。但是，从句式使用的经常性来看，口语和书面语仍然存在着差别，其特点如下。

(1) 口语句式比较松散，短句多；
(2) 较少使用或干脆不用关联词语；
(3) 经常使用非主谓句；
(4) 较多地使用追加和插说的方法，句间关联不紧密；
(5) 停顿和语气词多。

普通话水平测试是对应试人运用普通话进行交际的能力水平的测试和评价。它既不是普通话知识的考试，也不是文化水平的考核，更不是口才的评估。测试大纲以语音面貌、词汇语法的规范程度和自然流畅程度来作为说话的一部分标准，对与文章结构有关的立意、选材及布局谋篇并未提出具体的要求，我们不能一相情愿地把作文的评分标准强加于说话之上。

二、话题的准备

(一)审题

"说话"部分共有 50 篇题目。我们可以把它们分成三个大类：记叙描述类、议论评说类和说明介绍类。

说明介绍类的题目比较少，只有 4 个：我最喜爱的文体活动、我的职业(专业)、我喜爱的小动物和我最喜欢的一种花卉(树木)。

议论评说类有 15 个题目：我和电视、学习普通话的体会、我谈色彩、怎样跟同学(同事)相处、谈谈社会公德、谈谈邻里关系、谈谈语言美、说说广告、说勤俭、谦虚是美德、谈谈自然环境、谈谈商品质量、一句格言给我的启示、一部电影(电视剧)的观后感以及谈谈自己对某一社会现象的看法。

除了以上的题目，其他的 31 篇就是记叙描述类的题目了。

以上的分类只是一个大概的情况。如果谈的角度不同，谈的内容不同，就完全可以兼类。有的题目既可以从介绍、说明的角度去谈，也可以从叙述、描写的角度来说，由应试者决定。

(二)选材构思

根据上面的语体类别，我们要考虑构思的框架，选择一些材料，并列出说话的提纲。

列提纲的目的，是为了使说话有条理。应试者可以思考一下，先说什么，后说什么，分几个部分来说；每一个部分又可以从哪几个角度来展开；这些话里面可能会用上哪些词。

仔细一点的，还可以想一下，用的词普通话的正确读法是什么，吃不准、不太有把握的词还可以在准备的时候查查词典，确定它的正确读音。有的时候，同类题型是可以相通的。比如：我最尊敬的人，可以是爸爸、妈妈、老师，这样，准备了一个题目，就可以涵盖三四个说话题了。应试者在准备的时候就可以先大致上作一下归类。

(三)注意语音准确、词汇语法规范

既然是命题说话，就与平时说话有不一致的地方。平时说话，听话的人是同学、同事、朋友；测试时，应试者面对的是测试员。

同学听你说话，只是在听你说话的内容，至于语音上的一些问题，也许他已经注意到了，但只要不影响交际，只要不妨碍他对你话的语意的理解，他就不会来管你，随你怎么说去。

测试员听应试者说话，除了会注意其语意，注意其表达，了解其说了些什么外，还特别注意了应试者的语音情况：有没有翘舌音，不该翘的翘了吗？前后鼻音有没有说好？浊辅音声母是不是带入了普通话？普通话没有的韵母你说了吗？有没有入声字？同时，测试员还在注意应试者使用了哪些词，这些词是不是普通话的词语？合乎普通话的语法规范吗？比如说，普通话说：吸烟、喝酒、吃饭。这三个动作用的是不同的词；如果用上海话来说就都是"吃"用广州话就成了：抽烟、饮酒、食饭。(引者注)应试者在说话时，就必须说成普通话的习惯用语，不能都"吃"。

在事先准备的时候，应试者可以想一下，自己可能会用到哪些词，是不是符合普通话标准？所用到的词的语音也可以查查词典，搞清楚怎样发音。

(四)描述要具体

在测试现场，经常有一些应试者在说话时没词。他们往往说不到几句话，就再也无话可说了，有的颠来倒去说那么几句话；有的就干脆看着测试员，一声不吭。为了促使你说下去，测试员在这时常会给你提个头，让你找到话题，然后继续往下说。但即使是提了醒，还是有人不会说。这其实还是准备得不够充分。

你在作准备的时候，要注意从小处着手。也就是说，要越详细越好。

比如：说你喜欢的花，你可以描述枝叶的色泽、形状，花朵的颜色、形状；它开花的季节；在不同的季节里它有没有变化，是怎么变的？你在平时是怎样观察它的变化的？怎样进行分枝？怎样移盆？怎样浇肥？浇的是什么肥？是不是每天都要浇水？下雨天你怎么处理？夏天，烈日当头，你是怎样处置它的？有没有给你弄死过，是怎样弄的？冬天呢？你看，这些事情琐琐碎碎，唠唠叨叨，细细小小，完全可以慢慢说来。三四分钟时间哪够用啊！

三、话题的归类

(一)记叙描述类

1. 话题归类

我的愿望(或理想)　我尊敬的人　童年的记忆　难忘的旅行　我的朋友
我的家乡(或熟悉的地方)　我的假日生活　我的成长之路　我向往的地方

2. 说此类话题的思路提示

(1)　是谁(是什么)？
(2)　为什么？
(3)　举例子。
(4)　怎么办？

(二)说明介绍类

1. 话题归类

我的学习生活　我喜爱的动物(或植物)　我喜爱的职业　艺术形式
我的业余生活　我喜爱的文学(或其他)　我喜欢的季节(或天气)
我知道的风俗　我和体育　我喜欢的节日　我所在的集体(学校、机关、公司等)
我喜欢的明星(或其他知名人士)　我喜爱的书刊　购物(消费)的感受

2. 说此类话题的思路提示

(1)　是什么(是谁或是什么样的)？
(2)　表现在哪几个方面？
(3)　每个方面是怎么样的？
(4)　自己的态度或打算。

(三)议论评说类

1. 话题归类

谈谈卫生与健康　学习普通话的体会　谈谈服饰　谈谈科技发展与社会生活
谈谈美食　谈谈社会公德(或职业道德)　谈谈个人修养　谈谈对环境保护的认识

2. 说此类话题的思路提示

(1)　是什么？(提出自己的观点)
(2)　为什么？(归纳出支持这个观点的几条理由)

(3) 举例子。(可在每条理由之后,也可总说完理由后分别举例)
(4) 怎么办?(再次强调自己的观点或提出实现自己观点的几条建议)

第四节　8篇作品的朗读提示

作品1号《海上的日出》

为了看日出,我常常早起。那时天还没有大亮,周围非常清静,船上只有机器的声音。天空还是一片浅蓝,颜色很浅;转眼间天边出现了一道红霞,慢慢儿①扩大了它的范围,加强了它的光亮。我知道太阳要从那天际升起来了,便目不转睛地②望着那里。

果然,过了一会儿③,在那里就出现了太阳的一小半,红是红得很,却没有光亮。这太阳像负着什么重担似的④,慢慢儿,一步一步地,努力向上面升起来,到了最后,终于冲破了云霞,完全跳出了海面。那颜色真红得可爱。一刹那⑤间,这深红的东西,忽然发出夺目的光亮,射得人眼睛发痛,同时附近的云也添了光彩。

有时太阳走入云里,它的光线却仍从云里透射下来,直射到水面上。这时候,人要分辨出何处是水,何处是天,很不容易,因为只能够看见光亮的一片。

有时天边有黑云,而且云片很厚。太阳出来了,人却不能够看见它。然而太阳在黑云里放射出光芒,透过黑云的周围,替黑云镶⑥了一道光亮的金边,到后来才慢慢儿透出重围,出现在天空,把一片片黑云变成了紫云或红霞。这时候,光亮的不仅是太阳、云和海水,连我自己也成了光亮的了。

这不是很伟大的奇观么?

(摘自:唐金海,张晓云.巴金散文选集.北京:百花文艺出版社,1992)

语音提示

①慢慢儿 mànmānr;②目不转睛地 de;③一会儿 yíhuìr;④似的 shìde;
⑤一刹那 yíchànà;⑥镶 xiāng。

作品2号《珍珠鸟》

真好!朋友①送我一对珍珠鸟。放在一个简易的竹条编成的笼子里,笼内还有一卷干草,那是小鸟儿舒适又温暖的巢②。

有人说,这是一种怕人的鸟。

我把它挂在窗前,那儿③还有一大盆异常茂盛的法国吊兰。我便用吊兰长长的、串生着小绿叶的垂蔓蒙盖在鸟笼上,它们就像躲进深幽的丛林一样安全;从中传出笛儿④般又细又亮的叫声,就格外轻松自在了。

阳光从窗外射入,透过这里,吊兰那些无数指甲状的小叶,一半成了黑影,一半被照透,如同碧玉;斑斑驳驳,生意葱茏。小鸟的影子就在这中间隐约闪动,看不完整,有时连笼子也看不出,却见它们可爱的鲜红小嘴儿从绿叶中伸出来。

我很少扒开叶蔓瞧它们,它们便渐渐敢伸出小脑袋瞅瞅我。我们就这样一点点熟悉了。

三个月后,那一团愈发繁茂的绿蔓里边,发出一种尖细又娇嫩的鸣叫。我猜到,是它们有了雏儿。我呢?决不掀开叶片往里看,连添食加水时也不睁大好奇的眼去惊动它们。过不多久,忽然有一个更小的脑袋从叶间探出来。哟,雏儿!正是这小家伙!

它小,就能轻易地由疏格的笼子钻出身。瞧,多么像它的父母:红嘴红脚,蓝灰色的毛,只是后//背还没有生出珍珠似的圆圆的白点儿;它好肥,整个身子好像一个蓬松的球儿。

(摘自:冯骥才. 冯骥才:留住明天. 北京:中国盲文出版社,2008)

语音提示

①朋友 péngyou;②巢 cháo;③那儿 nàr;④笛儿 dí'er。

作品3号《火烧云》

晚饭过后,火烧云上来了。霞光照得小孩子的脸红红的。大白狗变成了红的了,红公鸡变成金的了,黑母鸡变成紫檀色的了。喂猪的老头儿在墙根靠着,笑盈盈地看着他的两头小白猪变成小金猪了。他刚想说:"你们也变了……"旁边走来一个乘凉①的人,对他说:"您老人家②必要高寿,您老是金胡子了。"

天空的云从西边一直烧到东边,红彤彤的,好像是天空着了火。

这地方③的火烧云变化极多,一会儿④红彤彤的,一会儿金灿灿的,一会儿半紫半黄,一会儿半灰半百合色。葡萄灰,梨黄,茄子紫,这些颜色天空都有,还有些说也说不出来、见也没见过的颜色。

一会儿,天空出现一匹马,马头向南,马尾向西。马是跪着的,像是在等着有人骑到它背上,它才站起来似的。过了两三秒钟,那匹马大起来了,马腿伸开了,马脖子也长了,一条马尾巴可不见了。看的人正在寻找马尾巴,那匹马就变模糊⑤了。

忽然又来了一条大狗。那条狗十分凶猛,它在前边跑着,后边似乎还跟着好几条小狗。跑着跑着,小狗不知跑到哪里⑥去了,大狗也不见了。

接着又来了一头大狮子,跟庙门前的大石头狮子一模一样⑦,也是那么大,也是那样蹲着,很威武//很镇静地蹲着。可是一转眼就变了。要想再看到那头大狮子,怎么也看不到了。

一时恍恍惚惚的,天空里又像这个,又像那个,其实什么也不像,什么也看不清了,可是天空偏偏不等待那些爱好它的孩子。一会儿工夫火烧云下去了。

(摘自:萧红. 火烧云. 义务教育课程标准实验教科书(语文四年级上册). 北京:人民教育出版社,2009)

语音提示

①乘凉 chéngliáng;②老人家 lǎorenjia;③地方 dìfang;④一会儿 yīhuìr;⑤模糊 móhu;⑥哪里 nǎli;⑦一模一样 yīmú-yīyàng。

作品4号《春》

盼望着，盼望着，东风来了，春天的脚步近了。

一切都像刚睡醒的样子，欣欣然张开了眼。山朗润起来了，水涨起来①了，太阳的脸红起来了。

小草偷偷地从土里钻出来，嫩嫩的，绿绿的。园子里，田野里，瞧去一大片一大片满是的。坐着，躺着，打两个滚儿②，踢几脚球，赛几趟跑，捉几回迷藏。风轻悄悄的，草软绵绵的。

……

"吹面不寒杨柳风"，不错的，像母亲的手抚摸着你。风里带来些新翻的泥土的气息，混着③青草味儿，还有各种花的香，都在微微润湿的空气里酝酿。鸟儿④将巢安在繁花嫩叶当中，高兴起来了，呼朋引伴地卖弄清脆的喉咙，唱出婉转的曲子，跟轻风流水应和着⑤。牛背上牧童的短笛，这时候也成天嘹亮地响着。

雨是最寻常的，一下就是三两天。可别恼。看，像牛毛，像花针，像细丝，密密地斜织着，人家屋顶上全笼着一层薄烟⑥。树叶儿却绿得发亮。小草儿也青得逼你的眼。傍晚时候，上灯了，一点点黄晕⑦的光，烘托出一片安静而和平的夜。在乡下，小路上，石桥边，有撑着伞慢慢走着的人；地里还有工作的农民，披着蓑⑧戴着笠。他们的房屋，稀稀疏疏的，在雨里静默着。

天上风筝渐渐多了，地上孩子也多了。城里乡下，家家户户，老//老小小，也都赶趟儿似的，一个个都出来了。

(摘自：朱自清. 朱自清作品散文精选. 武汉：湖北辞书出版社，2011)

语音提示

①涨起来 zhǎngqǐlai；②滚儿 gǔnr；③混着 hùnzhe；④鸟儿 niǎo'er；
⑤应和着 yìnghèzhe；⑥薄烟 bóyān；⑦黄晕 huángyùn；⑧蓑 suō。

作品5号《钢铁是怎样炼成的》

他沿着小镇上冷冷清清的街道踱①着步子，不知不觉走到了松树林前，在岔道口停住了脚步。岔口右面是从前的监狱，阴森森的，和松林只隔着一道挺高的尖木栅栏②。监狱后面是医院的白色楼房。

就在这里，瓦莉娅和故乡的同志们被送上了绞架，牺牲在这空寂的广场上。在当年竖立绞架的地方，保尔默默地站了许久，然后走下路边的陡坡，进了烈士公墓。

也不知是哪一位热心肠的人，用云杉枝条编织的花环，装点了那一排掩埋忠骨的坟墓，又在小小的墓地周围种植上一圈苍翠的小树。陡坡外高耸着挺拔的青松。谷地里满铺着如茵的嫩草。

这儿是小镇的尽头，阴郁而冷清。只有松林轻轻的"沙沙"作响。四野里复苏的大地散发出新春的气息。

就在这里，故乡的同志们英勇地牺牲了。他们为了改变那些生于贫贱、生就做奴隶的人们的命运，为了使他们的生活变得美好，献出了自己年轻的生命。

保尔缓缓地摘下军帽。哀思，深沉的哀思充满了他的心：

人，最宝贵的是生命。生命对每个人只有一次。这仅有的一次生命应当怎样度过呢？每当回忆往事的时候，不为虚度年华而悔恨，不因碌碌无为而羞耻；在//临死的时候，他能够说：

"我的整个生命和全部精力，都已经献给了世界上最壮丽的事业——为人类解放而进行的斗争。"

人，应当赶快生活。

保尔怀着这样的幽思，离开了烈士公墓。

(摘自：(苏)奥斯特洛夫斯基. 钢铁是怎样炼成的. 李兆林，徐玉琴，赵瑞平译.
杭州：浙江文艺出版社，2010)

语音提示

①踱 duó；②栅栏 zhàlan。

作品6号《爬山虎的脚》

学校操场北边墙上满是爬山虎。我家也有爬山虎，从小院的西墙爬上去，在房顶上占了一大片地方。

爬山虎刚长出来的叶子是嫩红色。不几天叶子长大，就变成嫩绿色。爬山虎在十月以前老是长茎①长叶子。新叶子很小，嫩红色，不几天就变绿，不大引人注意；引人注意的是长大了的叶子，那些叶子那么新鲜，看着非常舒服。那些叶子铺在墙上那么均匀，没有重叠起来的，也不留一点儿空隙。叶子一顺儿朝下，齐齐整整的，一阵风拂过，一墙的叶子就漾②起波纹，好看得很。

以前我只知道这种植物叫爬山虎，可不知道它怎么能爬。今年我注意了，原来爬山虎是有脚的。植物学上大概有另外的名字。动物才有脚，植物怎么会长脚呢？可是用处跟脚一样，管它叫脚想也无妨。

爬山虎的脚长在茎上。茎上长叶柄儿③的地方，反面伸出枝状的六七根细丝，每根细丝像蜗牛的触角。细丝跟新叶子一样，也是嫩红的。这就是爬山虎的脚。

爬山虎的脚触着④墙的时候，六七根细丝的头上就变成小圆片儿，巴住墙。细丝原先是直的，现在弯曲了，把爬山虎的嫩茎拉一把，使它紧贴在墙上。爬山虎就是这样一脚一脚地往上爬。如果//你仔细看那些细小的脚，你会想起图画上蛟龙的爪子。

(摘自：叶圣陶. 爬山虎的脚. 长春：北方妇女儿童出版社，2011)

语音提示

①茎 jīng；②漾 yàng；③叶柄儿 yèbǐngr；④触着 chùzháo。

作品7号《荷塘月色》

曲曲折折的荷塘上面,弥望的是田田的叶子。叶子出水很高,像亭亭的舞女的裙。层层的叶子中间,零星地点缀着些白花,有袅娜①地开着的,有羞涩地打着朵儿②的;正如一粒粒的明珠,又如碧天里的星星。微风过处,送来缕缕清香,仿佛远处高楼上渺茫的歌声似的③。这时候叶子与花也有一丝的颤动,像闪电般,霎时④传过荷塘的那边去了。叶子本是肩并肩密密地挨着,这便宛然有了一道凝碧的波痕。叶子底下是脉脉⑤的流水,遮住了,不能见一些颜色;而叶子却更见风致了。

月光如流水一般,静静地泻在这一片叶子和花上。薄薄⑥的青雾浮起在荷塘里。叶子和花仿佛在牛乳中洗过一样;又像笼着轻纱的梦。虽然是满月,天上却有一层淡淡的云,所以不能朗照;但我以为这恰是到了好处——酣眠⑦固不可少,小睡也别有风味的。月光是隔了树照过来的,高处丛生的灌木,落下参差⑧的斑驳的黑影;弯弯的杨柳的稀疏的倩影,却又像是画在荷叶上。塘中的月色并不均匀;但光与影有着和谐的旋律,如梵婀玲⑨上奏着的名曲。

荷塘的四面,远远近近,高高低低都是树,而杨柳最多。这些树将一片荷塘重重围住;只在小路一旁,漏着几段空隙,像是特为月光留下的。树色一例是阴阴的,乍看像一团烟//雾;但杨柳的丰姿,便在烟雾里也辨得出。树梢上隐隐约约的是一带远山,只有些大意罢了。树缝里也漏着一两点路灯光,没精打采的,是渴睡人的眼。这时候最热闹的,要数树上的蝉声与水里的蛙声;但热闹是它们的,我什么也没有。

(摘自:朱自清. 荷塘月色. 北京:中国工人出版社,2010)

语音提示

①袅娜 niǎonuó;②朵儿 duǒr;③似的 shìde;④霎时 shàshí;⑤脉脉 mòmò;⑥薄薄 baóbaó;⑦酣眠 hānmián;⑧参差 cēncī;⑨梵婀玲 fàn'ēlíng。

作品8号《荔枝蜜》

今年四月,我到广东从化温泉小住了几天。那里四围是山,环抱着一潭春水。那又浓又翠的景色,简直是一幅青绿山水画。刚去的当晚是个阴天,偶尔倚着①楼窗一望,奇怪啊②,怎么楼前凭空涌起那么多黑黝黝③的小山,一重④一重的,起伏不断?记得楼前是一片园林,不是山。这到底是什么幻景呢?赶到天明一看,忍不住笑了。原来是满野的荔枝树,一棵连一棵,每棵的叶子都密得不透缝,黑夜看去,可不就像小山似的⑤!

荔枝也许是世上最鲜最美的水果。苏东坡写过这样的诗句:"日啖⑥荔枝三百颗,不辞长⑦作岭南人。"可见荔枝的妙处。偏偏我来的不是时候,荔枝刚开花。满树浅黄色的小花,并不出众。新发的嫩叶,颜色淡红,比花倒还中看⑧些。从开花到果子成熟,大约得⑨三个月,看来我是等不及在这儿⑩吃鲜荔枝了。

吃鲜荔枝蜜,倒是时候。有人也许没听说过这稀罕物儿⑪吧?从化的荔枝树多得像汪洋大海，开花时节，那蜜蜂满野嘤嘤嗡嗡，忙得忘记早晚。荔枝蜜的特点是成色纯，养分多。住在温泉的人多半喜欢吃这种蜜，滋养身体。热心肠的同志送给我两瓶。一开瓶子塞儿，就是那么一股甜香；调⑫上半杯一喝，甜香里带着//股清气，很有点鲜荔枝的味儿。喝着这样的好蜜，你会觉得生活都是甜的呢。

(摘自：杨朔. 杨朔散文集. 北京：人民文学出版社，2009)

语音提示

①倚着 yǐzhe；②啊 ya；③黑黝黝 hēiyōuyōu；④一重 yìchóng；⑤似的 shìde；⑥啖 dàn；⑦长 cháng；⑧中看 zhōngkàn；⑨得 děi；⑩这儿 zhèr；⑪物儿 wùr；⑫调 tiáo。

试 题 库

普通话水平测试笔试试题库

一、填空题

1．与四呼都能相拼的声母是_____。
2．齐齿呼韵母自成音节时，原来韵母有两个或两个以上元音时要_____，原来韵母只有一个元音时应该_____。
3．合口呼韵母自成音节时，原来韵母有两个或两个以上元音时要_____，原来韵母只有一个元音时应该_____。
4．撮口呼韵母自成音节时，不论这个韵母是一个元音还是两个元音构成的，一律_____ _____，同时去掉_____。
5．《汉语拼音方案》规定 iou、uei、uen 三个韵母前面加辅音声母时，写成_____。
6．ü 上面两点的省写有两种情况：一是拼写声母_____，二是_____。
7．声调的调号应该标在_____。
8．n、l 与 ü 相拼时，ü 上两点_____，因为_____。
9．《汉语拼音方案》规定，隔音符号标在_____。
10．"女儿"、"厚爱"应该拼写成_____、_____。
11．儿化的作用概括起来有以下四点：A._____，B._____，C._____，D._____。
12．iang、uang、ueng、iong 等韵母的韵腹分别是_____，韵头分别是_____，韵尾是_____。
13．没有韵头，而韵腹又不是 i、u、ü 的韵母，叫做_____，韵头或韵腹是 i 的韵母，叫做_____，韵头或韵腹是 u 的韵母，叫做_____，韵头或韵腹是 ü 的韵母，叫做_____。
14．i 在拼音方案中代表了_____这三个不同的音素，其中_____只在 z、c、s 后出现，_____只在 zh、ch、sh、r 后出现，按照四呼归类，z、zh 这两组声母后的 i 应该属于_____。
15．普通话的韵母除了按照韵腹的特点分类外，还可以按照韵头的情况分类，这叫做_____。

16．声调是贯串于整个音节的具有＿＿＿＿＿＿作用的＿＿＿＿＿＿变化。
17．在汉语里，一个音节一般就是一个汉字，因此声调又叫＿＿＿＿＿＿。
18．声调是构成汉语音节的三要素之一，它同声母韵母一样具有＿＿＿＿＿＿的作用。
19．调值就是声调的＿＿＿＿＿＿，也就是＿＿＿＿＿＿。
20．普通话的调值一般采用＿＿＿＿＿＿来表示，普通话各个声调的调值是＿＿＿＿＿＿＿＿＿＿＿＿。
21．从普通话四个声调的调值情况我们可以看出，其特点是＿＿＿＿＿＿。
22．声母是音节开头的＿＿＿＿＿＿，普通话中共有＿＿＿＿＿＿个辅音声母。
23．辅音声母的分类依据是＿＿＿＿＿＿和＿＿＿＿＿＿。
24．发音部位是指＿＿＿＿＿＿，按照发音部位的不同，普通话声母可以分为＿＿＿＿＿＿、＿＿＿＿＿＿、＿＿＿＿＿＿、＿＿＿＿＿＿、＿＿＿＿＿＿、＿＿＿＿＿＿七类。
25．发音方法是指＿＿＿＿＿＿，按照发音方法的不同，普通话声母可以分为＿＿＿＿＿＿、＿＿＿＿＿＿、＿＿＿＿＿＿、＿＿＿＿＿＿、＿＿＿＿＿＿五类。
26．根据发音时声带是否颤动，普通话声母可以分为＿＿＿＿＿＿和＿＿＿＿＿＿两类。
27．根据发音时呼出的气流的强弱，普通话声母可以分为＿＿＿＿＿＿和＿＿＿＿＿＿两类。
28．普通话声母中的塞音有＿＿＿＿＿＿，它们之间有＿＿＿＿＿＿和＿＿＿＿＿＿的区别。
29．普通话声母中的塞擦音有＿＿＿＿＿＿，它们之间有＿＿＿＿＿＿和＿＿＿＿＿＿的区别。
30．普通话声母中的擦音有＿＿＿＿＿＿，其中＿＿＿＿＿＿是清音，＿＿＿＿＿＿是浊音。
31．按照发音方法分类，l是＿＿＿＿＿＿，n是＿＿＿＿＿＿。
32．语音具有＿＿＿＿＿＿性、＿＿＿＿＿＿性和＿＿＿＿＿＿性，其中＿＿＿＿＿＿是语音的本质属性。
33．发音器官包括三大部分：A.＿＿＿＿＿＿、B.＿＿＿＿＿＿、C.＿＿＿＿＿＿。
34．语音同其他声音一样，具有＿＿＿＿＿＿、＿＿＿＿＿＿、＿＿＿＿＿＿、＿＿＿＿＿＿四个要素。
35．不同的音色至少是由以下三方面原因之一造成的：A.＿＿＿＿＿＿、B.＿＿＿＿＿＿、C.＿＿＿＿＿＿。

36. 元音和辅音的主要区别在于：发元音时，_____；发辅音时，_____。

37. 对音节进行彻底的切分可以得出最小的语音单位，其中着眼于自然角度的叫做_____，着眼于语音的社会功能的叫做_____。

38.《汉语拼音方案》包括五部分内容：A._____、B._____、C._____、D._____、E._____。

39.《汉语拼音方案》的主要用途是：A._____、B._____。

40. 音节是_____单位，也是听觉上自然感到的_____。

41. 拼写普通话时，基本以词为单位，一个词的几个音节要_____。

42. 音变就是在语流中_____。

43. 普通话音变主要包括_____、_____、_____、_____等。

44. 轻声是_____。

45. 轻声不是四声以外的独立的_____，而是四声的一种_____；四声表现在物理性上主要是_____变化决定的，轻声则主要是_____决定的。

46. 轻声的主要作用有 A._____、B._____、C._____。

47. 上声变调的基本规律主要有：上声在非上声音节前面时候变成_____，调值_____变为_____；两个上声相连时，前面的上声变成_____。

48. "一"的变调有三种：A._____、B._____、C._____。

49. 儿化是_____，儿化韵是_____。

50. 普通话儿化韵比较多，除了_____和_____两个韵母外，其他韵母都可以变为儿化韵。

51. 复韵母是_____，其发音特点是_____。

52. 韵腹是韵母的_____，又叫_____；位置在韵腹前面的是_____，在韵腹后面的是_____，一个韵母可以没有_____、_____，但是一定要有韵腹。

53. 所有的元音都可以充当韵腹，而能作韵头的只有_____；能作韵尾的只有_____三个元音和_____两个辅音。

54. 描写下列单韵母：

α:_____, ü:_____, o:_____,
ê:_____, e:_____, i:_____,

u：_____，er：_____。

55．舌尖、后、高、不圆唇元音是_____，舌尖、前、高、不圆唇元音是_____。

56．《汉语拼音方案》中的 e 代表两个元音，它们是_____。

57．ai、ei、ao、ou 是_____韵母，它们的特点是：前一个元音充当_____，发音_____而且_____；后一个元音充当_____，发音_____而且_____。

58．ia、ie、ua、uo、üe 是_____韵母，它们的特点是：前一个元音充当_____，发音_____；后一个元音充当_____，发音_____而且_____。

59．ie、üe 中的 e 实际是单韵母中的_____，发音条件是_____。

60．iao、iou、uai、uei 是_____韵母，它们的特点是：前一个元音充当_____，发音_____；中间元音充当_____，发音_____；后一个元音充当_____，发音_____。

61．调类就是声调的_____，也就是根据_____。

62．调类是由_____决定的，调类与_____的数目应该是一致的。

63．音节就是语音的_____单位，也是听觉上自然感到的_____语音片段。

64．在普通话中，音节与汉字基本是_____的关系，但是_____例外。

65．普通话音节可以分为_____、_____、_____。

66．对普通话音节结构作深层次分析，一般一个完整的音节应该具备_____、_____、_____、_____、_____五个部分。

67．普通话音节结构的主要特点有：A.音素数量看_____，B.从元音数量看_____，C.从辅音位置看_____，D.从声调来看_____。

68．常见的拼音方法主要有_____、_____、_____等。

69．只能与齐齿呼、撮口呼韵母相拼的声母是_____。

70．不能与开口呼、合口呼韵母相拼的声母是_____。

71．普通话声母中的浊音有_____。

72．普通话声母中的送气音有_____，与其对应的不送气音是_____。

73. 双唇、送气、清、塞音是＿＿＿＿＿＿，舌尖前、不送气、清、塞擦音是＿＿＿＿＿。
74. 普通话中有一些音节的开头没有辅音，这叫做＿＿＿＿＿。
75. 韵母是＿＿＿＿＿。韵母的结构可以由＿＿＿＿、＿＿＿＿、＿＿＿＿三部分组成。
76. 由＿＿＿＿充当的韵母叫单韵母，普通话的单韵母共有＿＿＿＿个。
77. 单韵母的发音条件是 A.＿＿＿＿，B.＿＿＿＿，C.＿＿＿＿。
78. 单韵母的发音特点是＿＿＿＿＿。
79. 根据发音时舌头的部位状态，单韵母可以分为＿＿＿＿、＿＿＿＿、＿＿＿＿三类。
80. 普通话共有＿＿＿＿个韵母，按照构成成分分为＿＿＿＿、＿＿＿＿、＿＿＿＿三类。

二、单项选择题

1. "旅居"的正确拼音是＿＿＿＿＿。
   A. lǔjū　　B. lǚjū　　C. lǚjū　　D. lǔjū
2. "司马相如"的正确拼音是＿＿＿＿＿。
   A. sīmǎ xiàngrú　　B. Sīmǎ　Xiàngrú
   C. Sīmǎ-xiàngrú　　D. Sīmǎ　Xiàngrú
3. 轻声是由＿＿＿＿＿决定的。
   A. 音高　　B. 音强　　C. 音长　　D. 音色
4. "第一"中的"一"应读＿＿＿＿＿。
   A. 阴平　　B. 阳平　　C. 轻声　　D. 去声
5. "一定"中的"一"应读＿＿＿＿＿。
   A. 阴平　　B. 阳平　　C. 上声　　D. 去声
6. "一群"中的"一"应读＿＿＿＿＿。
   A. 阴平　　B. 阳平　　C. 上声　　D. 去声
7. "唱一唱"中的"一"应读＿＿＿＿＿。
   A. 阴平　　B. 阳平　　C. 去声　　D. 轻声
8. "不好"中的"不"应读＿＿＿＿＿。
   A. 轻声　　B. 阴平　　C. 阳平　　D. 去声
9. "不去"中的"不"应读＿＿＿＿＿。
   A. 轻声　　B. 阴平　　C. 阳平　　D. 去声
10. "花儿"的正确拼音应写成＿＿＿＿＿。
    A. huā　　B. huār　　C. huāer　　D. huā-er

11. "鱼"和"衣"在韵母上的区别是_____。
    A. 唇形的圆和不圆   B. 舌位的前和后
    C. 舌位的高和低   D. 舌面和舌尖

12. 下列各项中，两个音节的韵母按四呼可以归为一类的是_____。
    A. 志气   B. 云彩   C. 往常   D. 迟早

13. 下列说法中正确的是_____。
    A. 普通话辅音声母都是清音
    B. 普通话辅音声母中 m、n、l、r 是浊音，其他是清音
    C. 普通话辅音声母共 6 个浊音
    D. 普通话辅音声母中 m、n、l、r、ng 是浊音，其他是清音

14. 下列各成语注音全部正确的是_____。
    A. 驾轻就熟 jiàqīn-jiùshú   B. 忍俊不禁 rěnjùn-bùjīn
    C. 茅塞顿开 máosài-dùnkāi   D. 亘古未有 hénggǔ-wèiyǒu

15. 下列汉字中，由四个音素组成的音节是_____。
    A. 壮   B. 友   C. 秧   D. 类

16. gair(盖儿)是_____。
    A. 两个音节，四个音素   B. 两个音节，三个音素
    C. 一个音节，四个音素   D. 一个音节，三个音素

17. 普通话里有 22 个辅音，其中浊辅音是_____。
    A. n、l、d、t、m   B. m、r、h、w、ng
    C. n、l、m、r、ng   D. y、w、m、n、l

18. "舌尖中送气清塞音"声母是_____。
    A. d   B. z   C. c   D. t

19. "舌面不送气清塞擦音"声母是_____。
    A. q   B. zh   C. j   D. ch

20. "舌尖中浊鼻音"声母是_____。
    A. l   B. n   C. m   D. r

21. 下面各组词语声调全部正确的一组是_____。
    A. 吸取 xīqǔ   袭取 xíqǔ   戏曲 xìqǔ
    B. 消失 xiāoshī   消食 xiāoshí   小时 xiǎoshí
    C. 批复 pīfù   皮肤 pífū   匹夫 pǐfū
    D. 作家 zuòjiā   作假 zuòjiǎ   作价 zuòjià

22. 下面各组成语声调区别正确的一组是_____。
    A. 瑞雪丰年 ruìxuē-fēngnián   B. 冲锋陷阵 chōngfēng-xiànzhèn
    C. 车载斗量 chēzài-dǒuliáng   D. 丰功伟绩 fēnggōng-wěijì

23. "一些、稍微"的正确声调是＿＿＿＿＿＿。
    A．yìxiē、shāowěi   B．yixiě、shāowěi
    C．yìxiē、shāowěi   D．yìxiē、shāowěi
24. "青蛙、熊猫"的正确声调是＿＿＿＿＿＿。
    A．qīngwáxióngmáo   B．qīngwāxióngmāo
    C．qīngwáxióngmáo   D．qīngwāxióngmáo
25. "因此、危险"的正确声调是＿＿＿＿＿＿。
    A．yīncíwéixiǎn   B．yīncǐwéixiǎn
    C．yīncǐwēixiǎn   D．yīncíwēixiǎn
26. "提供、供销"的正确声调是＿＿＿＿＿＿。
    A．tígòng、gòngxiāo   B．tígòng、gōngxiāo
    C．tígōng、gòngxiāo   D．tígōng、gōngxiāo
27. 普通话音节最多可以有＿＿＿＿＿＿。
    A．三个音素   B．四个音素   C．五个音素   D．六个音素
28. 汉语音节是＿＿＿＿＿＿。
    A．辅音较少，元音占绝对优势   B．辅音较多，元音较少
    C．元音和辅音各占一半   D．没有辅音
29. 韵头可以由＿＿＿＿＿＿充当。
    A．a、o、e   B．i、u、ü   C．-i(前)、-i(后)   D．单元音
30. 韵腹可以由＿＿＿＿＿＿充当。
    A．a、o、e   B．单元音   C．i、u、ü   D．a、o、e、i、u、ü
31. 说话快慢属于语音要素中的＿＿＿＿＿＿。
    A．音高   B．音强   C．音色   D．音长
32. 普通话声母有＿＿＿＿＿＿。
    A．20个   B．21个   C．22个   D．23个
33. 舌面音是指＿＿＿＿＿＿。
    A．z、c、s   B．j、q、x   C．zh、ch、sh   D．b、d、g
34. 发音时候两个部位完全闭合，阻住气流，然后突然打开，让气流迸裂而出，爆发成声的音是＿＿＿＿＿＿。
    A．塞音   B．擦音   C．塞擦音   D．边音
35. 发音时候两个发音部位靠近，形成窄缝，让气流从窄缝中挤出的音是＿＿＿＿＿＿。
    A．塞音   B．擦音   C．塞擦音   D．边音

36. 发音时候两个部位完全闭合，阻住气流，然后放开一条窄缝让气流从窄缝中挤出的音是_____。
    A．塞音   B．擦音   C．塞擦音   D．边音
37. 发音时候舌尖抵住上齿龈，同时软腭上升，堵住鼻腔通道，让气流从舌头两边出来的音是_____。
    A．塞音   B．擦音   C．塞擦音   D．边音
38. zh、ch、sh、r的发音部位是_____。
    A．舌尖前   B．舌尖中   C．舌尖后   D．舌面
39. 普通话声母中浊音声母有_____。
    A．三个   B．四个   C．五个   D．六个
40. 普通话的单元音韵母共有_____。
    A．6个   B．7个   C．8个   D．10个
41. 声调的基本性质取决于_____。
    A．音高   B．音强   C．音色   D．音长
42. 不同的音素取决于_____。
    A．音高   B．音强   C．音色   D．音长
43. 不同的元音取决于_____。
    A．发音体   B．发音方法 C．共鸣器形状 D．音长
44. 几个性别相同、年龄相仿的熟人在隔壁说话，能听得出说话人是张三还是李四，这主要是由于各人的_____。
    A．音高不同 B．音强不同 C．音长不同   D．音色不同
45. 男子和女子声音差别取决于_____。
    A．发音方法 B．共鸣器   C．发音体   D．用力大小
46. 语音的本质属性是_____。
    A．生理性   B．物理性   C．社会性   D．自然性
47. 发音器官中起共鸣作用的是_____。
    A．肺和气管 B．喉头和声带 C．口腔和鼻腔
48. 汉语拼音字母b、d、g发音不同是由于_____。
    A．发音体不同   B．发音方法不同
    C．共鸣器形状不同   D．发音部位不同
49. 说话声音大小属于语音四要素中的_____。
    A．音高   B．音强   C．音色   D．音长
50. "他从什么地方来啊？"中的"啊"应读_____。
    A．ya呀   B．wa哇   C．na哪   D．nga啊

51. "圆圆儿的"正确的声调应是_____。
    A．yuǎnyuánerde   B．yuányuánrde
    C．yuǎnyuǎnrder   D．yuányuānrde
52. "你去过几次啊！"中的"啊"应读_____。
    A．ya呀   B．a啊   C．za啊   D．ra啊
53. "这是多好的同志啊！"中的"啊"应读_____。
    A．a啊   B．ra啊   C．za啊   D．ya呀
54. "小孩儿"的实际发音是_____。
    A．xiǎnhái   B．xiǎoháir   C．xiǎohár   D．xiǎoháier
55. "尖"与"尖儿"这两个词_____。
    A．意思相同，没有区别
    B．词性有区别，"尖"是形容词，"尖儿"是名词
    C．感情色彩有区别，"尖儿"明显带有细小，喜爱的感情色彩
56. 下列各项中，两个音节的声母发育部位相同的是_____。
    A．赞助   B．家乡   C．难免   D．报告
57. 下列各项中，两个音节的韵母按四呼可以归为一类的是_____。
    A．zhì zào   B．yuè sè   C．wàng shèng   D．fēngfù
58. 下列各项中，两个音节都是由后响复韵母构成的是_____。
    A．结果   B．劳累   C．漂流   D．高楼
59. 下列各项中，两个音节的声母按清浊音顺序排列的是_____。
    A．诗歌   B．酷热   C．美好   D．医生
60. i 和 u 的区别在于_____。
    A．舌位的高低不同   B．舌位的前后不同
    C．嘴唇的圆和不圆   D．舌位的前后不同和嘴唇的圆和不圆
61. e 和 ê 的区别在于_____。
    A．舌位的高低不同
    B．舌位的前后不同
    C．舌位的高低不同和舌位的前后不同
    D．嘴唇的圆和不圆
62. u 和 ü 的区别在于_____。
    A．嘴唇的圆和不圆   B．舌位的高低不同
    C．舌位的前后不同   D．舌位的前后不同和嘴唇的圆和不圆
63. i 和 o 区别在于_____。
    A．舌位的前后不同   B．舌位的高低不同
    C．舌位的前后、高低、唇形不同   D．舌位的前后与高低不同

64. 前响复韵母是_____。
    A. ai、ei、ua、uo   B. ai、ei、ao、ou
    C. ai、ei、ou、uo   D. ia、ie、ua、uo、ue
65. 后响复韵母是_____。
    A. ai、ei、ua、uo   B. ai、ei、ao、ou
    C. ai、ei、ou、uo   D. ia、ie、ua、ai、ue
66. 中响复韵母是_____。
    A. iao、iou、uan、uen   B. iao、iou、uai、uei
    C. iao、uei、uen、iou   D. iao、iou、ian、uan
67. ei、ie、üe 中 e 的发音_____。
    A. 完全一样   B. 完全不同
    C. 比较接近，但不必区分
    D. 虽比较接近，但音色区别很大，有的舌位略高，有的舌位略低
68. 汉语的声调取决于_____。
    A. 音高   B. 音强   C. 音长   D. 音色
69. 普通话中四个声调的种类是_____。
    A. 四声   B. 调类   C. 调号   D. 调值
70. "玻、泼、摸、佛"应该拼写成_____。
    A. buo、puo、muo、fuo   B. be、pe、me、fe
    C. bo、po、mo、fo   D. bu、pu、mu、fu
71. "娟、全、选"应该拼写成_____。
    A. juān quán xuǎn
    B. jüān qüán xüǎn
    C. jiān qián xiǎn
72. 声韵相拼时，声母应该发成_____。
    A. 呼读音   B. 本音
    C. 名称音   D. 呼读音和本音都可以
73. 声韵相拼时，声韵之间_____。
    A. 必须停顿   B. 有时可以停顿
    C. 不能停顿   D. 停顿不停顿要根据具体音节而定
74. 声调应该标在_____。
    A. 韵腹上   B. 韵头上   C. 韵尾上   D. 介音上
75. "iu、ui"的声调应该标在_____。
    A. "i"上   B. "iu"标在"i"上，"ui"标在"u"上
    C. "u"上   D. "iu"标在"u"上，"ui"标在"i"上

76. 下列句子表述正确的是_____。
    A．i 行的韵母，前面没有声母时，将 i 改为 y，例如 ya(呀)
    B．u 行的韵母，前面没有声母时，将 u 改为 w，例如 wu(乌)
    C．ü 行的韵母，前面没有声母时，在 ü 前面加 y，同时 ü 上两点省略，例如 yu(迂)、yuan(渊)
    D．ü 在音节中充当韵母的时候，ü 上两点可以省略
77. "用"的正确拼音是_____。
    A．iòng　　B．yìng　　C．òng　　D．yòng
78. "歪"的正确拼音是_____。
    A．wāi　　B．uāi　　C．wuāi　　D．yuāi
79. "月"的正确拼音是_____。
    A．üè　　B．yuè　　C．yüè　　D．iuè
80. 舌面、央、低、不圆唇元音韵母是_____。
    A．a　　B．o　　C．e　　D．ê

三、多项选择题

1. 下列各组中，读音不是"shī yán、shí yán、shì yàn"的是_____。
    A．失言、食盐、试验　　B．誓言、试演、失言
    C．食言、实验、誓言　　D．失言、食言、实验
    E．势焰、食盐、试验
2. 下列各组中，都不能和声母 z 相拼合的韵母是_____。
    A．uai、uang　　B．en、uen　　C．o、uo
    D．ao、ia　　E．ian、ua
3. 下列表述正确的是_____。
    A．语言是人类最重要的交际工具
    B．语言是人类唯一的交际工具
    C．语言是人类独有的交际手段
    D．语言与"动物语言"的本质区别是生理属性
    E．语言与"动物语言"的本质区别是社会属性
4. 包含 4 个音素的音节是_____。
    A．zhuang　　B．piao　　C．zhen　　D．lian　　E．yuan
5. 下列音节中，元音辅音都有的音节是_____。
    A．pian　　B．yu　　C．wang　　D．wai　　E．yao
6. 下列音节中是二合元音的是_____。
    A．yao　　B．zhou　　C．liu　　D．wei　　E．lai

7. 下列音节是后鼻音的是_____。
   A. 病　　　B. 晴　　　C. 城　　　D. 山　　　E. 碗

8. 下列音节是前鼻音的是_____。
   A. 钻　　　B. 听　　　C. 等　　　D. 短　　　E. 暖

9. 下列音节都是后鼻音的是_____。
   A. 并、拼、饼、屏　　　　B. 请、清、情、氰
   C. 胸、雄、用、云　　　　D. 登、腾、冷、仍
   E. 领、聆、龄、零

10. 下列音节都是前鼻音的是_____。
    A. 分、忿、纷、氛　　　　B. 刃、纫、忍、韧
    C. 因、茵、姻、烟　　　　D. 兵、缤、宾、鬓
    E. 逢、缝、蜂、峰

11. 下列表述正确的是_____。
    A. 五言诗的节拍是四拍
    B. 自由诗的节拍要根据字数来划分
    C. 刻画活泼开朗的人物宜用快速
    D. 表示日常生活的闲谈絮语宜用慢速
    E. 表示感叹、请求的语气要用降调

12. 下列各项中，两个音节的拼写方式都正确的是_____。
    A. qī wàng　　B. xǔeyuán　　C. lióuyún　　D. yiěwèi　　E. yīnyún

13. 下列各项中，韵母不全是合口呼的是_____。
    A. 衰竭　　　B. 黄昏　　　C. 木头　　　D. 规矩　　　E. 水位

14. 下列各组中，发音部位相同的是_____。
    A. z zh j　　B. c s x　　C. m n ng　　D. n l t　　E. r sh zh

15. 下列各项中，有两个去声音节的是_____。
    A. 齐心协力　　B. 得心应手　　C. 铁面无私　　D. 众口难调　　E. 货真价实

16. 下列各项中，两个音节的韵母按四呼不能归为一类的是_____。
    A. zhi zao　　B. yue se　　C. wang sheng　　D. feng fu　　E. shan zhao

17. 下列方言中属于北方方言的是_____。
    A. 长沙话　　B. 厦门话　　C. 南京话　　D. 上海话　　E. 天津话

18. 语音系统中，"子"都读轻声的一组是_____。
    A. 莲子、虾子　　B. 稻子、李子　　C. 孙子、棋子
    D. 桌子、帘子　　E. 瓜子、桌子

19. 下列词语中"不"变为阳平的是_____。
    A. 不怕　　　B. 不走　　　C. 不去

D．不来　　　　　　　　E．想不想

20．"一"声调读法不同的是_____。
　　A．一小撮　　　　B．一会儿　　　　C．一蹶不振
　　D．一块儿　　　　E．一鸣惊人

21．下列词语中"一"不发生变调的是_____。
　　A．一万　　　　　B．第一　　　　　C．唯一
　　D．一劳永逸　　　E．看一看

22．下列拼音标调规范的是_____。
　　A．xuě　　　B．shuāng　　　C．sǒo　　　D．huī
　　E．xīu　　　F．huà　　　　　G．goǔ

23．下列拼音正确的是_____。
　　A．yuèjù(粤剧)　　　B．Léifēng(雷锋)　　　C．gōngguān(公关)
　　D．píngfēn-qiūsè(平分秋色)　　E．zǒngér-yánzhī(总而言之)

24．在普通话语音系统中，语音四要素_____。
　　A．音高具有区别词义的作用　　　B．音强普遍具有区别词义的作用
　　C．音长在少数词中有区别词义的作用　　D．音色对区别词义有重要的作用

25．男子说话声音显得低沉、深厚些，女子声音则要尖细、高昂些，这是因为_____。
　　A．男子共鸣器大些，女子共鸣腔小些　　B．男子声带长些，女子声带短些
　　C．男子声带短些，女子声带长些　　　　D．男子声带厚些，女子声带薄些

26．元音和辅音的区别是_____。
　　A．发元音时气流不受阻，发辅音时气流在口腔受阻
　　B．发元音时，发音器官均衡紧张；发辅音时，发音器官构成阻碍部位特别紧张
　　C．元音气流舒缓、微弱，辅音气流急促、强烈
　　D．发元音时声带都振动，声音响亮；发辅音时声带都不振动，声音不响亮

27．下列各项中，声母都是送气音的有_____。
　　A．开学　　B．从前　　C．碰头　　D．劝告　　E．传说

28．下列各项中，每个音节的韵母都有韵头、韵尾的是_____。
　　A．优点　　B．威望　　C．昂首　　D．烟台　　E．流水

29．能充当韵尾的辅音是_____。
　　A．n　　B．r　　C．m　　D．f　　E．ng

30．n和l的区别是_____。
　　A．清浊不同　　　　B．发音方法不同　　　C．发音部位不同
　　D．是否送气　　　　E．软腭升降不同

31. 下面各字的韵母属于舌面高元音的是_____。
    A．哥　　B．妈　　C．吃　　D．鱼　　E．屋
32. 音节是_____。
    A．语音的基本结构单位　　　　B．最自然的语音单位
    C．最小的语音单位　　　　　　D．最小的语音片段
33. 音素是_____。
    A．不能区别意义的语音单位　　B．按音色不同划分出来的语音单位
    C．最小的语音单位　　　　　　D．能区别意义的语音单位
34. 下面各组词语声调全部正确的是_____。
    A．谈话 tánhuà　　昙花 tánhuā　　炭画 tànhuà
    B．为人 wèirén　　伟人 wěirén　　委任 wěirèn
    C．无比 wúbǐ　　舞弊 wǔbì　　务必 wùbì
    D．真实 zhēnshí　　珍视 zhēnshì　　阵势 zhènshì
35. 下面各组成语声调全部正确的两组是_____。
    A．箪食瓢饮 dānsì-piáoyǐn　　B．敷衍了事 fúyiǎn-liǎoshì
    C．寻衅滋事 xúnxìn-zīshì　　D．画龙点睛 huàlóng-diǎnjīng
36. 汉语音节结构的特点有_____。
    A．每个音节都有声母、韵母和声调　　B．韵母可以没有韵头，韵尾
    C．音节中可以有两个辅音音素　　　　D．普通话所有音节中必须有元音音素
37. 能同齐齿呼韵母相拼的声母有_____。
    A．b p m f　　B．d t n l　　C．g k h　　D．j q x　　E．zh ch sh r z c s
38. 下列句子陈述正确的是_____。
    A．拼写音节 iou 写成 iu
    B．uei 前面有声母时写成 ui，前面没有声母时写成 wei
    C．"ueng" 前面不带任何声母，它只能自成音节，如 weng(翁)
    D．含有 iu 和 ui 的音节声调应标在 i 上
39. 下列拼音正确的是_____。
    A．yuān(渊)　　B．yú(鱼)　　C．wūn(晕)
    D．yùn(韵)　　E．yù(玉)　　F．üē(约)
40. 下列拼音正确的是_____。
    A．miù(谬)　　B．lùn(论)　　C．tuén(吞)
    D．yiuǐ(有)　　E．zhī(追)　　F．qún(群)
41. 下列音节都是翘舌音的是_____。
    A．察、擦、捉、足　　　　B．种、钟、盅、忠
    C．唱、倡、猖、昌　　　　D．侍、诗、恃、寺

E. 山、汕、讪、灿

42. 只能拼翘舌音的韵母是____。
    A. ong   B. uai   C. uang   D. ua   E. ai

43. 下列音节都是翘舌音的是____。
    A. 长、茶、池、虫   B. 猪、传、赵、竹
    C. 始、终、蛇、招   D. 沉、肠、帐、直
    E. 张、茶、竹、终

44. 声母是 r 的音节是____。
    A. 肉   B. 容   C. 刃   D. 润   E. 扔

45. 声母是 f 的音节是____。
    A. 蜂   B. 副   C. 痱   D. 回   E. 户

46. 能读轻声的音节是____。
    A. 忙乎   B. 近来   C. 进来   D. 时候   E. 气候

47. 能表示细小、轻微的状态或性质的是____。
    A. 铁丝儿   B. 小孩儿   C. 花瓶儿
    D. 树枝儿   E. 粉笔末儿

48. 声母是 h 的音节是____。
    A. 父   B. 分   C. 毁   D. 昏   E. 饭

49. 不能读轻声的音节是____。
    A. 太子   B. 工匠   C. 鱼头   D. 客气   E. 气候

50. 在句子中要读强调重音的是____。
    A. 表示对比的成分   B. 表示递进意义的成分
    C. 表示比喻的成分   D. 表示特指的成分
    E. 句子的主语

51. 下列能和 d、t 相拼的韵母有____。
    A. 撮口呼韵母   B. 开口呼韵母   C. 合口呼韵母
    D. 齐齿呼韵母   E. 舌尖韵母

52. 注音时,"u"上两点省略的条件是____。
    A. 跟声母 n、l 相拼时   B. 跟声母 j、q、x 相拼时
    C. 自成音节前加 y 时   D. 自成音节前加 w 时
    E. 跟声母 z、c、s 相拼时

53. 读轻声的词有____。
    A. 虾子   B. 馒头   C. 我们   D. 妈妈   E. 龙头

54. 读轻声的词有____。
    A. 原子   B. 舌头   C. 太太   D. 桌子   E. 龙头

55．下列各项中，声母完全相同的有＿＿＿＿＿＿。
　　A．藏族　　　B．梗概　　　C．知己　　　D．辨别　　　E．理论
56．下列各项中，韵母属于齐齿呼的有＿＿＿＿＿＿。
　　A．非　　　　B．密　　　　C．霞　　　　D．知　　　　E．将
57．下列各项中，两个音节的韵腹相同的是＿＿＿＿＿＿。
　　A．轮流　　　B．论文　　　C．军人　　　D．顺从　　　E．商量
58．下列各项中，韵尾为i的是＿＿＿＿＿＿。
　　A．类　　　　B．吃　　　　C．计　　　　D．衣　　　　E．外
59．下列各项中，两个都是擦音的是＿＿＿＿＿＿。
　　A．f c　　　B．q j　　　C．h t　　　D．x s　　　E．sh r
60．下列各项中，读音按"阴阳上去"排列的是＿＿＿＿＿＿。
　　A．山重水复　　　　　B．千锤百炼　　　　　C．汪洋大海
　　D．心慈手软　　　　　E．心明眼亮

四、判断题

1．《汉语拼音方案》规定：iou、uei、uen在前拼声母时，中间元音字母省去。（　）
2．成语"一衣带水"拼写成"yìyī-dàishuǐ"。（　）
3．轻声的特点是发音时音强变弱、音长变短，除了与音强、音长有关外，也与音高有一定关系，它的音高取决于它前面那个音节的调值。（　）
4．"爸爸、桌子、石头、知识、战士"各个词语中的后面音节都读轻声。（　）
5．"一"在单念或在词句末尾时候念阴平。（　）
6．普通话的韵母除了"ê、er"以外都可以儿化。（　）
7．"石子、瓜子、枪子、女子、分子"中的"子"都是词根，不读轻声。（　）
8．"不"单念或在词句的末尾或在非去声前面的时候，声调不变，一律读原调——阴平。（　）
9．"小牛儿"的拼音应该拼写成"xiǎoniúer"。（　）
10．"雪人儿、脸蛋儿"中的"儿"含有喜爱、亲切等感情色彩。（　）
11．"儿化"是er跟韵母结合并使这个韵母发生卷舌变化的语音现象，所以，在拼写时，"花儿"就拼写成huar、"山坡儿"就拼写成shanpor、"小孩儿"就拼写成xiaohair。（　）
12．闽方言内部的区别主要表现在词汇上。（　）
13．音强取决于发音体振动的频率。（　）
14．人类语言与"动物语言"的本质区别是人类语言有生理属性。（　）
15．l和r的发音不同是由于发音时共鸣器的形状不同造成的。（　）
16．can和chang所包含的音素数目完全相同。（　）
17．闽方言内部的区别主要表现在语音上。（　）

18. 音强取决于发音体振动的幅度。（　　）
19. 人类语言与"动物语言"的本质区别是人类语言有社会属性。（　　）
20. l 和 r 的发音不同是由于发音时发音方法不同造成的。（　　）
21. an、en、ün、in 中，前面的 a、e、ü、i 都是韵腹，n 是韵尾。（　　）
22. iu、ui、un 中，前面的音素是韵头，后面的音素是韵腹。（　　）
23. ueng 只能自成音节，不能前拼声母。（　　）
24. 语音中的"韵母"与韵文中的"韵"的概念是相同的。（　　）
25. 声调与音长、音强都有关系，但是本质上是由音高决定的。（　　）
26. 声调的高低升降有时是滑动的，有时是跳跃的。（　　）
27. 在同一语言中，调值决定调类，调值是声调的"实"，调类是声调的"名"。（　　）
28. 现代汉语的声调是由古代汉语声调发展来的，古代汉语的四个调类的调值与现代汉语四个声调的调值基本相同。（　　）
29. 音节是最小的语音单位。（　　）
30. 普通话音节都包括声母、韵母、声调三个组成部分。（　　）
31. 说话声音粗细属于语音四要素中的音色。（　　）
32. 说话快慢属于语音四要素中的音长。（　　）
33. 声音是一种物理现象，语音是一种声音。因此，物理性是语音的本质属性。（　　）
34. 男子和女子说话声音不同是因为声带这个发音体有差异。（　　）
35. 在语音的四要素中，音色对任何语言来说都是最重要的要素。（　　）
36. 不同的语言或方言在语音上有种种差异，这是因为不同的民族或不同的地区的人在生理上(发音器官)有差异。（　　）
37. 音素就相当于汉语拼音字母，一个音节有几个字母就是几个音素。（　　）
38. zhuāng(装)这个音节应该分析为 z-h-u-a-n-g 六个音素。（　　）
39. 辅音不等于声母，元音不等于韵母。（　　）
40. 普通话的声母共有 21 个，它们都是辅音。（　　）
41. can 和 chang 所包含的音素数目不相同。（　　）
42. 人的发音器官发出的声音就是语音。（　　）
43. 没有发音器官，人类就不能说话，因此，生理性是语音的本质属性。（　　）
44. 说话声音大小和声音高低其实是一回事。（　　）
45. 语音的社会性使得语音有别于自然界的声音，因此，社会性是语音的本质属性。（　　）
46. 声母一般是由辅音充当的，因此可以说，声母和辅音基本上是一回事。（　　）
47. 音高在语音中表现为声调和句调。（　　）
48. 音强在语音中表现为轻声和重音。（　　）
49. 音色在语音中表现为区别元音和辅音。（　　）

50. 音长在语音中表现为重音和句调。（　　）
51. "你请坐啊"中的"啊"音变为"wa"，汉字写为"哇"。（　　）
52. 音素是按语音的生理性质划分出来的最小的语音单位。（　　）
53. 含儿化韵尾的音节读出来是一个音节，写下来却不只是一个汉字。（　　）
54. 现代汉语普通话的音节，最多可由四个音素构成，最少有一个音素。（　　）
55. 在现代汉语普通话音节中，元音不等于韵母，辅音不等于声母。（　　）
56. "价、恰、下"不能拼写成"jà、qà、xà"，因为普通话中，j、q、x声母不跟开口呼韵母相拼。（　　）
57. "zhī"（之）、"zǐ"（子）和"rì"（日）等音节中的韵母按四呼归类应该归入齐齿呼。（　　）
58. "统一"和"一般"中的两个"一"，都是读阴平。（　　）
59. 拼写音节时，调号应标在主要元音即韵腹上，那么，凡标有调号的元音就一定是主要元音即韵腹。（　　）
60. 在"医务"(yiwu)、"寓言"(yuyan)、"应用"(yingyong)，"危亡"(weiwang)等词语的拼写中，音节开头的"y、w"实际上就是声母。（　　）
61. 《汉语拼音方案》用a、o、e、i、u、ü这6个字母记录单元音韵母，所以普通话的单韵母共有6个。（　　）
62. 韵母中的辅音是韵尾，所以说韵母中的韵尾一定是辅音。（　　）
63. 每个韵母都必须由韵头、韵腹、韵尾三个部分组成。（　　）
64. 由三个音素组成的韵母，这三个音素中应该有一个是辅音。（　　）
65. ie、ei、üe三个韵母的韵腹相同，都是e。（　　）
66. "临、勤、近、宾、音、信"的韵母都是相同的。（　　）
67. 一个或两个元音后面带上鼻辅音组成的韵母必然是鼻韵母。（　　）
68. 构成韵头的元音可以是a、o、e，也可以是i、u、ü。（　　）
69. i、u、ü是介音，只能构成韵母的韵头，不能构成韵母的韵尾。（　　）
70. iao、uai中的i、u是韵头，中间是韵腹，后面是韵尾。（　　）

五、名词解释

1. 语音　　2. 元音　　3. 辅音　　4. 音高　　5. 韵母　　6. 浊音
7. 鼻音　　8. 边音　　9. 塞音　　10. 擦音　　11. 双唇音　　12. 唇齿音
13. 舌根音　14. 单韵母　15. 复韵母　16. 鼻韵母　17. 四呼　　18. 开口呼
19. 合口呼　20. 齐齿呼　21. 撮口呼　22. 押韵　　23. 调值　　24. 调类
25. 阴平　　26. 阳平　　27. 上声　　28. 去声　　29. 韵头　　30. 韵腹
31. 韵尾　　32. 轻声　　33. 儿化　　34. 变调　　35. 朗读

六、简答题

1. 普通话语音为什么要以北京语音为标准音？
2. 什么是儿化韵？儿化与儿化韵是什么关系？
3. 什么是变调？普通话的变调主要有哪些？
4. 上声最主要的变调有哪些？请你举例说明。
5. "一"、"不"的变调有哪些？请你举例说明。
6. 什么是朗读？它有什么要求？
7. 什么是停顿？它有哪些类型？请你举例说明。
8. 什么是重音？它有哪些类型？请你举例说明。
9. 什么是句调？朗读或说话中的句调主要有哪些情况？请你举例说明。
10. 朗读或说话时候的快慢是有声语言表情达意的重要手段，请你举例说明快慢的应用。
11. 朗读与朗诵有什么异同？
12. 什么是语音？

普通话水平测试模拟试题

一、读单音节字词 100 个

斋 丢 挑 热 妞 炒 则 擦 复 吞 栋 款 悔 刷 滚 拽 作 踹
拢 框 女 武 仇 爱 纺 拼 叶 裆 女 氢 申 门 天 哼 杂 抓
猿 寡 筒 昏 翁 用 娶 仇 掐 美 撒 湿 烽 乳 叠 暂 疼 刺 拟
私 聊 咔 即 牵 尼 俊 钻 层 撒 约 您 马 农 瞥 卖 肥 打
踢 内 邻 憋 品 枚 分 党 私 难 略 色 卵 涂 对 方 灭 评
波 体 针 描 贴 搜 场 拨 是 支

二、读双音节字词 50 个

巡逻　凉粉　旅途　挂号　存在　部分　显得　请求　虽然
穷困　差点儿　谎言　约会　北面　反映　快乐　学会　补贴
散漫　参加　面条儿　温柔　卡片　武器　专门　爆肚儿　怕羞
仪表　开拓　院子　准确　本色儿　发愣　古老　吹牛　大伙儿
代替　瓦解　窗户　窘迫　随后　金鱼儿　运输　夸张　僧俗
民航　下课　病号儿　眼色　解脱

三、朗读

对于一个在北平住惯的人，像我，冬天要是不刮风，便觉得是奇迹；济南的冬天是没有风声的。对于一个刚由伦敦回来的人，像我，冬天要能看得见日光，便觉得是怪事；济南的冬天是响晴的。自然，在热带的地方，日光永远是那么毒，响亮的天气，反有点儿叫人害怕。可是，在北方的冬天，而能有温晴的天气，济南真得算个宝地。

设若单单是有阳光，那也算不了出奇。请闭上眼睛想：一个老城，有山有水，全在天底下晒着阳光，暖和安适地睡着，只等春风来把它们唤醒，这是不是理想的境界？小山把济南围了个圈儿，只有北边缺着点口儿。这一圈小山在冬天特别可爱，好像是把济南放在一个小摇篮里，它们安静不动地低声地说："你们放心吧，这儿准保暖和。"真的，济南的人们在冬天是面上含笑的。他们一看那些小山，心中便觉得有了着落，有了依靠。他们由天上看到山上，便不知不觉地想起：明天也许就是春天了吧？这样的温暖，今天夜里山草也许就绿起来了吧？就是这点儿幻想不能一时实现，他们也并不着急，因为这样慈善的冬天，干什么还希望别的呢！

最妙的是下点儿小雪呀。看吧，山上的矮松越发的青黑，树尖儿上顶//着一髻儿白花，好像日本看护妇。山尖儿全白了，给蓝天镶上一道银边。山坡上，有的地方雪厚点儿，有的地方草色还露着；这样，一道儿白，一道儿暗黄，给山们穿上一件带水纹儿的花衣；看着看着，这件花衣好像被风儿吹动，叫你希望看见一点儿更美的山的肌肤。等到快日落的时候，微黄的阳光斜射在山腰上，那点儿薄雪好像忽然害羞，微微露出点儿粉色。就是下小雪吧，济南是受不住大雪的，那些小山太秀气。

(摘自：老舍. 济南的冬天——老舍散文. 杭州：浙江文艺出版社，2010)

四、说话(任选一个题目说3～4分钟)

A型题：我最好的一位朋友

B型题：我的人生理想

参考答案

第一章

一、填空题

1. 字母表；声母表；韵母表；声调符号；隔音符号
2. 给汉字注音；作推广普通话的工具
3. 生理；物理；社会；社会属性
4. 音高；音强；音长；音色

二、名词解释

1. 一个民族全体成员通用的语言。
2. 全民共同语的地方变体或分支，是局部地区的人们所使用的语言。(同一种语言在时间和空间的共同作用下所形成的地域变体。)
3. 以北京语音为标准音，以北方话为基础方言，以典范的现代白话文著作为语法规范的汉民族共同语。
4. 语言是人类最重要的交际工具。

三、简答题

1. 北方方言只是普通话的词汇、语法方面的基础，还不是语音方面的标准，因为北方方言各个地区的语音差异很大，汉语方言的分歧主要表现在语音上，因而不能拿一个地区的方言的语音作为标准，必须拿一个地点的方言的语音作为标准，这个地点的方言就是北京话。

   (1) 几百年来，特别是近三四百年来，北京就是政治、经济、文化的中心，来往于北京的人最多，一般都能听懂北京语音。近几十年来，话剧、电影、广播、电视等都采用北京语音，北京语音的标准音地位早就被人们所公认。

   (2) 北京语音符合汉语语音由繁趋简的发展规律，北京语音有21个辅音声母，39个韵母，4个声调，而其他方言一般都有5个以上的声调。而且，北京语音听起来明朗、高扬、舒缓，具有音乐美，各地人士都自愿学习北京语音。

2. 人类语言与"动物语言"的区别。

   (1) 单位的明晰性。
   (2) 结构的层级性。
   (3) 能产性。

(4) 传授性。

3.

(1) 殷商时代。

1889年在河南安阳小屯发现甲骨刻辞，甲骨文这种书面语言在一定程度上起了统一汉语的作用。

(2) 春秋战国时期。

存在两种情况：① "言语异声，文字异形"，"五方之民，言语不通"；
② 出现了以王畿成周一带方言为基础的书面语——雅言。

(3) 秦。

出现"书同文"的局面，消灭了文字异形现象，促进了统一的书面语言的巩固和发展。

(4) 汉。

"通语"成了当时的书面共同语，出现了《史记》和乐府文学，对推广书面语起了推动作用。

(5) 唐宋时代。

以北方方言为基础形成了新的书面语——"白话"，进一步促进了北方方言的推广和统一。

(6) 元明清。

金、元、明、清定都北京，北京成了全国政治、经济、文化、科技等各方面的中心，北京话作为"官话"得以在全国推广。

(7) 五四运动时期。

"白话文运动"与"国语运动"互相推动、互相影响，使书面语与口语日益接近，对现代汉民族共同语的形成和发展起了关键性的作用。

(8) 新中国成立后。

新中国的成立为现代汉民族共同语——普通话的最后形成和全面推广提供了全部的历史条件和物质基础。

1955年，中国科学院确定了现代汉民族共同语是：以北京语音为标准音，以北方方言为基础方言，以典范的现代白话文著作为语法规范的普通话。

4. 现代汉语有七大方言：北方方言、吴方言、湘方言、赣方言、客家方言、闽方言、粤方言。

(1) 官话方言：北方方言、北方话，代表方言：北京话。

(2) 吴方言：吴语，代表方言：苏州话。

(3) 湘方言：湘语，代表方言：长沙话。

(4) 赣方言：赣语，代表方言：南昌话。

(5) 客家方言，代表方言：梅州话。

(6) 粤方言：粤语，代表方言：广州话。

(7) 闽方言：闽语，代表方言：福州话、厦门话。

第二章

综合练习一参考答案

一、填空题

1. 发音部位不同；发音方法不同；共鸣器的形状不同
2. 声带颤动；声带不颤动
3. 语音结构；最小的语音片段

二、单项选择题

1. A   2. C   3. B   4. D   5. C   6. C
7. C   8. D   9. B   10. D

三、判断题

1. × 2. × 3. × 4. √ 5. √ 6. × 7. √
8. × 9. × 10. √ 11. × 12. √ 13. √ 14. ×
15. × 16. × 17. × 18. × 19. × 20. × 21. ×
22. × 23. √ 24. √ 25. √

四、名词解释

1. 由人的发音器官发出的表达一定意义的声音。
2. 发音时声带振动，气流在口腔、鼻腔不受阻碍而形成的响亮声音。
3. 发音时声带多不振动，气流在口腔、鼻腔受到某个部位和某种方式的阻碍而形成的声音。
4. 从音节分析出来的最小的语音单位。
5. 也叫音质，是一个声音区别于其他声音的基本特征。
6. 声音的高低。
7. 声音的强弱。
8. 声音的长短。
9. 一个音节开头的辅音。
10. 音节中声母后面的部分。
11. 音节在发音时声音的高低、升降的变化。

12. 人体中用来发音的器官。

13. 语音结构的基本单位，也是自然感到的最小的语音片段。

五、简答题

1. 由人的发音器官发出的表达一定意义的声音。它具备物理性质、生理性质和社会性质。

2. 语音同自然界的其他声音一样，产生于物体的振动，具有物理属性；语音是由人的发音器官发出的，还具有生理属性；更重要的是，语音要表达一定的意义，又具有社会属性。

3. 声音的四要素是：音高、音强、音长和音色。音高决定普通话的语调和声调；朗读时的轻声是音强造成的；音长可以表达不同的语气；音色能够区别不同的音素(元音和辅音)。

4. (1) 从声音和意义的关系看：什么样的声音表达什么样的意义，什么样的意义用什么样的语音形式来表示，这些并不取决于声音和意义本身，而是由社会成员来约定俗成。

(2) 从语音的系统性来看：一种语言用多少个声音，用什么样的声音作为区别意义的最小声音单位，这些声音如何组合等，也是由社会成员来约定俗成。

5. 音素是构成音节的最小单位或最小的语音片段。音节是语音结构的基本单位，也是自然感到的最小的语音片段。

一个音节，如果按音色的不同去进一步划分，就会得到一个个最小的各有特色的单位，这就是音素；音素可以构成音节，一个音节可以是一个音素构成，也可以由几个音素合成。

6. 元音是气流振动声带，在口腔、咽头不受阻碍而形成的音。辅音是气流在口腔或咽头受阻碍而形成的音。它们的主要区别如下：

A. 发辅音时，气流通过咽头、口腔一般要受到某些部位的阻碍；发元音时，气流通过咽头、口腔不受阻碍。

B. 发辅音时，发音器官成阻的部位特别紧张；发元音时，发音器官各部位保持均衡的紧张状态。

C. 发辅音时，气流较强；发元音时，气流较弱。

D. 发辅音时，声带不一定振动，声音一般不响亮；发元音时，声带振动，声音比辅音响亮。

综合练习二参考答案

一、填空题

1. 辅音；21

参考答案

2. 发音部位；发音方法
3. 气流受到阻碍的位置；双唇音；唇齿音；舌尖前音；舌尖中音；舌尖后音；舌面音；舌根音
4. 发音时形成阻碍和克服阻碍的方式；塞音；擦音；塞擦音；鼻音；边音
5. 清音；浊音
6. 送气音；不送气音
7. b、p、d、t、g、k；送气；不送气
8. j、q、zh、ch、z、c；送气；不送气
9. f、h、x、sh、r、s；f、h、x、sh、s；r
10. 浊、边音；浊、鼻音
11. m、n、l、r
12. p、t、k、q、ch、c；b、d、g、j、zh、z
13. 零声母音节
14. 音节中声母后面的部分；韵头；韵腹；韵尾
15. 单元音；10
16. 舌面单元音；舌尖单元音；卷舌单元音
17. 39；单韵母；复韵母；鼻韵母
18. 主干；主要元音；韵头；韵尾；韵头；韵尾
19. i、u、ü；i、o、u；n、ng
20. 开口呼韵母；齐齿呼韵母；合口呼韵母；撮口呼韵母
21. i、-i(前)、-i(后)；-i(前)；-i(后)；开口呼
22. 四呼
23. 区别意义；音高
24. 区别意义
25. 实际读法；音节高低升降曲直长短的变化形式
26. 声调的种类；调值相同的字归纳在一起所建立的类
27. 结构；最小的
28. 一对一；儿化词
29. 声母；韵头；韵腹；韵尾；声调
30. 两拼法；三拼法；声介合母拼读法；直呼法
31. j、q、x
32. j、q、x
33. n、l
34. 把 i 改写成 y；在 i 前加上 y

235

35. 把u改写成w；在u前加上w

二、单项选择题

1. C   2. B   3. A   4. B   5. C   6. D   7. C   8. A
9. A   10. C   11. B   12. C   13. C   14. C   15. A   16. B
17. A   18. B   19. B   20. A   21. D   22. B   23. C   24. D
25. C   26. B   27. A   28. D   29. C   30. C

三、判断题

1. ×   2. √   3. ×   4. ×   5. ×   6. ×   7. ×   8. ×
9. √   10. √   11. √   12. √   13. √   14. √   15. √   16. ×
17. ×   18. √   19. √   20. √   21. √   22. √   23. √   24. √
25. √   26. √   27. √   28. √   29. √   30. √   31. √   32. √
33. ×   34. ×   35. √   36. √   37. √   38. √   39. √   40. √

四、名词解释

1. 发音时声带不颤动的音。

2. 发音时声带颤动的音。

3. 发音时气流从鼻腔透出的音。

4. 发音时气流从舌头两边透出的音。

5. 发音时发音部位紧闭，气流冲破阻碍，因爆发、破裂而形成的声音。

6. 发音时发音部位接近，留下一道窄缝，气流从窄缝中挤出，发出摩擦而形成的声音。

7. 发音时发音部位紧闭，然后把阻碍的部位放松一些，使气流透出，发出摩擦而形成的声音。

8. 没有辅音声母的音节。

9. 由单元音构成的韵母。

10. 由复元音构成的韵母。

11. 由元音和鼻辅音韵尾构成的韵母。

12. 按韵母开头的元音口形分出来的类别，即：开口呼、齐齿呼、合口呼和撮口呼。

13. 韵母不是i、u、ü和不以i、u、ü起头的韵母。

14. u或以u起头的韵母。

15. i或以i起头的韵母。

16. ü或以ü起头的韵母。

17. 韵文中某些句子的末尾用上同"韵"的字。

18. 音节高低升降曲直长短的变化形式，也就是声调的实际读法。

19. 声调的种类，就是把调值相同的字归纳在一起所建立的类。

20. 韵腹前面的元音，只有 i、u、ü 三个。

21. 韵母的主干，也叫"主要元音"。

22. 韵母中韵腹后面的部分，只有 i、u、o 和 -n、-ng。

23. "十八韵"是"五四"以来我国语言学者以北京语音为标准，根据新诗的实际归纳出来的十八个韵部。

24. "十三辙"是明清以来北方艺人从北京音系的韵母里归纳出来的十三个大致相近的韵部，一般叫"十三道大辙"。

25. 发音时，气流受到阻碍的位置。

26. 发音时喉头、口腔和鼻腔节制气流的方式和状况。(或：发音时，形成阻碍和克服阻碍的方式。或气流透出过程中所受阻碍的不同情况)

五、简答题

1. 音节中位于元音前头的部分。(或一个音节开头的辅音)

声母和辅音不是一个概念，它们的关系：

(1) 分析的角度不同。辅音是从音素的角度分析的，声母是从音节结构的角度分析的。

(2) 概念大小不同。虽然声母由辅音充当，但有的辅音不作声母，只作韵尾。如：guang 中的韵尾 ng。

2. 是指舌尖所对应的发音部位的位置不同。舌尖前音是舌尖对上齿背，舌尖中音是舌尖对上齿龈，舌尖后音是舌尖对硬腭的前部。它们所处的发音部位"前、中、后"有所不同。

3. 塞音：b、p、d、t、g、k   塞擦音：j、q、zh、ch、z、c

   对应规律：不送气音：b、d、g、j、zh、z   送气音：p、t、k、q、ch、c

4. 浊音：m、n、l、r   送气音：p、t、k、q、ch

5. d：舌尖中、不送气、清、塞音

ch：舌尖后、送气、清、塞擦音

j：舌面前、不送气、清、塞擦音

l：舌尖中、浊、边音

f：唇齿、清、擦音

p：双唇、送气、清、塞音

6. 音节中声母后面的部分。

韵母和元音不是一个概念，它们的关系：

(1) 分析的角度不同。元音是从音素的角度分析的，韵母是从音节结构的角度分析的。

(2) 概念大小不同。韵母有的由单元音或复元音构成，如："ta、xiao"中的"a、iao"；

有的由元音带辅音构成，如："gan、ying"中的"an、ing"。

7. 由单元音构成的韵母。

发音特点：舌位、唇形及开口度始终不变。

类型：舌面元音韵母、舌尖元音韵母、卷舌元音韵母。

共有 39 个韵母。

8. 由复元音构成的韵母。

发音特点：

(1) 从一个元音的发音状况快速向另一个元音的发音状况过渡，舌位的高低前后、口腔的开闭、唇形的圆展，都是逐渐变动的，不是突变的、跳动的，中间应该有一串过渡音。

(2) 气流不中断，中间没有明显的界线，发的音围绕一个中心形成一个整体。

类型：前响复韵母、中响复韵母和后响复韵母。

有 13 个复韵母。

9. 由元音和鼻辅音韵尾构成的韵母。

发音特点：

(1) 元音同后面的鼻辅音不是生硬地拼合在一起，而是由元音的发音状态向鼻辅音过渡，鼻音色彩逐渐增强，最后，发音部位闭塞，形成鼻辅音。

(2) 鼻辅音韵尾发音时，除阻阶段不发音。

10. 按韵母开头的元音口形分出来的类别，即：开口呼、齐齿呼、合口呼和撮口呼。

开口呼有 15 个；齐齿呼有 9 个；合口呼有 10 个；撮口呼有 5 个。

11. 字母"i"代表舌面单元音 i，舌尖前元音-i(前)，舌尖后元音 -i(后)，是因为这三个元音出现的条件各不相同，舌尖前元音-i(前)只出现在 z、c、s 的后面，舌尖后元音 -i(后)只出现在 zh、ch、sh 的后面，其他情况下出现的是舌面单元音 i，不会产生混淆。

12. 韵文中某些句子的末尾用上同"韵"的字。

押韵的"韵"与"韵母"不完全相同。凡韵腹相同或者相近的(如果有韵尾，韵尾也要相同)，都属于同一个"韵"。而同一个韵母必然要韵头、韵腹、韵尾都相同。

13. (1) 双唇音和舌尖中音 d、t 能跟开口呼、齐齿呼、合口呼韵母拼合，不能跟撮口呼韵母拼合。双唇音拼合口呼限于 u。

(2) 唇齿音、舌面后音、舌尖前音和舌尖后音等声母能跟开口呼、合口呼韵母拼合，不能跟齐齿呼、撮口呼韵母拼合。唇齿音拼合口呼限于 u。

(3) 舌面前音同上述四组声母相反，只能跟齐齿呼、撮口呼韵母拼合，不能跟开口呼、合口呼韵母拼合。

(4) 舌尖中音 n、l 能跟四呼韵母拼合。零声母音节在四呼中都有。

14. 单韵母 i、u、ü 自成音节或以 i、u、ü 开头的韵母自成音节时，音节开头要使用 y，w，y、w 在拼写形式上起分隔音节的作用。

y 的使用：

(1) i 开头的音节，如果 i 后面还有别的元音，就把 i 改为 y。

如：ia—ya、ie—ye、iao—yao、iou—you、ian—yan、iang—yang、iong—yong

(2) 如果 i 后面没有别的元音，就在 i 前面加上 y。

如：i—yi、in—yin、ing—ying

(3) ü 开头的音节不管 ü 后面有没有别的元音，一律在 ü 前面加 y(加 y 后，ü 上两点要省写)。

如：ü—yu、üe—yue、üan—yuan、ün—yun

w 的使用：

(1) u 开头的音节，如果 u 后面还有别的元音，就把 u 改成 w。

如：ua—wa、uo—wo、uai—wai、uei—wei、uan—wan、uen—wen、uang—wang、ueng—weng

(2) 如果 u 后面没有别的元音，就在 u 前面加上 w。

如：u—wu

15. 以 o、e 开头的零声母音节连接在其他音节后面，为了避免混淆音节界限，用隔音符号(')隔开。

如：企鹅 qǐ'é　酷爱 kù'ài　档案 dàng'àn　西安 xī'ān

16. juédìng，撮口呼韵母 üe 前拼声母 j 时，ü 上两点要省略，声调符号要标在韵腹 ê 上。

féiwò，合口呼韵母 uo 自成音节时，u 要改写成 w。

liúshuǐ，《汉语拼音方案》规定 iu、ui 的声调符号标在后一个元音(音素)上。

yúkuài，撮口呼韵母 ü 自成音节时，要在前面加上 y，并且去掉 ü 上的两点。

huíyì，韵母 uei 前拼声母时要省写成 ui，韵母 i 自成音节时要在前面加上 y。

17. wényǎ，合口呼韵母 uen 自成音节时，要把 u 改写成 w；齐齿呼韵母 ia 自成音节时，要把 i 改写成 y。

yuèliàng，撮口呼韵母 üe 自成音节时，要在前面加上 y，并且去掉 ü 上的两点。

xuézǐ，撮口呼韵母 üe 前拼声母 x 时，ü 上两点要省略。

biānyuán，撮口呼韵母 üan 自成音节时，要在前面加上 y，并且去掉 ü 上的两点。

yǔyī，撮口呼韵母 ü 自成音节时，要在前面加上 y，并且去掉 ü 上的两点；韵母 i 自成音节时要在前面加上 y。

18. jī'ān，《汉语拼音方案》规定，以 a 开头的音节连在其他音节后面时要使用隔音符号(')。

yōuxiù，齐齿呼韵母 iou 自成音节时，要把 i 改写成 y；《汉语拼音方案》规定，韵母 iou 前拼声母时要省写成 iu，并把声调符号标在 u 上。

hūn'àn，《汉语拼音方案》规定，韵母 uen 前拼声母时要省写成 un；而以 a 开头的音节连在其他音节后面时要使用隔音符号(')。

fēijī，声调符号要标在主要元音(韵腹)e 上。

fǒudìng，声调符号要标在主要元音(韵腹)o 上。

19. A. 同：都是舌根音、清音、塞音
      异：g 是不送气音，k 是送气音

    B. 同：都是清音、擦音
      异：f 是唇齿音，h 是舌根音

    C. 同：都是清音、塞擦音、不送气音
      异：zh 是舌尖后音，z 是舌尖前音

    D. 同：都是清音、送气音、塞擦音
      异：q 是舌面音，c 是舌尖前音

20.

结构 韵母	韵 头	韵 腹	韵 尾
表 biao	i	a	o
扬 yang	i	a	ng
安 an		a	n
全 quan	ü	a	n
队 dui	u	e	i
伍 wu		u	
霞 xia	i	a	
光 guang	u	a	ng
流 liu	i	o	u
水 shui	u		i

21.

结构 音节	声 母	韵 头	韵 腹	韵 尾	声 调	四 呼
威 wēi		u	e	i	阴平	合口呼
远 yuǎn		ü	a	n	上声	撮口呼
雅 yǎ		i	a		上声	齐齿呼
用 yòng		i	o	ng	去声	撮口呼
雪 xuě	x	ü	ê		上声	撮口呼

22. Báirì yīshān jìn,
Huánghé rùhǎi liú.
Yùqióng qiānlǐ mù,
gèngshàng yīcéng lóu.
押韵的方式：双行韵。
韵辙情况：押油求辙、候韵。

23. A. q　　B. h　　C. l　　D. ê
E. 舌尖后、送气、清、塞擦音
F. 卷舌、央、中、不圆唇元音
G. 舌尖后、高、不圆唇元音

24. (略)

25. (略)

综合练习三参考答案

一、填空题

1. 音素与音素、音节与音节、声调与声调连读时发生的语音变化现象
2. 变调；轻声；儿化；语气词"啊"的变读
3. 在一定的条件下读得又短又轻的调子
4. 声调；特殊音变；音高；音强和音长
5. 区别词义；区分词性；分别词和短语
6. 半上；214；21(或211)；阳平
7. 变阳平(或变35)；变去声(或变51)；变轻声
8. 指一个音节中，韵母带上卷舌色彩的一种特殊音变现象；儿化以后，卷舌化的韵母
9. ê; er
10. 区别词义；区分词性；表示细小、亲切、轻松或可爱的感情色彩；扩大押韵的范围

二、单项选择题

1. B　　2. B　　3. D　　4. D　　5. C
6. B　　7. A　　8. C　　9. B　　10. C

三、判断题

1. √　　2. √　　3. √　　4. √　　5. ×
6. ×　　7. ×　　8. √　　9. ×　　10. ×

四、名词解释

1. 在一定的条件下读得又短又轻的调子。
2. 一个音节中，韵母带上卷舌色彩的一种特殊音变现象。
3. 在语流中，有些音节的声调起了一定的变化，与单读时调值不同，这种变化叫变调。
4. 语气词"啊"发音时受前字读音的影响而产生的音变现象。

五、简答题

1. 在连续的语流中，前后音节会互相影响，致使某些音节的音素或声调发生语音变化，这就是音变。

普通话中常见的音变现象有：轻声、儿化、变调、语气词"啊"的变读等。

2. 有些音节在词语或句子里，常常失去原有的声调，读成一种又轻又短的调子。这种又轻又短的调子，叫做轻声。

轻声在物理属性上的主要表现是：音长变短，音强变弱。音高上的表现是：受前一个字声调的影响而变得不固定。有的轻声还可以影响字音的声母和韵母，引起音色的变化。

3. 阴平+轻声：半低(轻声调值约为 2)，阳平+轻声：中调(轻声调值约为 3)，去声+轻声：低(轻声调值约为 1)，上声+轻声：半高(轻声调值约为 4)。

4. (1) 区别词义；(2) 区分词性；(3) 区分词和短语。

轻声不是四声之外的第五种声调，而是四声的一种特殊音变。

5. (1) 助词"的、地、得、着、了、过"和语气词"吧、吗、呢、啊"等。

(2) 叠音词和重叠形式动词的第二个语素。

(3) 用在名词、代词后面的方位词"上、下、里、边、面"等。但方位"内、外"等一般不读轻声。

(4) 用在动词、形容词后面表示趋向的动词"来、去、起来、下去"等。

(5) 量词"个"。

(6) "子、头、么、乎、们、处、当、和、家、见、匠、快、气、生、思、候、计"等。

(7) 人体的部位。

(8) 一些常用的习惯读轻声的双音节词语。

6. 后缀"儿"与前一音节的韵母结合成一个音节，并使这个韵母带上卷舌音色的一种特殊音变现象。

(1) 音节末尾是a、o、e、ê、u(包括ao、iao 的 o)的，韵母直接卷舌。

(2) 韵尾是i、n(除in、ün外)的，丢掉韵尾，主要元音卷舌。

(3) 韵母是in、ün 的，丢掉韵尾，还要加 er。

(4) 韵母是 i 、ü 的，加 er。

(5) 韵母是-i(前)、-i(后)的，韵母变作er。

(6) 韵母是ng的，丢掉韵尾，韵腹带鼻音，并卷舌。

(7) 韵母是ing、iong的，丢掉韵尾，加上鼻化的ẽr。

7. (1) 区别词义。

如：小人——小人儿　拉练——拉链儿

(2) 区分词性。

如：点——点儿　准——准儿

(3) 表示细小、轻微的状态或性质。

如：小孩儿、小枝儿、铁丝儿、粉笔末儿、放点虾仁儿、碰破点皮儿

(4) 表示亲切、温和或喜爱的感情色彩。

如：小脸蛋儿、雪人儿、知心话儿、小孩儿、老头儿、小鸟儿

(5) 扩大押韵的范围。

8. 儿化以后，卷舌化了的韵母叫"儿化韵"。

儿化是一种特殊音变现象，后缀"儿"与它前一音节的韵母结合成一个音节，并使这个韵母带上卷舌音色，而儿化韵是儿化以后，卷舌化了的韵母。

9. 在语流中，有些音节的声调起了一定的变化，与单读时调值不同，这种变化叫变调。主要有：上声的变调、去声变调、阴平变调、阳平变调、"一、七、八、不"的变调。

10. (1) 上声+非上声：变半上，即调值由214变为211。

在阴平前：首都　北京　统一

在阳平前：祖国　海洋　语言

在去声前：解放　土地　巩固

在轻声前：尾巴　起来　宝贝

(2) 上声+上声：变阳平，调值由214变35。

如：水果　了解　领导

(3) 上声+上声+上声。

① 阳平+阳平+上声，调值由214变35。

如：展览馆　管理组　领导者

② 半上+阳平+上声，调值211+35+214。

如：很勇敢　小老虎　冷处理

(4) 三个以上上声相连，根据词语的意义分组变调。

如：彼此/友好　　买把/雨伞

(5) 叠音词。

① 阳平+轻声(35+轻声)。

如：等等　讲讲　躺躺

② 半上+轻声(211+轻声)。

如：姐姐　奶奶　婶婶

11. "一"的变调：

(1) 单说或在词语末尾，念原调(阴平)。

如：十一　统一　万一　唯一

(2) 在去声前念阳平。

如：一样　一向　一定　一块　一切　一半

(3) 在阴平、阳平、上声(非去声)前念去声。

阴平前：一般　一边　一端

阳平前：一年　一齐　一时　一瓶

上声前：一早　一举　一手　一两　一里

(4) 在叠用的动词中间，念轻声。

如：想一想　试一试　管一管　读一读

"不"的变调：

(1) 单说或在词语末尾念原调(去声)。

如：不　偏不　来不

(2) 在阴平、阳平、上声(非去声)前也念原调(去声)。

如：阴平前：不安　不单　不端　不吃　不开

阳平前：不行　不白　不才　不同　不详

上声前：不好　不比　不等　不管　不敢

(3) 在去声前念阳平。

如：不怕　不够　不看　不像　不去　不是

(4) 在动词后的补语中，或夹在词语当中念轻声。

如：来不来　找不找　走不走　拿不动　说不清

第三章

一、名词解释

1. 用普通话的语调，变书面语视觉形象为听觉形象的一种活动。(或：把书面语言转化为发音规范的有声语言的再创作活动)

2. 说话或朗读时语言的速度，即每个音节的长短和音节与音节间连续的紧密程度。

3. 在句子中用来表达思想感情的抑扬顿挫的语音旋律。

4. 指为了语法结构的需要所做的停顿，一般表现为句中的标点符号。

5. 为了突出某一事物，强调某一观点，表达某种感情，而在句中没有标点的地方作适当的停顿。

6. 句子中某些重读的语法成分。

7. 句子的某些需要突出或强调而重读的词语。

8. 指诗歌、快板、民歌等的停顿。

二、简答题

1. 用普通话的语调，变书面视觉形象为听觉形象的一种活动(或：把书面语言转化为发音规范的有声语言的再创作活动)。

(1) 朗读的基础——理解作品。

理解作品，就是要分析作品的思想内容，了解创作背景，理清情节结构，掌握中心思想和艺术形象，把握感情变化的脉络。

只有弄清了作品的全貌和实质，才能确定朗读的基调，才会使朗读具有表现力。

(2) 朗读的生命——以情带声。

感情是朗读的生命。只有以情带声，朗读才有魅力。

要产生真实、丰富的感情，有时需要联想。通过联想，和作者一样地去感受、思索、希望、呼吁、歌颂、批判，依据作品的具体内容——人物、时间、环境、气氛等进行想象，让作品的具体内容在脑海中产生出生动形象的画面来。

(3) 综合运用语调各要素——以声传情

在深入理解作品思想内容、调动朗读情绪的同时，要选择恰当的语音形式将书面文字还原为有声语言。

选择恰当的语音形式主要指运用语调的各要素。只有调动语调的各要素，形成准确、真实、富有生命力的语音形式，才能做到以声传情。

语调的各要素在活的语言中不是孤立存在的，重音、停顿、快慢、高低是一个综合存在，各要素互相依存、互相促进，紧密配合才能造成抑扬顿挫的艺术效果。

2. 说话或朗读时，段落之间，语句中间、后头出现的间歇。

停顿的类型：语法停顿、强调停顿和节拍。

(举例说明略)

3. 重音是指有声语言中说得或读得较重的音节。

重音的类型：意群重音(语法重音)、强调重音、感情重音 (或：语法重音、强调重音)。

(举例说明略)

4. 是指话语中音高抑扬升降的变化 (或：指整句话的音高升降的变化)。

句调的类型：升调、降调、平调和曲调。

(举例说明略)

5. 快慢是指语调的速度变化。速度的快慢，是语言节奏的主要标志，是有声语言表情达意的重要手段。

一般说，快慢与语言的内在节奏是一致的。快速，可表现急迫、紧张；慢速则可表现安闲、平静。如果快慢的节奏处理恰当，往往能够生动形象地反映生活图景，烘托环境气氛，加强口语效果，产生较强的艺术感染力。

(1) 看交流对象。

跟青少年交际，因他们精力充沛，思维敏捷，反应快，语速可以稍快些。如果跟老年人和小孩交际，速度应稍慢，使他们听清楚，易接受。

(2) 看环境气氛。

一般表示热烈、紧张的场面，激动、兴奋、欢快、惊恐、惊异的心情，争辩、质问、欢呼、斥责、畅谈的声态，语速应稍快些；表示宁静、庄严的场面，平静、低沉、悲伤、痛苦、失望、沉痛的心情，犹豫、宽慰的态度，语速要稍慢些；一般性的记叙、说明、议论或交代，感情没有大变化时，宜用中速。

(3) 看人物性格。

一般刻画活泼开朗、聪明机警、性格豪放、作风泼辣、狡猾奸诈、鲁莽急躁的人物，应稍快；而刻画心思迟钝、憨厚老实、作风懒散的人物应稍慢。

(4) 看作品体裁。

诗歌一般比散文慢，在诗歌中，旧体诗一般比新体诗慢。此外，论说文应比一般散文慢，同是论说文，理论性较强的专论比一般论文慢。

6. 朗读与朗诵都是运用普通话再现作品，所用重音、停顿等基本技巧相同，但朗读更接近生活，功能更全，社会性更广泛；朗诵则艺术性更强，手段更多样，更能吸引人并感染人。

(1) 二者依据的材料不同。

朗诵主要是文学作品，如诗歌、剧本台词等。朗读更全面。

(2) 二者表现的形式不同。

朗诵具有表演性，需要特定场合，可以通过体态、化装、音乐、灯光、舞美布景等手段强化情感和渲染气氛。朗读不需要以上手段。

(3) 二者表达的特点不同。

朗诵可用气音、颤音，可以泣诉，可以笑语，用气发音较为严格，气息要充沛，音色要优美，感情更强烈，声音可夸张，表情富于变化。朗读要求自然真实，忌过分夸张和表演。

(4) 二者适用对象不同。

朗诵面向观众，观众用欣赏眼光从中获取艺术感染和美的享受。朗读面向听众，听众主要想获取信息和知识，在此基础上亦可获取美的享受和艺术感染。

7. 是有声语言表情达意不可缺少的一种重要口语修辞手段。它有调节气息、显示语气、突出重点等作用。合理的停顿，可使话语表意显豁，增加语言的节奏。同时，还能给听众留出思索、消化、回味的时间，更好地理解语意。若不善于停顿，就会使说话人感到紧张吃力，喘不过气来，别人听起来含混费解，甚至会产生误解。

停顿的地方不同，表意也不同。例如
① 妈妈看见/女儿笑了。("笑"的是女儿)
② 妈妈看见女儿/笑了。("笑"的是妈妈)

8. 一般指诗歌、快板、民歌等的停顿。

节拍的划分，格律诗、民歌、快板等，一般都是五言三拍，二、三拖腔或二、四拖腔；七言四拍，二、四、五拖腔或二、四、六拖腔。

　　　　　　白日/依山/尽，黄河/入海/流，
　　　　　　欲穷/千里/目，更上/一层/楼。
　　　　日照/香炉/生/紫烟，遥看/瀑布/挂/前川。
　　　　飞流/直下/三千/尺，疑是/银河/落/九天。

自由诗由于节奏比较自由，节拍的划分既要考虑词和词组合关系的疏密，又要照顾到整节节拍数的匀称，不宜根据字数机械地划分。(举例说明略)

笔试试题库参考答案

一、填空题

1. n、l
2. 把 i 改写成 y；在 i 前加上 y
3. 把 u 改写成 w；在 u 前加上 w
4. 加上 y；ü 上的两点
5. iu、ui、un
6. j、q、x；自成音节
7. 主要元音上(或韵腹上)
8. 不能省略；因为 n、l 也可以与 u 相拼，省略后会产生混淆
9. a、o、e 开头的音节连在其他音节后面的时候
10. nǚ'er, hòu'ai
11. 区别词义；区分词性；表示细小、亲切、轻松或可爱的感情色彩；扩大押韵的范围
12. a、a、e、o、i、u、u、i、ng
13. 开口呼韵母；齐齿呼韵母；合口呼韵母；撮口呼韵母
14. i, -i(前), -i(后), -i(前), -i(后), 开口呼
15. 四呼

16. 区别意义；音高
17. 字调
18. 区别意义
19. 实际读法；音节高低升降曲直长短的变化形式
20. 五度标记法；55、35、214、51
21. 调值主要由音高构成，在读音上是连续的、渐变的
22. 辅音；21
23. 发音部位；发音方法
24. 气流受到阻碍的位置；双唇音，唇齿音，舌尖前音，舌尖中音，舌尖后音，舌面音，舌根音
25. 发音时形成阻碍和克服阻碍的方式，塞音，擦音，塞擦音，鼻音，边音
26. 清音；浊音
27. 送气音；不送气音
28. b、p、d、t、g、k；送气；不送气
29. j、q、zh、ch、z、c，送气；不送气
30. f、h、x、sh、r、s，f、h、x、sh、s、r
31. 浊、边音，浊、鼻音
32. 生理，物理，社会，社会属性
33. 肺和气管，喉头和声带，口腔和鼻腔
34. 音高，音强，音长，音色
35. 发音部位不同，发音方法不同，共鸣器的形状不同
36. 声带颤动，声带不颤动
37. 音素；音位
38. 字母表；声母表；韵母表；声调符号；隔音符号
39. 给汉字注音；作推广普通话的工具
40. 语音结构；最小的语音片段
41. 连在一起写
42. 音素与音素，音节与音节，声调与声调连读时发生的语音变化现象
43. 变调；轻声；儿化；语气词"啊"的变读
44. 在一定的条件下读得又短又轻的调子
45. 声调；特殊音变；音高；音强和音长
46. 区别词义；区分词性；分别词和短语
47. 半上；214；21(或211)；阳平
48. 变阳平(或变35)；变去声(或变51)；变轻声

参考答案

49. 指一个音节中，韵母带上卷舌色彩的一种特殊音变现象；儿化以后，卷舌化的韵母

50. ê；er

51. 由复元音构成的韵母；从一个元音的发音状况快速向另一个元音的发音状况过渡，舌位的高低前后、口腔的开闭、唇形的圆展都是逐渐变动的

52. 主干；主要元音，韵头，韵尾，韵头，韵尾

53. i、u、ü；i、o、u、n、ng

54. 舌面、央、低、不圆唇元音；舌面、前、高、圆唇元音；舌面、后、半高、圆唇元音；舌面、前、半低、不圆唇元音；舌面、后、半高、不圆唇元音；舌面、前、高、不圆唇元音；舌面、后、高、圆唇元音；卷舌、央、中、不圆唇元音

55. -i(后)、-i(前)

56. e、ê

57. 前响复；韵腹；清晰；响亮；韵尾，含混；不固定

58. 后响复；韵头；轻短；韵腹；清晰；响亮

59. ê；舌面、前、半低、不圆唇元音

60. 中响复；韵头；轻短；韵腹；清晰响亮；韵尾；含混

61. 声调的种类；调值相同的字归纳在一起所建立的类

62. 调值；调值

63. 结构；最小的

64. 一对一；儿化词

65. 声母；韵母；声调

66. 声母；韵头；韵腹；韵尾；声调

67. 最多有4个；最多有3个；出现在声母和韵尾的位置上；有四个声调

68. 两拼法；三拼法；声介合母拼读法；直呼法

69. j、q、x

70. j、q、x

71. m、n、l、r

72. p、t、k、q、ch、c；b、d、g、j、zh、z

73. p、z

74. 零声母音节

75. 音节中声母后面的部分；韵头；韵腹；韵尾

76. 单元音；10

77. 舌位的高低；舌位的前后；唇形的圆展

78. 发音时舌位、唇形和开口度始终不变

79. 舌面单元音；舌尖单元音；卷舌单元音
80. 39；单韵母；复韵母；鼻韵母

二、单项选择题

1. D	2. D	3. B	4. A	5. B	6. D	7. D
8. D	9. C	10. B	11. A	12. D	13. B	14. D
15. A	16. C	17. C	18. D	19. C	20. B	21. B
22. D	23. C	24. B	25. C	26. D	27. B	28. A
29. B	30. B	31. D	32. C	33. B	34. A	35. B
36. C	37. D	38. C	39. B	40. D	41. A	42. C
43. B	44. D	45. C	46. C	47. C	48. D	49. B
50. A	51. D	52. C	53. B	54. C	55. B	56. B
57. A	58. A	59. B	60. B	61. C	62. C	63. C
64. B	65. D	66. B	67. B	68. A	69. B	70. C
71. A	72. B	73. C	74. A	75. D	76. C	77. D
78. A	79. B	80. A				

三、多项选择题

1. BCDE	2. AE	3. ACE	4. ABD	5. AC	6. BE
7. ABC	8. ADE	9. BDE	10. AB	11. CDE	12. AE
13. ACD	14. DE	15. BE	16. BCD	17. CE	18. BD
19. AC	20. BD	21. BC	22. BDF	23. ACDE	24. ACD
25. BD	26. ABC	27. BC	28. ABCDE	29. AE	30. BE
31. DE	32. ABD	33. BCD	34. AD	35. CD	36. BCD
37. BD	38. BC	39. AE	40. BF	41. BC	42. BCD
43. ABCDE	44. ABCDE	45. ABC	46. ACD	47. ABE	48. CD
49. ABCE	50. ABCD	51. BCD	52. BC	53. BCD	54. BCD
55. ABDE	56. BCE	57. BE	58. AE	59. DE	60. ABE

四、判断题

1. √	2. ×	3. √	4. √	5. √	6. √	7. ×
8. ×	9. ×	10. √	11. ×	12. √	13. ×	14. ×
15. ×	16. √	17. √	18. √	19. √	20. ×	21. √
22. ×	23. √	24. ×	25. √	26. √	27. √	28. ×
29. ×	30. ×	31. ×	32. √	33. ×	34. √	35. √

36. × 37. × 38. × 39. √ 40. × 41. × 42. ×
43. × 44. × 45. √ 46. √ 47. √ 48. √ 49. √
50. × 51. × 52. √ 53. √ 54. √ 55. √ 56. √
57. × 58. × 59. × 60. √ 61. √ 62. √ 63. ×
64. × 65. × 66. √ 67. √ 68. × 69. × 70. √

五、名词解释

1. 由人的发音器官发出的表达一定意义的声音。
2. 发音时声带振动，气流在口腔、鼻腔不受阻碍而形成的响亮声音。
3. 发音时声带多不振动，气流在口腔、鼻腔受到某个部位和某种方式的阻碍而形成的声音。
4. 也叫音质，是一个声音区别于其他声音的基本特征。
5. 声音的高低。
6. 一个音节开头的辅音。
7. 发音时气流从鼻腔透出的音。
8. 发音时气流从舌头两边透出的音。
9. 发音时发音部位紧闭，气流冲破阻碍，因爆发、破裂而形成的声音。
10. 发音时发音部位接近，留下一道窄缝，气流从窄缝中挤出，发出摩擦而形成的声音。
11. 由上唇和下唇阻碍气流而形成的声音。
12. 由上齿和下唇阻碍气流而形成的声音。
13. 由舌根和软腭阻碍气流而形成的声音。
14. 由单元音构成的韵母。
15. 由复元音构成的韵母。
16. 由元音和鼻辅音韵尾构成的韵母。
17. 按韵母开头的元音口形分出来的类别，即：开口呼、齐齿呼、合口呼和撮口呼。
18. 韵母不是 i、u、ü 和不以 i、u、ü 起头的韵母。
19. u 或以 u 起头的韵母。
20. i 或以 i 起头的韵母。
21. ü 或以 ü 起头的韵母。
22. 韵文中某些句子的末尾用上同"韵"的字。
23. 音节高低升降曲直长短的变化形式，也就是声调的实际读法。
24. 声调的种类，就是把调值相同的字归纳在一起所建立的类。
25. 声调中的第一声，是高而平的调子，调值 55。

26. 声调中的第二声，由中音升到高音的调子，调值35。
27. 声调中的第三声，由半低音先降到低音后升到半高音的调子，调值214。
28. 声调中的第四声，由高音降到低音的调子，调值51。
29. 韵腹前面的元音，只有i、u、ü三个。
30. 韵母的主干，也叫"主要元音"。
31. 韵母中韵腹后面的部分，只有i、u、o和-n、-ng。
32. 在一定的条件下读得又短又轻的调子。
33. 一个音节中，韵母带上卷舌色彩的一种特殊音变现象。
34. 在语流中，有些音节的声调起了一定的变化，与单读时调值不同，这种变化叫变调。
35. 用普通话的语调，变书面语视觉形象为听觉形象的一种活动。(或：把书面语言转化为发音规范的有声语言的再创作活动。)

六、简答题

1. 北方方言只是普通话的词汇、语法方面的基础，还不是语音方面的标准，因为北方方言各个地区的语音差异很大，汉语方言的分歧主要表现在语音上，因而不能拿一个地区的方言的语音作为标准，必须拿一个地点的方言的语音作为标准，这个地点的方言就是北京话。

(1) 几百年来，特别是近三四百年来，北京就是政治、经济、文化的中心，来往于北京的人最多，一般都能听懂北京语音。近几十年来，话剧、电影、广播、电视等都采用北京语音，北京语音的标准音地位早就被人们所公认。

(2) 北京语音符合汉语语音由繁趋简的发展规律，北京语音有21个辅音声母，39个韵母，4个声调，而其他方言一般都有5个以上的声调。而且，北京语音听起来明朗、高扬、舒缓，具有音乐美，各地人士都自愿学习北京语音。

2. 儿化以后，卷舌化了的韵母叫"儿化韵"。

儿化是一种特殊音变现象，后缀"儿"与前一音节的韵母结合成一个音节，并使这个韵母带上卷舌音色，而儿化韵是儿化以后，卷舌化了的韵母。

3. 在语流中，有些音节的声调起了一定的变化，与单读时调值不同，这种变化叫变调。
主要有：上声的变调、去声变调、阴平变调、阳平变调、"一、七、八、不"的变调。

4. (1) 上声+非上声：变半上，即调值由214变为211。
在阴平前：首都　北京　统一
在阳平前：祖国　海洋　语言
在去声前：解放　土地　巩固
在轻声前：尾巴　起来　宝贝

(2) 上声+上声：变阳平，调值由 214 变 35。

如： 水果　了解　领导

(3) 上声+上声+上声。

① 阳平+阳平+上声，调值由 214 变 35。

如：展览馆　管理组　领导者

② 半上+阳平+上声，调值 211+35+214。

如：很勇敢　小老虎　冷处理

(4) 三个以上上声相连，根据词语的意义分组变调。

如： 彼此/友好　　　买把/雨伞

叠音词

阳平+轻声(35+轻声)

如：等等　讲讲　躺躺

半上+轻声(211+轻声)

如：姐姐　奶奶　婶婶

5. "一"的变调：

(1) 单说或在词语末尾，念原调(阴平)。

如： 十一　统一　万一　唯一

(2) 在去声前念阳平。

如：一样　一向　一定　一块　一切　一半

(3) 在阴平、阳平、上声(非去声)前念去声。

阴平前：一般　一边　一端

阳平前：一年　一齐　一时　一瓶

上声前：一早　一举　一手　一两　一里

(4) 在叠用的动词中间，念轻声。

如：想一想　试一试　管一管　读一读

"不"的变调：

(1) 单说或在词语末尾念原调(去声)。

如： 不　偏不　来不

(2) 在阴平、阳平、上声(非去声)前也念原调(去声)。

如：阴平前：不安　不单　不端　不吃　不开

　　阳平前：不行　不白　不才　不同　不详

　　上声前：不好　不比　不等　不管　不敢

(3) 在去声前念阳平。

如：不怕　不够　不看　不像　不去　不是

(4) 在动词后的补语中，或夹在词语当中念轻声。
如：来不来　找不找　走不走　拿不动　说不清

6. 用普通话的语调，变书面视觉形象为听觉形象的一种活动。(或把书面语言转化为发音规范的有声语言的再创作活动。)

(1) 朗读的基础——理解作品。

理解作品，就是要分析作品的思想内容，了解创作背景，理清情节结构，掌握中心思想和艺术形象，把握感情变化的脉络。

只有弄清了作品的全貌和实质，才能确定朗读的基调，才会使朗读具有表现力。

(2) 朗读的生命——以情带声。

感情是朗读的生命。只有以情带声，朗读才有魅力。

要产生真实、丰富的感情，有时需要联想。通过联想，和作者一样地去感受、思索、希望、呼吁、歌颂、批判，依据作品的具体内容——人物、时间、环境、气氛等进行想象，让作品的具体内容在脑海中产生出生动形象的画面来。

(3) 综合运用语调各要素——以声传情。

在深入理解作品思想内容、调动朗读情绪的同时，要选择恰当的语音形式将书面文字还原为有声语言。

选择恰当的语音形式主要指运用语调的各要素。只有调动语调的各要素，形成准确、真实、富有生命力的语音形式，才能做到以声传情。

语调的各要素在活的语言中不是孤立存在的，重音、停顿、快慢、高低是一个综合存在，各要素互相依存、互相促进，紧密配合才能造成抑扬顿挫的艺术效果。

7. 说话或朗读时，段落之间，语句中间、后头出现的间歇。

停顿的类型：语法停顿、强调停顿和节拍。

(举例说明略)

8. 重音是指有声语言中说得或读得较重的音节。

重音的类型：意群重音(语法重音)、强调重音、感情重音 (或：语法重音、强调重音)。

(举例说明略)

9. 句调是指话语中音高抑扬升降的变化。(或：指整句话的音高升降的变化。)

句调的类型：升调、降调、平调和曲调。

(举例说明略)

10. 快慢是指语调的速度变化。速度的快慢，是语言节奏的主要标志，是有声语言表情达意的重要手段。

一般说，快慢与语言的内在节奏是一致的。快速，可表现急迫、紧张；慢速则可表现安闲、平静。如果快慢的节奏处理恰当，往往能够生动形象地反映生活图景，烘托环境气氛，加强口语效果，产生较强的艺术感染力。

(1) 看交流对象。

跟青少年交际，因他们精力充沛，思维敏捷，反应快，语速可以稍快些。如果跟老年人和小孩交际，速度应稍慢，使他们听清楚，易接受。

(2) 看环境气氛。

一般表示热烈、紧张的场面，激动、兴奋、欢快、惊恐、惊异的心情，争辩、质问、欢呼、斥责、畅谈的声态，语速应稍快些；表示宁静、庄严的场面，平静、低沉、悲伤、痛苦、失望、沉痛的心情，犹豫、宽慰的态度，语速要稍慢些；一般性的记叙、说明、议论或交代，感情没有大变化时，宜用中速。

(3) 看人物性格。

一般刻画活泼开朗、聪明机警、性格豪放、作风泼辣、狡猾奸诈、鲁莽急躁的人物，应稍快；而刻画心思迟钝、憨厚老实、作风懒散的人物应稍慢。

(4) 看作品体裁。

诗歌一般比散文慢；在诗歌中，旧体诗一般比新体诗慢。此外，论说文应比一般散文慢；同是论说文，理论性较强的专论比一般论文慢。

11. 朗读与朗诵都是运用普通话再现作品，所用重音、停顿等基本技巧相同，但朗读更接近生活，功能更全，社会性更广泛；朗诵则艺术性更强，手段更多样，更能吸引人并感染人。

(1) 二者依据的材料不同。

朗诵主要是文学作品，如诗歌、剧本台词等；朗读更全面。

(2) 二者表现的形式不同。

朗诵具有表演性，需要特定场合，可以通过体态、化装、音乐、灯光、舞美布景等手段强化情感和渲染气氛；朗读不需要以上手段。

(3) 二者表达的特点不同。

朗诵可用气音、颤音，可以泣诉，可以笑语，用气发音较为严格，气息要充沛，音色要优美，感情更强烈，声音可夸张，表情富于变化；朗读要求自然真实，忌过分夸张和表演。

(4) 二者适用对象不同。

朗诵面向观众，观众用欣赏眼光从中获取艺术感染和美的享受；朗读面向听众，听众主要想获取信息和知识，在此基础上亦可获取美的享受和艺术感染。

12. 由人的发音器官发出的表达一定意义的声音。

参 考 文 献

1. 应天常. 实用口才自练[M]. 北京：语言出版社，1998.
2. 张颂. 朗读美学[M]. 北京：北京广播学院出版社，2002.
3. 罗常培，王均. 普通语言学纲要[M]. 北京：商务印书馆，2002.
4. 宋欣桥. 普通话语音训练教程[M]. 长春：吉林人民出版社，2002.
5. 国家语委. 普通话水平测试实施纲要[M]. 北京：商务印书馆，2004.